现代企业管理创新与实践探究

陈 健 杨文婷 郭 晨 ◎著

中国书籍出版社
China Book Press

图书在版编目（CIP）数据

现代企业管理创新与实践探究 / 陈健, 杨文婷, 郭晨著. -- 北京：中国书籍出版社, 2024.5
ISBN 978-7-5068-9877-5

Ⅰ.①现… Ⅱ.①陈… ②杨… ③郭… Ⅲ.①企业管理—创新管理—研究 Ⅳ.①F273.1

中国国家版本馆 CIP 数据核字(2024)第 098291 号

现代企业管理创新与实践探究

陈　健　杨文婷　郭　晨　著

图书策划	邹　浩
责任编辑	吴化强
责任印制	孙马飞　马　芝
封面设计	博建时代
出版发行	中国书籍出版社
地　　址	北京市丰台区三路居路 97 号（邮编：100073）
电　　话	（010）52257143（总编室）　　（010）52257140（发行部）
电子邮箱	eo@chinabp.com.cn
经　　销	全国新华书店
印　　厂	晟德(天津)印刷有限公司
开　　本	710毫米×1000毫米　1/16
印　　张	15.75
字　　数	321千字
版　　次	2025 年 1 月第 1 版
印　　次	2025 年 1 月第 1 次印刷
书　　号	ISBN 978-7-5068-9877-5
定　　价	78.00元

版权所有　翻印必究

前 言

随着科学技术的发展、全球经济一体化的快速推进,市场化竞争日益激烈。面对这些日新月异的变化,企业需要采用更加科学的现代化管理手段,提高各级管理人员的经营管理水平和经营决策水平,合理配置人、财、物等资源,这样才能在激烈的市场竞争中生存和发展。当前,新观点的碰撞以及理论的创新,带来了知识体系的进一步变革,也给企业的管理活动带来了新的机遇和挑战。现代企业管理,应结合国内外经济环境的新变化,吸收管理领域取得的新成果,把握企业管理实践中不断涌现出的新特点和新趋势。

同样,企业的管理模式也需要随着时代的变化而不断进行调整。企业的管理模式进行创新,首先需要在管理观念上有所改变,要求企业管理者不断地学习和了解成功企业的管理模式,把创新的观念融入企业日常的管理运营工作中。其次要加强管理体系的建设,构建信息交流平台,为企业内部员工与企业外部消费者提供更多的交流途径,为企业的管理决策提供更多的信息,从而提高企业管理的有效性。

本书是企业管理方向的书籍,主要研究现代企业管理创新与实践,从现代企业管理导论介绍入手,针对现代企业财务与客户管理以及企业管理创新过程、主体与系统的动力运行进行了分析研究;另外,对企业环境、组织创新与人力资源管理创新、企业技术与战略管理创新、企业经济与信息管理创新、企业生产运营与市场营销管理创新做了一定的介绍;还对企业管理创新实践提出了一些建议;旨在摸索出一条适合现代企业管理创新与实践工作创新的科学道路,帮助其工作者在应用中少走弯路,运用科学方法,提高效率。希望给从事相关行业的读者们带来一些有益的参考和借鉴。

在撰写本书的过程中,作者得到了许多专家和学者的帮助及指导,参考了大量的学术文献,在此表示真诚的感谢。但由于作者水平有限,书中难免会有疏漏之处,希望广大同行及时指正。

目　　录

第一章　现代企业管理导论 …………………………………………… 1

　　第一节　现代企业制度与企业管理理论基础 ………………………… 1

　　第二节　现代企业管理的原理和职能 ………………………………… 21

第二章　现代企业财务与客户管理 …………………………………… 31

　　第一节　财务管理 ……………………………………………………… 31

　　第二节　客户关系与服务管理 ………………………………………… 52

第三章　企业管理创新过程、主体与系统的动力运行 …………… 69

　　第一节　企业管理创新的概念 ………………………………………… 69

　　第二节　企业管理创新的一般过程 …………………………………… 77

　　第三节　企业管理创新支点与主体 …………………………………… 87

　　第四节　企业创新系统的动力和运行 ………………………………… 96

第四章　企业环境、组织创新与人力资源管理创新 ……………… 104

　　第一节　企业环境与组织创新 ………………………………………… 104

　　第二节　创新中的人力资源管理 ……………………………………… 109

第五章　企业技术与战略管理创新 …………………………………… 124

　　第一节　企业技术创新 ………………………………………………… 124

　　第二节　企业战略管理创新 …………………………………………… 135

第六章　企业经济与信息管理创新 …………………………… 165

第一节　现代企业经济管理的创新 ………………………… 165
第二节　企业信息管理创新 ………………………………… 173

第七章　企业生产运营与市场营销管理创新 ………………… 187

第一节　创新中的企业生产运营管理 ……………………… 187
第二节　创新中的企业市场营销管理 ……………………… 201

第八章　企业管理创新实践 …………………………………… 227

第一节　现代企业管理创新及体系 ………………………… 227
第二节　现代企业竞争力的提升与管理创新实践 ………… 232

参考文献 ………………………………………………………… 245

第一章 现代企业管理导论

第一节 现代企业制度与企业管理理论基础

一、企业与现代企业制度

(一) 企业与企业特征

企业是现代社会经济的基本单位,它在一定的环境中生产和发展,并根据社会需要和自身目标进行选择和决策。企业管理是国民经济管理中的基础管理,基础管理的优劣,不仅反映国民文化进化程度和政府的效能,而且直接影响各个方面的效益水平,企业活力决定国民经济的活力。

1. 企业的含义

企业是从事生产、流通、服务等经济活动,以产品或劳务满足社会需要并获得赢利,自主经营、自负盈亏,依法设立的经济实体,是社会经济的基本单位。

企业是一个经济概念,但在对企业的解释上有不同的特点。企业(firm,在西方经济学中又称为厂商)是自商品经济产生之后就存在的一种经济组织形式。在现代市场经济中,企业已经成为最为重要的经济组织。但是,企业是什么?这个看起来很简单的问题并不容易回答。因为站在不同的角度,人们所看到的是企业的不同性质,给企业所下的定义也就必然不同。据一些西方经济学家统计,仅在经济学领域,理论家给企业所下的定义就达几十种。

古典经济学家和当代产权经济学家给企业所下的定义影响较大。古典经济学家所关注的是企业在市场上的投入产出功能。古典经济学对企业的分析框架是一个生产单位,认为企业的功能是把土地、劳动、资本等生产要素投入转化为一定的产出。可见古典经济学把企业的本质归结为技术关系,因为经济学常用生产函数描述投入与产出之间的转化关系。生产函数表明各种可能的投入组合与各种可能的产出组合之间的对应关系。在每一种既定的技术条件下，都存在一个与之对应的生产函数。那么，可以说生产函数表达的是一种技术关系。技术进步就决定着投入与产出的对应关系。古典经济学关于企业本质的认识有一定的科学性。因为在相当的程度上可以说企业就是社会生产力的最小构成单位，从技术这一生产力的角度来定义企业符合企业产生与发展的历史。

当代西方产权经济学的奠基人、1990年诺贝尔经济学奖的获得者英国经济学家科斯（Coase）则认为："企业的显著特征就是作为价格机制的替代物。"这是产权经济学对企业的描述性定义。可见，产权经济学的企业定义与古典经济学的定义有着本质的区别。产权经济学认为，企业是一种制度，是市场的替代物。在产权经济学的分析框架里，企业最本质的功能不是它的技术特征，而是它的"取代市场，节约交易成本"的制度特征。产权经济学发现：古典经济学将企业当作一种生产函数来处理是不完全的，因为人们既可以选择结合成企业来进行生产，实现自己的利益，也可以依靠市场，通过出售自己的产品来实现自己的利益。那么，为什么人们要建立企业，并且企业的规模还大小不等，内部包括的生产过程多少不一呢？产权经济学认为主要是交易费用的影响。企业的本质是替代市场的一种制度。当代产权经济学对企业本质的观点抓住了现代企业的特征，对于人们认识企业的内部结构，确定企业的合理边界，把握企业的行为模式有着现实意义。产权经济学对企业本质所作的描述要比古典经济学深刻，但是产权经济学关于企业的定义仍然不完善。如果说企业是替代市场的一种制度，人们进入企业是为了节约相互间的交易费用，那么国家是更早于企业的替代市场的制度。为什么在已经有了国家之后，人们还要组建企业呢？产权经济学的企业定义，与其说它给出了企业的定义，倒不如说它对企业规模边界的确定做出了有别于技术理论的解释更为确切。

中国在很长的一个时期实行的是计划经济体制。虽然也将众多的生产单位称为企业，但是并没有将其当作市场经济中那样的企业来对待。中国对企业本质的重新认识是随着社会主义经济改革实践的不断深入而深入的。随着对社会主义经济的重新认识和社会主义市场经济体制的确立，随着企业改革的不断深入，人们认识到，企业是一个独立的经济主体，是市场经济的微观基础。时至今日，中国理论界形成了这样一个基本上为各方面都接受的企业定义：企业是一个独立的商品生产者，是以营利为目的，自主经营、自负盈亏、自我约束、自求发展的经济实体。

2. 企业的特征

（1）企业是一个和商品生产相联系的历史概念，它是商品生产的产物

人类社会生产活动是社会化活动。生产力发展水平不同，社会化程度不同，生产组织的形式也不同。任何一个社会形态，总有与它的生产力水平相适应的一定形式的基本生产单位。在原始社会生产力极其低下的情况下，氏族部落是社会经济的基本单位；奴隶制社会下，又产生了由奴隶主组织的强制性的奴隶集体劳动形式；在封建社会，生产组织的形式是以农民家庭为社会基本生产单位的。总之，商品经济的早期，基本上是以手工劳动为基础的自给自足的自然经济，生产的社会化程度较低。

企业是商品经济发展到资本主义机器大工业时代的产物，随着商品经济的高度发展和机器的采用，逐渐出现了资本主义生产方式，社会生产组织形式发生了根本变化。社会生产的基本单位由家庭或作坊逐步演变成由资本家雇佣大批工人、使用现代化生产设备、高度社会化的企业。世界上第一个工厂企业是1771年在英国建立的。企业从其诞生到现在一直处于不断发展之中，具体形态变得越来越丰富多样。由于资本的集中和积累，企业规模和组织形式也在不断发展，除独资企业、合伙企业外，又出现了更高级的生产组织形式，即公司制企业。但不管企业的形式如何发生变化，就其本质而言，它始终是从事商品生产和经营的经济组织。

（2）企业是社会经济的基本单位

企业是一个自主经营、自负盈亏，具有自我改造和自我发展能力，有独立的经济利益的经济实体。

①企业必须是以营利为目的，从事商品生产和经营的经济组织。因而，它区别于从事非经济活动的学校、医院、政府机关等事业单位，以及其他社会组织。只有那些从事商品生产和经营的经济组织，才能划到企业这个范畴内。

②企业必须是自主经营、自负盈亏的经济组织。这就是说，营利性的经济组织并非都能称为企业。一些工厂、一些公司下设的分公司，它们虽然独立核算，

盈亏也同其经济利益挂钩，但是，它们不拥有属于自己的资产，不能承担也不应该承担自负盈亏的责任，因而不可能完全自主经营，投资决策权等一些重要的经营管理权掌握在它们上面的公司手中。所以，这些工厂、分公司不能称为企业，它们上面的公司才是真正的企业。

③企业必须是具有法人资格的经济组织。这进一步说明，即使是能够自主经营、自负盈亏的经济组织，也必须严格依照法律规定的程序依法设立，具有法人资格，取得社会的承认，履行义务，拥有相应的权利，并受到法律的保护，才是名副其实的企业。

总之，企业是人类社会生产力发展到一定阶段的产物，特别是商品经济发展到一定程度的产物。尽管从其诞生至现在一直处于不断发展之中，具体形态变得越来越丰富多样，但就其本质而言，它始终是从事商品生产和经营的经济组织。

（二）现代企业制度

1. 企业制度的基本形态

企业制度是以产权制度为基础和核心的企业组织制度，它决定了企业财产的组织形式和经营机制。企业制度的发展经历了四种形态，即业主制、合伙制、合作制和公司制。

（1）个人业主制企业

个人业主制企业是由个人出资兴办的企业，通常由企业主自己经营，也可以由企业主雇佣或者委托他人经营。在个人业主制企业中，直接使用资源的产权主体是自然人，作为业主的个人其财产与企业的财产是合一的，企业主既是所有者主体，又是经营管理主体，在早期有的企业主还是劳动主体。这种个人投资、个人经营的企业一般生产规模较小，生产经营结构单一，其发展初期一般以小工场、小作坊或者小商店的形式出现，由于企业的所有者同时又是生产经营者，所以在这类企业中，企业权威与所有者的身份是合一的。企业由其业主自己指挥生产、组织营销，并直接对生产工人或其他雇员实行管理监督。在个人业主制企业中，所有者的权益与经营者的利益是重合的，所有者的利益直接来自企业的经营绩效，企业主有充分的积极性去对生产经营过程实施监督管理。

所有个人业主制企业有一个共同的特点：企业往往被一个人单独拥有和控

制，他要作出该企业的所有决策，同时，也由他获得利润和承担经营风险。

个人业主制企业的优点是：①企业组织简单，创立、变更、终止能随机应变，比较灵活；②企业竞争力比较强，经营效率高；③企业经营灵活，能适应不同的需要，分散设立，方便顾客。

(2) 合伙制企业

合伙制企业往往是个人业主制企业的扩张形式，这类企业是在两个或两个以上个人业主的个人财产基础上成立并经营的。合伙制企业的特征是，多个自然人共同投资，共同经营和管理企业，共同分享收益和承担风险。合伙制企业是顺应生产力发展的要求产生的，由于生产规模的扩大，使得经营管理与劳动相分离，同时由于单个自然人所有的资本量已经不足以支持整个生产过程和承担经营风险，需要有自然人投资者之间的资本联合，因此逐渐出现了单个自然人以合伙的方式组建的生产经营单位，这种生产经营单位采取合伙制企业形式，使企业的投资主体多元化。与独资的业主制企业相比较而言，合伙制企业可以通过吸收更多的投资者来扩大企业的资本和生产经营规模，同时也能够在更大的范围内发现和选择更强更大的经营者。

合伙制企业相对个人业主制企业有明显的优点。合伙制企业的优点是：①集多个合伙人的才能和经验于一体，对企业经营比较有利。②合伙人承担无限责任，对外易取得信用，能够比较容易地在外部筹措资金。③合伙制企业成立条件较为简便，花费低廉。

(3) 合作制企业

合作制企业是本企业或合作经济实体内的劳动者平等持股，合作经营，以股本和劳动共同分红为特征的企业。它可以在企业内部发行股票来筹集资金，但外部人员不能入股，因此，它既不同于合伙制企业，也不同于股份公司，合作制企业的产权属于企业职工或合作社社员所有，企业员工既是本企业生产资料的所有者，又是劳动者，它实现了劳动者与所有者、按劳分配与按股份分配的两个结合。合作制企业主要适用于以劳动出资型为主、本小利微、收入较低的城乡小型工商企业和各种服务型企业。

(4) 公司制企业

公司制企业是一种法人团体，其产权属于股东，股东享有公司剩余索取权。

公司制企业的突出特点是：公司的股东不能像合伙制企业中的合伙人那样，直接作出经营决策和代表其他合伙人与他人签约，而是由股东大会按一股一票的原则投票选举董事，组成董事会，并代表公司法人从事经营活动，董事会则聘任总经理等高级管理人员从事公司的日常经营管理，保证公司的管理权处在管理专家手中，使公司的资源配置更加有效；公司制度由一系列法律法规予以确认和保证，使公司的存续性、公司的运作处在公共监管之下，适应了股东们不再参与公司的直接运营但又关心公司运作状况的要求。

公司制企业按股东责任、公司的法律地位、获取资金的途径、股东权益的转让方式、企业内部的管理模式等方面的不同，可分为无限责任公司、有限责任公司、两合公司和股份有限公司等类型。

①无限责任公司。无限责任公司又称为无限公司，是指由两个以上的股东组成对公司债务负连带无限清偿责任的公司。所谓连带无限清偿责任，是指股东无论其出资种类、数额及盈亏分派的比例有何差别，都对公司债务承担着向债权人全部给付的责任；并且，在公司资产不足以清偿债务时，债权人还可直接要求全体或任何一个股东予以清偿，而股东则不得以其出资或赢利分配的多少为由拒绝清偿。在一般情况下，无限公司都是建立在合资者之间密切的关系基础之上，其信用来源于股东本身，而不是股东的资本。无限公司是一种人合公司，由于公司的财产由股东出资组成，股东之间是基于个人信用关系，每个股东都有直接参与公司经营管理的权力，他们可以通过协商由一个或数人执行，并且每个股东的股份不得随意转让，转让时通常要经过全体股东同意。由于无限公司的股东所负责任太大，投资风险太大，筹资能力有限，所以并没有得到大的发展。

②有限责任公司。有限责任公司又称为有限公司，是指由两个以上的股东共同出资，每个股东以其所认缴的出资额为限对公司债务承担责任，公司以全部资产对其债务承担责任的企业法人。有限公司是一种合资公司，但同时也兼有一些人合公司的特点。有限公司的股东人数，既有最低下限，也有最高上限，各国法律规定有些差异；有限公司不能公开募集股份，不能发行股票，其股东不限于自然人，法人和政府都可以成为有限公司的股东，股东出资的转让具有严格的限制，股东出资的转让由公司批准，并在公司登记。

有限公司的优点为：组建简便；内部组织简单，由于股东人数较少，组织机构设置灵活；因为股东承担有限责任，容易吸纳投资者进行投资。

③两合公司。两合公司是指由少数有限责任股东和少数无限责任股东共同组成的公司企业。两合公司是在无限公司的基础上发展而来的，是人合兼资合的公司，一些拥有资金只想投资获利而不愿冒较大风险的投资者和一些不怕承担风险、敢于负无限连带责任的投资者结合起来，使之兼有无限公司信誉好和有限公司易筹资的优点。在两合公司里，由于无限责任股东承担较大风险，负有连带无限责任，他们在公司经营管理决策中占主导地位，一般都享有直接经营公司的权力，有限责任股东通常不参与公司的经营管理工作，也不对外代表公司，但在会计年度结束时有权审查公司的经营业绩。

④股份有限公司。股份有限公司又称为股份公司，是指由有限责任股东组成，全部资本分为等额股份，股东仅以其所认购股份负责的公司企业。股份公司是典型的资合公司，它的信用基础是它的全部资本，其资本划分为均等的股份，资本的股份化不仅使股份公司便于公开发行股票，募集社会资金，而且便于公司核算、股东表决权的行使和股利的分配。股份公司的股东必须达到法定人数，股东以其认购的股份对公司的债务承担有限责任，公司发生资不抵债破产清算时，债权人只能对公司的资产提出要求，而无权直接向股东追索，公司以其法人的全部财产对公司的债务负责。股份公司经营状况必须公开，各国公司法一般规定股份公司在每个财政年度终了时必须公布公司的年度报告，其中应包括资产负债表、损益表以及财务状况变动表和相关附表，供股东、债权人和与公司利益相关的各方查询。

股份公司与其他组织形式相比，有着明显的优点：第一，有利于吸收社会资本，追求规模效益。第二，股份可自由转让。股份公司的资本是证券化资本，股票可以自由转让，投资者无须征求其他股东的同意，随时可以转让自己的股份，这样使得股票作为一种投资工具更具有吸引力，同时资本的充分流动性促进了公司之间的竞争，有利于实现资源的合理配置。第三，有利于提高经营管理水平。股份公司运行的各种权力比较集中，集中的权力不仅能够解决其他组织形式中的相互代理现象，也是经济组织替代市场的显著特征。此外，股份公司实行管理权、经营权和所有权的分离，职业经理阶层的兴起使公司组织能够最大限度地利用职业管理上的分工优势，利于提高管理效率。

2. 现代企业制度的特征

现代企业制度是符合社会化大生产要求，适应市场经济的产权清晰、权责明确、政企分开、管理科学的一种企业制度。现代企业制度是相对于产品经济体制下的传统企业制度而言的，也是相对于非公司制的企业制度而言的，是一种充分体现市场经济本质要求的企业制度。市场经济关系实质上就是一种权利与义务关系，衡量一种企业制度是否符合现代市场经济的要求，最关键的一点就是看这种企业制度在运行中是否充分体现了现代市场经济中权利与义务相统一的要求。现代企业制度是一种全面反映社会发展趋势的企业制度，现代市场经济的社会化，不仅指生产的社会化，而且还包括资本社会化、风险社会化和经营社会化。现代企业制度是一种具有独立人格的企业制度，独立的财产使企业具有独立的利益和独立的意志，形成了企业独立的人格，这种独立的人格，使得法人企业真正成为市场竞争的主体，使得法人企业依靠财产关系和组织体制形成良好的内部运行机制。

（1）产权关系明晰、权责明确

在现代企业制度下，所有者与企业的关系演变成了投资者与企业法人的关系，即股东与公司的关系，这种关系与其他企业制度下的所有者与企业的关系的主要区别是：①投资者投入企业的财产与他们的其他财产严格分开，边界十分清楚，投资者将财产投入企业后，成为企业的股东，对企业拥有相应的权力，包括参加股东大会和行使股东大会赋予的权力、按照股本取得相应收益的权力、转让股权的权力等。企业依法成立以后，对股东投入企业的资产及其增值拥有法人财产权，即对财产拥有占有、使用、收益和处分的权力。②投资者仅以投入到企业的那部分资产对企业的经营承担有限责任，企业以其全部资产对债权人承担有限责任。③在企业内部存在一定程度的所有权和经营权的分离，所有者将资本交给具有经营管理专门知识和能力的专家经营，这些专家不一定是企业的股东，或者不是企业的主要股东，他们受股东委托，作为股东代表经营管理企业。

（2）政企分开、自主经营

政企分开是指政企关系合理，政府和企业在权利和义务等方面的关系明确，适应市场经济体制的要求，符合客观经济规律。在现代企业制度下，政府与企业是两种不同性质的组织。政府是政权机关，它虽然对国家的经济具有宏观管理的职能，但这种管理不是对企业生产经营活动的直接干预，而是实行间接调控，主要通过经济手段、法律手段以及发挥中介组织的作用对企业的活动和行为进行调节、引导、服务和监督，以保持宏观经济总量的大体平衡和促进经济结构的优化，保证公平竞争，使市场机制发挥正常作用，健全社会保障体系，保持社会稳定，维护社会公平，保护生活环境，提高生活质量。企业是以营利为目的的经济组织，是市场活动的主体，必须按照价值规律和市场要求组织生产和经营，在市场竞争中优胜劣汰。因此，政府和企业在组织上和职能上都是严格分开的，不能以政代企或者以企代政。

（3）管理科学、注重效率

管理科学是指企业的内部领导体制等组织管理制度科学合理，符合市场经济体制要求。这是现代企业制度在企业内部管理制度方面表现出来的特征。现代企业制度中管理科学的表现是，凡实行公司制的企业，都按公司法的规定设置内部组织管理机构，这些机构能有效地调节所有者、经营者和企业员工的关系；按照公司法的规定制定有关规章制度，这些制度能形成激励与约束相结合的机制。不实行公司制的企业也能够建立起符合市场经济体制要求的企业内部管理制度。在现代企业制度下，企业管理既体现社会化大生产的客观要求，又体现市场经济的客观要求，管理者的素质高，管理组织结构合理，管理制度健全，管理方法科学，管理手段先进，能最大限度地调动企业员工的积极性，提高工作效率和生产效率。

（4）机制健全、行为合理

①在现代企业制度条件下，企业是市场主体，企业的生产经营计划需要根据市场的情况自主决定，企业所需资金、技术装备、劳动力等资源需通过市场取得，产品必须通过市场销售，企业具有健全的产销机制。

②根据现代企业制度原则建立起来的企业，投资者、经营者、员工和企业自身的利益都能够得到较好的体现，他们的积极性能得到较好的发挥，具有健全的激励和动力机制。

③企业主要依靠自身的力量发展，其积累有稳定的来源，可以根据企业的需要自主决定投资项目，具有健全的发展机制。

④企业的约束机制健全。在企业内部，领导制度健全，权责合理，领导层次

之间，领导者之间，既有明确分工，又有相互联系，相互制约，具有健全的权力约束机制；

各个利益主体之间，既有利益的一致性，又存在着差异，他们相互制约，企业具有健全的利益约束机制；企业是独立的利益主体，必须自负盈亏，其预算约束是硬的，具有健全的预算约束机制。健全的企业经营机制能使企业克服盲目发展、盲目投资、偏重消费、忽视投资、看重眼前利益、忽视长远利益等不合理行为，使企业在生产经营活动中的行为通过自律达到合理化。

现代企业制度特征的四个方面是相互联系的，是一个有机的整体。明晰的产权关系是建立现代企业制度的前提和条件。现代企业制度的法人制度、有限责任制度、领导体制与组织制度等，都需要以产权关系明晰为条件，又都与权责明确、政企分开、管理科学、机制健全相联系。如果权责不明确，政企不分开，既无法建立完善的法人制度，也难以实现以有限责任制度为目标的公司制。现代企业制度的建立，意味着企业从法人制度、管理体制、决策程序到资源配置、经营决策、收入分配等各方面都要实行全新的办法，需要企业在管理水平上有所提高，如果没有管理科学，这种企业制度就不成其为现代企业制度。

3. 现代企业制度的基本内容

任何企业都存在两方面的制度。一是企业的基本制度。它们规范企业的基本经济关系，构成企业的经济形体，是企业经营机制的决定因素。有什么样的企业基本制度和企业形体，就会产生什么类型的经营机制。二是企业的具体管理制度，它规范企业内部各个部门、单位、个人的职责和联系，构成企业管理组织形态，对企业的经营管理水平具有重大的影响。企业的基本制度必须由国家的法律、法规来规范，对所有企业来讲，它们大体上是相同的；企业的具体管理制度则要取决于企业的行业特征、规模大小等因素。

现代企业制度的基本内容包括三个方面：企业产权制度、企业组织领导体制和企业具体管理制度。

（1）产权制度

产权制度是现代企业制度的重要内容，现代企业产权制度，是整个现代企业制度中存在的财产组织形式。企业法人财产，是由出资者向企业注入的资本金及其增值和企业在经营期间负债所形成的财产，是企业法人独立享有民事权利和承担民事义务的基础；企业法人财产权，是指企业在存续期间对全部法人财产享有以其名义独立地占有、使用、收益和处分的权利。现代企业法人的典型形式是公司制；现代企业产权制度最基本的内容是公司法人产权制度。

公司法人所有权制度分为两个层次：第一层是股权，指出资者的权利，认资不认人，股东权利与出资额联系在一起，股东的权利主要有选举权和收益权。第二层是董事会，拥有企业资产的实际控制权。经营权与所有权分离，构成公司法人产权制度内部的基本机制。

法人所有权的产生和确立并不改变所有制生产关系，其实质在于以法律形式使企业占有处置和营运资产的权力规范化、法制化，真正确立企业独立的法人地位。

在现代企业制度条件下，企业法人财产所有权与出资者所有权是同时共存、相互制约的。首先，法人财产所有权与出资人所有权是同时存在的，这在事实上已为许多国家的公司法所承认。其次，法人财产所有权与出资者所有权相互制约。现代企业产权制度依靠一系列管理制度和法律、法规，调节着各利益主体之间的关系，它是与社会化大生产和社会化财产占有形式相适应的一种产权制度。

（2）组织领导体制

在现代市场经济下，企业组织领导体制的主要法律形式是公司制。公司制是在市场经济条件下典型的、先进的和有效的企业组织形式，其专业化协作和社会化生产程度远远高于工厂型的传统组织形态，有利于产业资本与金融资本的结合。

现代企业组织领导体制具有以下特征：

①集体决策。按照现代市场经济的通行做法，股东大会是公司的最高权力机构，行权选聘和解聘董事，批准公司章程和决定公司投资以及收益分配等。在股东大会闭会期间，由股东代表和其他方面代表组成的董事会代行最高决策机构职能。董事会制定企业的发展战略和决定公司的重大经营活动，招聘和辞退经理，确定税后利润的分配方案等，董事会是一种实行集体决策的机构，一般采取一人一票和多数通过的原则，以利于决策的科学化和民主化。

②经理负责。公司实行董事会领导下的经理负责制，即经理执行董事会的决定并对董事会负责。经理的产生由董事会在企业家人才市场上择优聘任，一般不

实行上级任命制。

现代企业领导体制是指企业作为独立的商品生产经营者，全面独立行使财产管理权、经营决策权、生产经营指挥权和监督权的科学高效的领导体系和制度。以公司制企业为典型代表的现代企业领导体制中，所有者、经营者和生产者之间通过公司的权力机构、决策和管理机构、监督机构形成各自独立、权责分明、相互制约的关系，并通过法律和公司章程得以确立和实现。

以公司制企业为典型代表的现代企业中，其领导体制由股东大会、董事会、监事会和总经理组成。

股东大会既是一种定期或临时举行的由全体股东出席的会议，又是一种非常设的由全体股东所组成的公司制企业的最高权力机关，企业的一切重大人事任免和经营决策一般要经股东大会认可和批准方才有效。

董事会是公司企业的经营决策机构，它由股东大会选出若干董事组成，代表全体股东利益，负责公司的重大经营决策事项，并对股东大会负责。

监事会是公司企业的监督机构，对股东大会负责，监事会依法和依公司章程对董事会和经理行使的职权和活动进行监督，防止滥用职权。

总经理负责公司的日常经营管理活动，对公司的生产经营活动进行全面领导，对董事会负责，依照公司章程和董事会的授权行使职权。总经理实行董事会聘任制，不是董事的总经理列席公司董事会。

（3）管理制度

现代企业管理应是高效率的管理，包括人、财、物、技术、质量等全方位的管理。公司的管理制度，企业的独立法人地位和经营运行是通过一定的组织结构和权力结构来实现的。现代企业完善的管理制度，有利于保障公司的整体利益，实现企业经营决策的科学化、民主化和专业化。

现代企业管理制度主要包括：①财务会计制度，②分配制度，③劳动用工制度，④岗位全责制度。除以上管理制度外，现代企业在遵守国家法律的前提下，可以根据市场竞争的需要和本企业的特点，自主建立其内部各项管理制度，包括基础管理，质量管理、成本管理、安全管理等各项管理制度。现代企业的管理制度对其生产经营活动有序地进行，并取得良好的经济效果具有重要的保障作用，对于调动企业广大员工的积极性有着重要的作用，对于提高企业的领导和管理人员工作效率具有重要的意义。

二、企业管理理论

(一) 企业管理的性质、任务

1. 现代企业管理的性质

企业管理具有二重性质，这是德国思想家马克思（Marx）在分析资本主义企业管理时提出来的。他认为，凡是直接生产过程具有社会结合过程的形态，而不是表现独立生产者的孤立劳动的地方，都必然会产生监督劳动和指挥劳动。不过它具有二重性。一方面，凡是有许多个人进行协作的劳动，过程的联系和统一都必然要表现在一个指挥的意志上，表现在各种与局部劳动无关而与工场全部活动有关的职能上，就像一个乐队要有一个指挥一样。另一方面完全撇开商业部门不说，凡是建立在作为直接生产者的劳动者和生产资料所有者之间的对立上的生产方式中，都必然会产生这种监督劳动。这种对立越严重，监督劳动所起的作用也越大。

从马克思的论述中可以看出，所谓企业管理的二重性，就是指一方面它具有与生产力、社会化大生产相联系的自然属性；另一方面，它又具有与生产关系、社会制度相联系的社会属性。企业管理的自然属性，是社会化大生产的必要条件，是社会劳动过程的一般要求，发挥着合理组织生产力的作用。企业管理的这种属性，主要取决于生产力发展水平和劳动社会化程度，而不取决于生产关系的性质。在企业管理中，有关合理组织生产力的一些形式和方法，虽然总是在一定的生产关系下产生的，但并不为某种生产方式所特有，只要是社会化大生产都能应用。但是，任何一种管理都离不开一定的生产关系，生产关系的特殊性质必然会给管理以制约和影响。生产关系的性质不同，企业管理的社会属性也就不同；企业管理的社会属性，主要取决于社会生产关系的性质。

2. 企业管理的二重性

企业管理的二重性是由生产过程的二重性所决定的。企业的生产过程是生产力和生产关系的统一体，它一方面是物质资料的再生产过程，另一方面又是生产关系的再生产过程。马克思关于管理二重性的原理，虽然是在分析资本主义企业管理时揭示出来的，但它同样适用于现代企业管理。人们对于国外新的管理思想、管理方法应进行学习和借鉴，结合中国国情创造适合中国企业的新的管理方法，进一步提高中国企业的管理水平。因此，了解管理的二重性，就是要把握好学习、借鉴和创新的关系，把中国企业管理提高到新的水平。

3. 现代企业管理的任务

（1）合理组织生产力

合理地组织生产力是企业管理最基本的任务。合理组织生产力有以下两个方面的含义：

①使企业现有的生产要素得到合理配置与有效利用。具体说来，就是要把企业现有的劳动资料、劳动对象、劳动者和科学技术等生产要素合理地组织在一起，恰当地协调它们之间的关系和比例，使企业生产组织合理化，从而实现物尽其用，人尽其才。

②不断开发新的生产力。

第一，不断地改进劳动资料，并不断地采用新的更先进的劳动资料。

第二，不断地改进生产技术，并不断地采用新的技术来改造生产工艺、流程。

第三，不断地发现新的原材料或原有材料的新的用途。

第四，不断地对职工进行技术培训，并不断地引进优秀科技人员与管理人员。

（2）维护并不断地改善社会关系

企业管理总是在某种特定的社会生产关系下进行的，一定的社会生产关系是企业管理的基础，它从根本上决定着企业管理的社会属性，从全局上制约着企业管理的基本过程。因此，企业管理的重要任务之一就是要维护其赖以产生、存在的社会关系。另一方面，由于生产关系具有相对稳定性，在相当长的一个历史阶段内，其基本性质可以保持不变，而生产力却是非常活跃、不断变革的因素，必然会与原有的生产关系在某些环节、某些方面发生矛盾。这时，为了保证生产力的不断发展，完全有必要在保持现有生产关系的基本性质不变的前提下，通过改进企业管理手段、方法的途径对生产关系的某些环节、某些方面进行调整、改善，以适应生产力不断发展的需要。

（二）企业管理的理论

自20世纪50年代以来，西方管理理论出现了众说纷纭、学派林立的局面。其中主要的学派有：

1. 社会系统学派

该学派以美国管理学家巴纳德（Barnard）为代表，注重从社会学的角度研究分析企业与组织，把企业组织看成一种社会系统，是一种人的相互关系的体系，而且这个体系是社会大系统中一个分支部分，受到社会环境各方面因素的影响。

2. 决策理论学派

该学派以美国管理学家西蒙（Simon）为代表，把决策作为管理的中心，认为"管理就是决策"。该学派把系统理论、运筹学、计算机科学和心理学综合运用于管理决策的分析，形成一门有关决策过程、准则、方法等较为完整的理论体系。

3. 系统管理学派

该学派以美国管理学家卡斯特（Custer）为代表，试图将各种管理学说兼收并蓄、融为一体，寻求统一适用的模式与原则，从而建立最新的管理理论。该学派强调应用系统的观点和方法全面分析和研究管理问题。

4. 经验学派

该学派以美国作家德鲁克（Drucker）为代表，十分注重通过分析企业或管理者的成功经验，为各级管理人员提供在类似的情况下进行管理活动的策略和技能，从而尽快达到组织目标。

5. 权变管理学派

该学派以美国尼勃拉斯加大学教授卢桑斯（Lusans）为代表，强调要根据组织所处的环境的变化而随机应变，针对不同的情况，探求不同的最合适的管理模式与方法，不承认有普遍适用和一成不变的最好的管理理论。

6. 管理过程学派

该学派以美国管理学家孔茨（Koontz）和奥唐奈（O Donnan）为代表，认为管理是由一些基本职能（如计划、组织、控制等）所组成的一个独特过程，这些职能之间相互联系，交错运转，形成了管理过程的整体运动。

（三）企业管理基础工作

1. 企业管理基础工作的含义特点和作用

企业管理的基础工作是为实现企业的经营目标和有效地执行管理职能提供资料依据、共同准则、基本手段和前提条件的工作，是开展科学管理、实现管理现代化的基础。

不同行业、不同生产特点的企业，其基础工作的具体内容和表现形式各不相同。就其共同性来看，其主要内容包括以下几个方面：即标准化工作、定额工作、信息工作、规章制度等。

（1）企业管理基础工作的特点

主要体现在以下几个方面：

①**科学性**。基础工作体现和反映了企业生产经营活动的客观规律，是实现科学管理的客观要求。因此，基础工作必须尊重科学，按客观规律办事，才能发挥作用。

②**群众性**。基础工作是为各项专业管理发挥其职能作用创造条件的一项经常性工作。它涉及面广、工作量大，与企业每个职工密切相关。而且在企业的日常管理工作中，事事、处处都离不开基础工作。因此，需要依靠全体职工制定和持之以恒地贯彻执行才能搞好。

③**先行性**。基础工作是为了各项专业管理提供资料、准则、条件和手段的，因此，它必须走在各项专业管理业务职能工作之前，是一项前提性工作。否则，各项专业管理业务职能工作，就将成为无源之水，无本之木，无法发挥它应有的作用。

④**能动性**。基础工作建立以后，必须保持相对稳定，但企业的生产技术组织条件是会发生变化的，生产力发展和企业管理的水平是会不断提高的。因此，基

础工作必须随着这些客观条件的变化而相应变化和不断完善，不是一成不变的，不能一劳永逸。

（2）企业管理基础工作的作用

主要表现在以下几个方面：

①它使管理者做到心中有数。

②它是实现各项管理职能的基本前提。

③它是推行经济责任制、贯彻按劳分配原则的必要条件。

④它是向企业管理现代化发展的基本条件。

2. 企业管理基础工作的内容

（1）标准化工作

标准化是指以制定和贯彻标准为主要内容的有组织的活动过程。标准化工作，就是指标准的制定、执行和管理工作。标准是标准化活动的核心。标准化的目的和作用，都是通过制定和贯彻具体的标准来体现的。所谓标准，是指为取得全局的最佳效果，依据科学技术和实践经验的综合成果，在充分协商的基础上，对经济、技术和管理等活动中具有多样性、相关性特征的重复事物，以特定的程序和形式颁布统一的规定。

标准按其性质可分为两大类：技术标准、管理标准。

第一类是技术标准。

技术标准是企业标准的核心和主体。它是对生产对象、生产条件、生产方法以及包装贮运等所作的应该达到的尺度，是一种技术上的法规。技术标准种类繁多，而且有不同的分类方法，按其内容来说，主要有：

①基础标准。它是指现代工业生产技术活动中最基本的、具有一般共性的广泛指导意义的标准。例如：为保证产品、零部件互换性而制定的"公差与配合""表面光洁度"等；为统一各专业的技术语言而制定的"名词术语、符号代号、制图等"；为实现产品系列化和保证配套关系而制定的"标准位度""标准直径"等。基础标准是标准化工作的基础，是制定其他各类标准的前提。

②产品标准。它是为某一类（或某一种）产品的尺寸、主要性能参数、质量指标、检验方法以至包装、贮存、运输等方面所制定的标准。一般产品标准主要包括这几方面的内容，根据具体产品的性质和制定标准的目的，可以包括全部或

其中某几部分的内容。

③工艺标准。它是指根据企业的产品特点和生产情况，对产品的工艺要素、工艺规程和工艺文件等进行合理的统一和简化而形成的标准。

④工艺装备标准。它是指工、卡、量、刀具及其零部件标准。它可分为两种情况：一种情况是对使用面广、需要量很大的工艺装备，规定国家标准或部颁标准，由专业厂负责生产和供应，这就是标准工具。另一种情况是企业内部为了减少工装品种、提高工装质量而对工装及其零部件实行的标准化。

⑤设备使用维修规程。它是指设备在使用中和进行维护保养、以及进行种种修理时所应遵守的各项标准。它主要是关于设备的开动、停机、负荷、润滑、清扫、检查、修理及其他使用时注意事项等方面的规定。

⑥安全与环境保护标准。一切有关设备与人身安全、卫生以及保护环境的专门标准都归入这一类，包括产品中的安全标准、工程建设中的"三废"排放标准、食品卫生标准等，这类标准有些部门是分别包括在产品标准、设备使用（操作）规程中。

技术标准化在工业企业中的作用是多方面的。它是保证产品在技术上的衔接与协作配合、组织现代化生产的重要手段，可见，技术标准化工作对企业来说，是关系到全面提高经济效益的大事，企业一定要把技术标准化工作作为提高经济效益的重要基础工作，认真抓起来。

制定企业技术标准，应遵守下列的原则：一是从全局出发，充分考虑使用要求。二是密切结合自然条件，合理使用国家资源。三是做到技术先进、经济合理。四是认真研究，积极采用国际上通用的、先进的标准。五是注意安全可靠。六是协调配合、严格统一。

技术标准制定的程序，大体分为三个步骤：第一步，调查研究，搜集资料；第二步，起草标准，试验论证，形成标准草案；第三步，修改标准草案，形成送审稿标准草案通过审批手续批准后，必须严格贯彻执行。

为了保证贯彻执行，企业应做好下列几项工作：一是加强宣传教育，提高职严格执行标准的自觉性；二是组织职工认真学习标准，使他们了解和掌握标准的各项规定和要求；三是要相应地加强各项技术管理工作；四是通过岗位经济责任制具体落实，并加强检查和监督，做到奖惩分明；五是要注意倾听用户的意见，应根据科学技术生产的发展，适时地进行复审和修订。

第二类是管理标准。

管理标准是对企业各项管理工作的业务内容、职责范围、工作程序、工作方法和必须达到的工作质量以及考核奖惩办法等所规定的准则。

标准按其适应领域和有效范围，可分为如下四种：

①国家标准。指对全国经济、技术发展有重大意义而必须在全国范围内统一的标准。

②部颁标准（专业标准）。指全国性的各专业范围内统一的标准。它适用于该专业的所有企业和单位，以及使用该专业产品的其他的企业和单位。

③企业标准。指对企业生产技术组织工作具有重要意义而需要统一的标准：凡是没有国家标准和部颁标准的产品都需制定企业标准。为了不断提高产品质量，企业还可以制定比国家标准、部颁标准更先进的产品质量标准作为"内控"标准。以上是中国标准的分级办法。不同的国家可以有不同的分级办法。但一般来说，都是国家、专业（行业）和企业三级。

④国际标准和国际地区性（或集团性的）标准。国际标准是由国际标准化组织（ISO）和国际电工委员会（IEC）制定颁布的标准。采用国际标准对于扩大国际上的贸易往来和科学文化交流，以及增强中国产品在国际市场上的竞争能力有着极为重要的意义。

国际地区标准是由国际地区性（或国家集团性）组织制定颁布的标准，如欧洲标准化委员会（主要是西欧国家）制定发布的标准。

（2）定额工作

定额工作是指各类技术经济定额的制定、执行和管理等工作。定额是企业在一定生产技术组织条件下，对人力、物力、财力的消耗、利用和占用所应遵守和达到的标准，是用数量或价值形式做出的界限。

企业的定额是多种多样的，归纳起来有如下几类：

①劳动定额。它是在一定生产技术组织条件下，为生产单位产品或者完成一定产量的工作必须消耗的劳动量标准。它有两种基本的表现形式：一是单位产品的工时定额；二是单位工时的产量定额。此外，还有基本生产工人对机器设备的看管定额，辅助生产工人的服务定额等。

②设备定额。它是指为了达到一定的技术经济效果，而规定的设备利用程度或设备维修的标准。从设备生产利用讲，有单位产品的台时定额和单位台时的产量定额，还有设备的开工率、利用率等。从设备维修讲，有设备修理周期、修理间隔期、修理周期结构和修理复杂系数等。

③物资定额。它包括各种物资的消耗定额和储备定额。物资消耗定额是指在一定的生产技术组织条件下，制造单位产品或完成单位工作量必须消耗的物资数量标准。物资消耗定额有主要原材料消耗定额、辅助材料消耗定额、燃料消耗定额、动力消耗定额和工具消耗定额等。物资储备定额是指在一定生产技术组织条件下，为完成一项生产任务，保证生产连续不断地进行所必需的、经济合理的物资储备数量标准。它一般是由经常储备定额和保险储备定额构成，按照物资的类别分别制定的。

④流动资金定额。它是指为保证企业生产经营活动正常进行所必需的、最低限度的资金数额。主要有对各种物资规定的储备资金定额，对在制品、自制半成品所规定的生产资金定额和对生产成品所规定的成品资金定额等。

⑤管理费用定额。它是指为企业和车间管理部门所规定的费用限额。主要有车间费用定额和全厂管理费用的定额。

（3）信息工作

信息的概念来源于通信理论，通常是指由一方传递给另一方的某种信息；企业管理中的信息是指技术经济信息，它是经过加工处理对技术经济管理活动有影响的数据。数据是记录下来的事实，把它整理分析后，就成为对管理活动有用的信息。信息工作主要是指企业生产经营及执行决策所必需的资料数据的收集、处理、贮存等管理工作。信息在管理系统中运转，形成管理信息系统。科学的信息系统，是由原始记录、统计资料、科技经济情报和科技经济档案等构成。

（4）规章制度

企业的规章制度是企业对生产技术经济活动所制定的各种规则、程序、章程和办法的总称，是企业全体职工在生产技术经济等各项活动中共同遵守的规范和准则。它是现代化大生产的客观要求，是从经验管理转为科学管理的一个重要标志。

企业的规章制度，主要包括各种形式的责任制度和专项管理制度两大类。

①责任制度。责任制度是企业规章制度的核心，建立健全规章制度首先是责任制度，责任制度就是明确规定企业内部各岗位的工作任务，各级组织、各类人员的工作职责和权限的制度，就是要做到人人有专责，事事有人负责，并且有人负总责，消除一切无人负责或多头负责的混乱现象。

②专业管理规章制度。专业管理规章制度指按照企业生产经营活动的客观规律，科学地对各项管理工作的范围、内容、程序和方法等所作的规定。建立科学的专业管理规章制度，可有效地组织和指挥各项生产经营活动，顺利执行各项管理职能，专业管理的规章制度应包括组织中各方面的专业管理工作。

第二节 现代企业管理的原理和职能

一、现代企业管理原理及方法

（一）现代企业管理基本原理

1. 系统原理

现代企业是一个高度复杂的开放系统，它具有集合性、相关性、层次性、目的性、整体性、环境适应性等系统特征。而且管理本身也是一个系统。管理的客体和主体都是系统，因此就需要运用系统的思想和方法来管理企业。这样，系统原理便构成了管理活动的一个基本原理。所谓系统原理就是指为了达到管理的优化目的，必须运用系统的观点、理论和方法来分析和解决管理中的各种问题。

在企业管理中运用系统原理，必须抓住系统几个最基本的特征：

①集合性。要把现代企业看成一个系统，这个系统按其功能划分，又由若干子系统组成，如物资供应子系统、生产子系统、销售子系统、财务子系统、人事子系统、信息子系统等，每个子系统又由若干个更小的子系统或要素组成，现代企业系统就是这样一个复杂的集合。

②相关性。相关性是指系统中要素与要素之间、子系统与子系统之间按照一种什么样的关系联系起来，如人与人之间的关系、设备之间的工艺流程、资产之

间的关系等均反映了相关性。按照系统原理，决定企业的功能不仅是集合性在起作用，相关性也起了重要的作用。这就不难解释为什么两个企业的设备条件、技术力量、生产能力都差不多，而经济效益相差悬殊了。

③层次性。系统原理要求，在管理活动中必须分清层次，明确每个层次的职能。管理系统中的每个层次都有两项职能：一是向下一层次发出指令并协调下一层次各子系统之间的关系；二是从上一层次接受指令并结合自己的实际情况加以执行。这样，层层责任明确，各负其责，才能调动各个层次的积极性、主动性和创造性，保证管理工作应有的活力。

④目的性。系统原理的目的性要求每个系统都要有明确的目的。企业作为一个系统，应该有它明确的目标，企业内部各部门、各层次在服从企业总目标的前提下，也应有各自的分目标，形成一个目标系统。应该根据这样一个目标来设置机构、安排人员、建立制度，并采取相应的管理方式。

在管理中，运用系统原理，就是要把企业作为一个系统进行设计和研究，使企业的各个要素按照系统的要求进行组织和运行。首先，在管理中要树立整体观念，企业内部各子系统要服从企业整体利益；其次，要充分发挥各个子系统的功能和作用，提高各个子系统的效益，以促进整个系统效益的提高；最后，要提高整个适应环境变动的能力，保持内外环境的动态平衡。

2. 反馈原理

反馈是控制论的一个重要概念，企业系统是人们为实现一定的经营目标而建立的可控系统，企业管理实质上就是一种控制，而反馈是系统控制的客观要求。所谓反馈，就是由控制系统把信息输出去，又把其作用结果返送回来，并对信息的再输出发生影响，以保证系统的运行不偏离系统目标。管理的反馈原理，就是指管理系统通过指令计划发出各种信息，又根据指令或情况做出分析和判断，再发出新的指令或调整计划，以保证企业管理系统作合乎目标的运行。

现代企业系统本身及其所处的环境在不断地发展变化，有效的管理必须能对这种发展变化做出及时的反应，这就需要建立有效的信息反馈。有效的信息反馈的基本要求是：

①灵敏。就是能及时地反映管理活动客观实际或管理目标之间的差距。

②准确。就是所提供的反馈信息真实可靠。

③适用。就是能根据管理的实际需要提供各种有用的信息。

3. 弹性原理

有效的管理必须在坚持原则的基础上，保持充分的灵活性和很强的应变能力，及时适应客观事物各种可能的变化，实现灵活的动态管理，这就是弹性原理。它是现代企业所处的复杂多变的外部环境和内部条件的客观要求。

管理弹性有两类：一类是局部弹性，就是任何管理必须在一系列管理环节上保持可以调节的弹性，特别是在某些关键环节上保持可调节性；另一类是整体弹性，它标志着系统的可塑性或适应能力。

运用弹性原理就是要求管理者在做规划、想问题时要留有充分的回旋余地，以适应客观情况可能的变化。为此，需要事先对客观事物的变化趋势和可能性进行科学预测，事先考虑各种应变方案，这样就能使管理活动始终保持主动地位。

（二）现代企业管理方法

1. 行政方法

行政方法是指在一定的组织内部，以组织行政权力为依据，运用行政手段（如行政命令、指示、规定），按照行政隶属关系来执行管理职能，实施管理的一种方法，行政方法具有强制性。

管理的行政方法是管理的基本方法。因为任何一个组织都是一个人造系统，这个人造系统具有一定的目的性、相关性和矛盾性。所谓目的性是指组织总是为某一特定的目标而存在，相关性则是指组织内部各结构之间都是相互依存、相互作用的。其中任何一个部分发生变化，其他部分也必须进行调整。矛盾性则是指组织作为整体和组织成员作为个体之间总是相互矛盾的。组织要求个人群体化，个人要求组织个性化。为了在这种组织中保证行为的协调统一，目标一致，行政方法就必不可少。

运用行政方法，必须按客观规律办事，讲究科学性，注意从实际出发，只有正确的指令、规定，才能保证管理的效率。在经济管理活动中，行政管理方法是必要的，但有很大的局限性。

2. 经济方法

经济方法是指以人们的物质利益需要为基础，按照客观经济规律的要求，运用经济手段（如工资、奖金、罚款）来执行管理职能，实现管理任务的方法。

管理的经济方法是经济管理的主要方法，在现阶段，由生产力发展水平所决定，物质利益需要仍是人们的第一需要。无论人们进入什么样的组织，经济利益都是人们所考虑的重要因素。所以，无论是国家对经济组织的管理，还是组织内对各组织成员的管理，经济杠杆、经济手段都有其独到的作用，特别是在经济组织内部就更是如此。

经济方法与行政方法不同，它不带有强制性。它需要正确地运用物质利益原则来激励或约束成员的行为。经济方法的实质是执行按劳分配原则。在社会主义市场经济中，经济方法的作用显得更为重要。

3. 法律方法

法律方法指根据国家制定的法律法规，对人们的经济活动和其他活动依法管理的方法。法律是具有普遍强制力的行为规范，是一切管理活动的基本依据。在经济活动中，经济法规是管理、调整国家机关、企业、事业单位和其他社会组织之间，以及它们与公民之间在经济活动中发生社会关系的法律规范；是国家和企业进行经济管理和从事经济活动的规范。

用法律方法进行经济管理包括两个内容：一是经济立法，二是经济执法。经济立法解决社会经济活动应在什么样的规范下开展，而经济执法则是对违法行为的查处，以杜绝这种行为再生，使制定的法律规范发挥应有的作用。

二、现代企业管理的职能

1. 现代管理的职能

企业管理职能是指企业管理的职责、功能。它是管理主体对管理客体施加影响的方式和具体表现，是设计管理者职务和管理机构功能的依据。企业要能够保证企业经济活动过程正常地进行，就必须具有相应的管理职能。

（1）企业管理的基本职能

基本职能是指最基础、最根本的功能。企业管理的基本职能是由企业管理的性质决定的。企业管理具有二重性，这就决定了企业管理具有下列基本职能：

①合理组织生产力。企业管理的自然属性，表现为合理组织生产力，这是不

同社会制度下企业管理的共性。对不同性质的企业，无论是资本主义企业还是社会主义企业，都必须具有合理组织生产力的职能。它是保障社会化生产条件下共同劳动顺利进行的一般职能。

②维护与完善生产关系。企业管理的社会属性，表现为维护与完善生产关系，这是不同社会制度下企业管理的特殊性。不同性质的企业有其自身不同的客观要求，都必须具有维护与完善生产关系的职能。它是维护生产资料所有者利益、实现生产经营目的的特殊职能。

必须指出，在企业管理实践中，这两种基本职能总是结合在一起发生作用的。因为企业生产过程是生产力和生产关系的统一体，人与物的关系同人与人的关系密不可分，因而企业管理的两种基本职能总是结合在一起发生作用的。在企业管理实践中，这种作用则表现为企业管理的具体职能。

（2）企业管理的具体职能

企业管理的具体职能是企业管理工作的基本内容和作用功效的概括反映，是联结管理要素的动态机制。

20世纪初，法国管理学家亨利·法约尔（Henri Fayol）率先提出企业管理的各种具体职能，他认为，管理就是实行计划、组织、指挥、协调和控制。后人称之为"五职能学派"。其后，许多西方管理学者对此进行了探索，从不同的角度，根据不同的需要，提出了各种异议，形成了各种职能学派，如四职能学派、六职能学派、七职能学派、三职能学派等等。人们认为，按计划、组织、领导、控制四职能进行划分，一般可以表达管理人员完成企业管理任务所应承担的主要职责。

现实的企业管理过程就是计划、组织、领导、控制在时间上连续、在空间上并存的过程，这四个具体职能在管理过程中处于不同的地位，承担不同的职能。

一是计划职能。

计划职能的概念和作用计划包括两层意思，一是动态计划（即计划工作）；二是静态计划（即动态计划的结果）。

计划职能是企业在政府法律、政策、计划的约束和指导下，按照社会需要和企业本身的生产经营条件，确定企业的经营思想、经营方针和经营目标，制定长期和短期的经营计划，以及规定上述目标和计划的策略、途径、方法的一系列管理活动。

计划职能是企业管理的首要职能,是实现组织、领导、控制职能的前提,它使企业的经营管理活动具有方向性、目的性和自觉性。没有计划的管理是无序的、盲目的管理。计划职能运用得当可以获得最大的成效;若运用不当,则导致极大的浪费和损失。计划职能有如下几个作用:在企业管理诸职能中处于主导地位,为组织、领导、控制职能提供目标、要求、标准;使企业全体员工明确奋斗目标,起到统一人心的作用;正确地把握未来,使企业的生产经营与整个社会的需要和发展协调一致,起一定的自我经营保险作用;有利于企业合理地开展经营活动;编制各种计划,使企业管理有的放矢。

计划工作的内容:确定目标;预测分析;决策;制定措施;执行、修订。

计划工作的特征。计划工作的基本特征可以概括为:

①前瞻性。对企业未来的市场、效率、风险等进行预测,并对某些不能预测的可能风险预作应变准备,力求没有大的计划决策失误。

②一致性。企业在外部要与国家的宏观经济规划保持一致,企业在内部也要做到上下一致,协调统一,互相衔接,形成整体。

③可行性。纳入计划内做的事情,在正常情况下必须是切实可行的;在意外情况下经过努力也是可以做到的。那些经过努力仍不可能达到或不能按时达到的事情,不应纳入计划之内。

④灵活性。计划指标要有弹性,留有余地。有利条件不要满打满算,不利条件不要回避要根据企业的人、财、物潜力和经营素质,确定经过努力能达到的具体目标。

⑤经济性。计划工作的经济性就是力求计划的制订和执行必须用最少的费用来完成企业的目标。

计划的类型:

①按计划的层次分类。战略计划;战术计划;作业计划。

②按计划的重复性分类。计划是由目标衍生出来的,按照目标使用的次数可把计划分为如下两类:重复性计划,是为重复性行动制定的计划,可以重复、多次地使用。其具体形式包括政策、程序、规章等;一次性计划,是为完成某一特殊目标而制定的计划。当目标实现,该计划便完成了历史使命。其具体形式包括

规划、预算、项目计划等。

③按计划的时间分类：中长期计划，是指超过一年的较长期限的计划。其作用主要是为企业确定一个明确的长期发展方向。其具体形式包括：企业生产经营发展规模，企业组织管理水平提高的程度，员工教育培训规划，员工生活福利设施的改进和提高计划，企业某些重要的专门性的规划等；短期计划，是指一年或一年以内的计划，前者如年度计划，后者如季度计划、月度计划、旬度计划等。短期计划依据长期计划提出的目标和要求并结合计划期内的实际情况而制定。它是长期计划的具体落实，是企业在计划期内的行动纲领。

二是组织职能。

组织职能是对实现企业目标的诸要素和人们在经济活动中的相互关系进行组合、配置，使企业各环节、诸要素形成一个有机联系的整体。组织职能属执行性职能，它是完成计划目标的手段，是实现计划目标的组织保证，并为指挥、控制职能的实施创造条件。组织职能有如下作用：

①根据企业的基本任务和计划目标，确定企业管理体制，建立适合的组织机构，设置和完善相应的经营管理机构。

②确定全体员工的职务、职责、职权及其相互间的协作关系，从而使组织群体具有较高的生产力和工作效率。

③把企业的基本任务以及各种物质要素具体落实到不同的部门和个人，以利于企业目标的实现。

④根据计划职能所形成的目标和方案建立相应的规章制度，使企业管理有章可循。

组织职能的步骤和内容：

①组织职能的步骤。组织职能分六个步骤：职能分析、结构设计、协调方式设计、管理规范设计、配备和训练人员、调配各种资源。

②组织职能的内容。确定企业的总体职能，层层分解为各项管理业务和管理项目；设计企业的管理层次和幅度，确定各个管理部门和岗位，规定它们的责任和权力；确定各层次、各部门岗位间的信息交流、综合协调等方式，形成信息沟通渠道；制定规章制度，确定管理工作程序、管理工作标准、管理工作方法，以规范管理人员的行为；根据结构设计，定质、定量地配备各级各类管理人员，并

加以培训提高；合理分配人力、物力、财力等资源，衔接好产供销等活动。

狭义的组织职能，通常是指上述工作中的结构设计。这是组织职能的核心内容，但这仅仅是静态的组织工作，完整的组织职能应全面地包括上述六个方面的内容。

组织职能的要求。为适应生产经营的需要，组织职能要满足以下四个基本要求：①具备必需功能，即要以企业目标、任务和战略为依据，实施组织职能的六个功能；②高效、灵活；③权责分明；④协调良好。

三是领导职能。

领导职能的概念和作用。领导有两层含义：一是指领导者，即组织中确定和实现组织目标的指挥者。二是指领导工作，即一种具有一定影响力的领导行为。

领导职能就是在管理工作中发挥各级领导者的引导或影响的作用，调动下级人员的积极性和主动性，做好指挥和协调工作，引导下级人员去有效地实现企业既定的目标和计划。

领导职能属于执行性职能，它是实现企业目标和计划的必要条件。因为计划职能为企业经济活动确定了目标和实现目标的途径，组织职能为实现计划目标建立了有机联系的整体结构，这些都是企业生产经营的必要前提。但是，如果没有集中的指挥，没有一个统一的意志，即使有周密计划、完善组织，也不能使企业按既定目标良性运行。因此，必须具有领导职能。领导职能的作用在于：传递信息；提供动力；排除故障。

领导职能的主要内容：确定企业的领导体制和领导班子结构。运用多种激励手段，调动员工积极性。加强信息沟通，实现上下左右的信息交流。发挥员工参与领导的作用，提高领导效率。

领导方式的类型：按领导者如何运用职权，领导方式可分为如下三种类型：专制型；民主型；放任型。按领导者工作的重点划分，领导方式可分为如下两种类型：以任务为中心的领导；以人际关系为中心的领导。

实施领导职能的要求：领导的统一性；领导的权威性；领导的科学性；领导的明确性；领导的示范性；领导的强制性与说服性相结合。

四是控制职能。

控制职能是指按照既定的目标和标准对企业的生产经营活动进行监督、检查，发现偏差，找出原因，采取措施，使工作能按原定计划进行，或适当地调整计划，以达到预期目的的管理活动。

控制职能是管理职能的组成部分，它属于保障性职能。没有计划、组织、领导，就无从实行控制；没有控制，也就无法保障计划、组织、领导职能的实施。因为实现控制的必要前提条件是：要有明确而完整的计划，否则就没有衡量的标准；要有组织机构，即确定由哪个部门或个人来采取检查、监督和调节措施，由谁来承担产生偏差的责任，否则就没有人履行控制职能；要有关于控制对象的及时而准确的信息，否则就无从控制。另一方面，实施控制职能，可以纠正计划、组织、领导职能在工作实践中的偏差，从而确保管理诸职能的实施及其成果与预期目标相一致。具体来说，控制职能有如下作用：反馈信息；纠正偏差；提高效益。

控制的类型。控制按照不同的标准可以有不同的分类：

按业务范围划分，控制可分为成本控制、质量控制、生产（作业）控制、资金控制等。

按控制对象的全面性划分，控制可分为局部性控制和综合性控制。大多数控制都属于局部性控制，它们往往侧重于经营管理的某个方面，如产品质量控制、作业数量和期限控制等。综合性控制通常指财务方面的控制，如财务收支分析、盈亏控制、投资回收率分析，以及企业的自我诊断等。

按控制实施的时间或纠正措施的重点划分，控制可分为事前控制、现场控制和事后控制。

①事前控制（又称前馈控制）。是指在某项生产经营活动开始之前实施的控制。其纠正措施的重点是企业使用的资源，比如预先合理调配资源，使输入的资源达到标准状态，从而保证实现目标具备各种必需的物质要素。预先控制能够起很好地预防作用，但由于种种原因，这种控制不是在任何条件下都能做到的。

②现场控制，是指在某项生产经营活动进行过程中实施的控制。纠正措施实施的重点是正在进行着的作业。如对生产进度的控制、存货情况的控制等。主要方法是管理者深入作业现场，监督检查作业人员的工作，发现偏差，提供恰当的工作方法和纠正措施，这种控制也具有预防作用，它可以及时采取纠正措施，消除偏差和隐患，保证生产经营过程处于既定的正常状态。

③事后控制（又称反馈控制），是指信息反馈发生在某项生产经营活动或某项工作产生结果之后，纠正措施的重点是通过分析工作执行的结果，预测未来可能发生的变化和趋势，采取措施以控制下一个过程的变化。因此，事后控制同样具有预防作用。

控制的程序。实施控制职能的基本程序有三个：制定控制标准；衡量工作成果；评价工作成果。

有效控制的基本原则。为了使控制有效，必须贯彻如下原则：预见性原则；全局性原则；实事求是原则；及时性原则；弹性原则；经济性原则。

企业管理的性质和职能是息息相关的，不能孤立地、片面地去理解。因为生产过程是生产力和生产关系的统一体，所以企业管理存在着二重性，这就是由生产力决定的企业管理的自然属性和由生产关系决定的企业管理的社会属性，它们又分别表现为合理组织生产力、维护与完善生产关系，也就是企业管理的基本职能，而企业管理的具体职能是计划、组织、领导、控制，这些具体职能既相对独立，又相互联系、相互渗透，它们同时作用于生产过程中。

第二章 现代企业财务与客户管理

第一节 财务管理

一、财务管理概述

（一）财务管理的定义

财务管理作为一门管理科学，与生产管理、质量管理和营销管理一样，都是现代企业管理的一个分支，都是研究企业资源和行为的管理。财务管理是基于企业再生产过程中客观存在的财务活动和财务关系而产生的，它是利用价值形式对企业再生产过程进行的管理，是组织财务活动、处理财务关系的一项综合性工作。

（二）财务管理的作用

在大公司里，财务副总裁或首席财务总管直接向首席执行官汇报工作。首席财务总管的工作分为两块：一块由资金主管负责，另一块由会计师负责。会计师的首要责任是会计核算。外部财务报告则是提供给税务局、证监会及股东的。资金主管的职责是做出财务管理的决策：投资、筹资和资产管理决策。

（三）财务管理的目标

根据现行企业财务管理理论和实践，最具代表性的财务管理目标主要有以下几种：

1. 利润最大化

假定在企业投资预期收益确定的情况下，财务管理行为将朝着有利于企业利润最大化的方向发展。经济学家以往都是以利润最大化来分析和评价企业行为和业绩的。

2. 股东财富最大化

在市场经济条件下，股东财富是由其所持有的股票数量和股票价格两个方面决定的，在股票数量一定的前提下，股票价格越高，股东财富就越大。因此，股东财富最大化，又转化为股票价格最大化。

3. 企业价值最大化

企业价值最大化是指通过企业财务上的合理经营，采用最优的财务决策，充分考虑货币的时间价值和风险与报酬的关系，在保证企业长期稳定发展的基础上使企业总价值最大。评价企业的价值，看重的不是企业已经获得的利润水平，而是企业未来的获利能力。企业所得的收益越多，实现收益的时间越近，应得的报酬越确定，则企业的价值越大。但是以企业价值最大化作为财务管理目标过于理论化，不易操作。

4. 相关者利益最大化

企业的相关利益者除了包括股东外，还包括债权人、企业管理者、客户、供应商、员工和政府等，这些相关利益者共同承担着企业的风险，因此在确定企业财务管理目标时，不能忽视这些相关利益群体的利益。相关者利益最大化具体包括：强调风险与报酬的均衡，将风险限制在企业可以承担的范围内；创造与股东之间的利益协调关系，努力培养长期投资的股东；关心本企业员工利益，创造良好的工作环境；不断加强与债权人的联系，重大财务决策请债权人参加讨论，培养可靠的资金供应者；关心客户的利益，在新产品的研发上有较高投入，不断推出新产品满足顾客的要求，以便保持销售收入的长期稳定增长；讲求信誉，注意企业形象的树立和宣传；关心政府政策的变化，争取参与制定政府政策。

二、筹资管理

企业筹资是指导致企业资本及债务规模和构成发生变化的活动。企业筹资在财务管理中占有很重要的地位，企业在进行筹资决策时，要考虑筹资风险，注重企业的偿还能力，配置好资本结构，使资本成本尽可能最小。

按照企业筹资渠道的性质划分，企业筹措的资本可划分为权益资本和债务资本。

权益资本是企业依法拥有、自主调配、长期使用的资本，来源是国家投资、联营投资、发行股票、利用外资和企业内部资本积累。在企业的财务报表中，权益资本是实收资本、资本公积、盈余公积和未分配利润的总和。企业实收资本包括国家资本、法人资本、个人资本和外商资本等。权益资本的所有权属于股东，但经营期内投资者不得以任何方式抽回，企业财务风险可因此降低。一个企业的权益资本的大小直接反映企业的经济实力，是企业举债的基础。

债务资本又称负债资本或借入资本。企业可采取多种举债方式：银行借款、发行债券、融资租赁、商业信用等。在财务报表中，债务资本是指流动负债和长期负债的总和。债务资本到期必须偿还，还要按期支付利息或租金。如到期企业无法还本付息，债权人有权依法要求企业破产还债。所以债务资本给企业和股东带来了财务风险。

（一）长期权益资本的筹措

1. 吸收投资

企业吸收投资的渠道主要有国家投资、法人投资、个人投资以及外商投资等筹资方式。

（1）吸收国家投资

1985年以前，国家预算拨款是国有企业资金的主要来源。1985年以后，国家预算拨款改为国家贷款，主要面向国有企业，表面上是一种债务，但国家贷款可用税前利润或新增利润归还，等于少交税或少交利润。国家实质上仍是投资主体。从1993年开始，国家贷款部分或黄金部分贷款改为由国资管理部门对企业直接投资，包括采取入股方式。

有权代表国家投资的政府部门或机构以国有资产投入企业的资本金叫国家资本金。

企业吸收的国家投资，可长期支配使用，但代表国家投资者的国资管理部门可派出代表参加企业股东大会和董事会，对投入资本进行管理，参与企业税后利润分配，承担以投资额为限的经济责任。

（2）吸收法人投资

吸收法人投资是指法人单位以其依法可以支配的资产投入企业，形成的资本金叫法人资本金。目前，吸收法人投资主要是指法人单位在进行横向联合时所产生的联营投资。

（3）吸收个人投资

个人投资是指社会个人或本企业内部职工以个人合法财产投入企业，形成的资本金称为个人资本金。个人投资参与的人员较多，但每人投资的数额相对较少，以参与企业利润分配为目的。

（4）吸收外商投资

外国投资者以及中国港澳台地区投资者把资金投入企业而形成的资本金叫外商资本金。吸收外商投资一般具有以下特点：可以筹集外汇；出资方式比较灵活；一般只有中外合资企业才能采用。

2. 发行股票

在证券市场，发行股票已成为股份公司筹措长期资本的基本方式。

（1）股票的概念

股票代表了公司权益资本的所有权，是股东按其所持有股份享有权利和承担义务的书面凭证。

（2）股票的特点

①发行股票所筹措的资本是可长期使用的权益资本。只要公司存在，股东不能退股，但可以在市场上转让股票。

②与债权人比较，股东的风险较大。公司一旦破产，公司资产分配的优先顺序是：偿还职工工资和劳动保险费，上缴税金，偿还债务，有剩余才分配给股东。

③与债务筹资相比，股票筹资的成本较高。公司对外借债，发生的利息可减少利润，即免缴所得税；而股票股利在税后利润中分配，因此股票筹资的成本要高于债务筹资成本。

④支付股利灵活，降低风险。公司如遇到现金短缺或好的投资时机，公司可不派息。从这个角度看，股票筹资又比债务筹资的风险小。

（3）普通股与优先股

按股东权利和义务的差别，可分为普通股和优先股。

普通股股东享有作为股东的全部权利和义务。在一般情况下，股份公司只发行普通股。优先股是对普通股而言享受某些优先权利的股票，一般在公司增募资本时发行。优先股具有的优先权利是：一般股息固定，在分派普通股股息前支付。享有公司剩余资产分配的优先权，公司一旦破产，优先股索偿权先于普通股。优先股投资风险比普通股小，但优先股股东没有表决权，也不能参加公司的经营管理。

(4) 普通股股东的权利和义务

普通股股东作为承担公司最大风险的投资者，拥有公司全部的权利，包括投票权、出售或转让股份权利、检查账簿权利、剩余资产索取权、优先认股权等。

普通股股东一般有如下义务：遵守公司章程；按时认缴资本；以认缴的资本额为限承担公司债务的责任。在公司核准登记后，认缴的资本不得抽回。

股票发行是利用股票筹集资金的一个最重要问题。股份公司发行股票必须具备一定的发行条件，取得发行资格，并在办理必要手续后才能发行。根据国际惯例，各国股票的发行都有严格的法律规定程序，任何未经法定程序发行的股票都不发生效力。

(二) 长期债务资本的筹措

债务资本是企业采取多种举债形式，即通过银行借款、发行债券、融资租赁、商业信用等方式所筹集的资本。而债务资本又分为短期债务资本和长期债务资本。这里介绍长期借款、发行债券和租赁筹资三种方式。

1. 长期借款

长期借款是指企业根据借款合同从有关银行或非银行金融机构借入的需要还本付息的款项。

按借款的期限，可分为短期借款和长期借款。

短期借款是指借款期限在1年以下（含1年）的借款，主要满足流动资金的需求。

长期借款是指借款期限在1年以上的借款，主要解决企业长期流动资产占用的资金和固定资产的资金需求。

按借款是否需要担保，可分为信用借款、担保借款和票据贴现。

信用借款又称无担保借款，是指没有保证人作保证或没有财产作抵押，仅凭借款人的信用而取得的借款。

担保借款是指有一定的保证人作保证或利用一定的财产作抵押或质押而取得的借款。

票据贴现是商业票据的持有人把未到期的票据转让给银行，贴付一定利息以取得银行资金的一种借贷行为。

企业利用银行借款筹集资金，必须按规定的程序办理。根据中国贷款通则，银行贷款的程序大致分为以下几个步骤：企业提出借款申请；银行对借款人的信用等级进行评估；对借款人进行调查；贷款审批；签订借款合同；企业取得贷款；借款归还。

2. 发行债券

债券是向投资人出具的、承诺按一定利率定期支付利息，并到期偿还本金的债权债务凭证。

（1）债券的基本要素

①债券面值。一是币种；二是票面金额。币种可用本币，也可用外币，这取决于发行者的需要和债券的种类。票面金额是债券到期时偿还债务的金额。

②债券期限。债券都有明确的到期日，从发行之日起，至到期日之间的时间称为债券的期限。在债券期限内，公司必须定期支付利息，债券到期时，必须偿还本金。

③债券利率。债券上通常都会写明年利率，即票面利率。

④债券价格。理论上债券的面值就是它的价格，但由于资金市场上供求关系、利率的变化，债券的市场价格常常脱离面值，有时高于面值，有时低于面值。

⑤债券的发行。同股票的发行相同，也需要向有关部门提出申请；选择合适的承销人；向社会公布债券出售说明书。债券发行的条件具体见《企业债券管理条例》和《公司法》。

⑥债券的收回与偿还。可在到期日按面值一次性收回或偿还，也可分批收回或分批偿还。

⑦债券的评级。为发展和健全金融市场，促使企业改善经营管理，更好地面

向社会筹资，提高资金使用效率，保护投资者合法权益，凡向社会发行债券的企业，都应经过债券资信评估机构进行评级。

（2）债券资信等级标准采用九级评定法

此评定法由高到低分别为：AAA、AA、A、BBB、BB、B、CCC、CC、C。

①高质量等级。AAA级债券是最高等级债券，对本金和利息完全保障，安全程度最高。AA级债券在大多数情况下与AAA级相同。

②投资等级。A级债券属于中上级债券，具有相当的投资强度，但在经济情况不利时，无法完全避免不利影响，然而利息和本金比较安全。BBB级债券为中等债券，在正常情况下，也比较安全，但在经济不景气时应特别注意。

③次标准等级。BB级债券为中下等级债券。这种债券只有少数的投资特性，在正常情况下可以偿还本金和利息，但在不利情况下，会产生不能偿付的风险。B级债券具有一定的投机性，本金和利息不能偿付的风险较大。

④投机等级。CCC等级的债券属于下等债券，是一种投机债券，本金和利息不能偿付的风险很大。CC等级的债券是绝对的投机债券，而利率极高。C级债券是最低等级的债券，一般指正在违约的债券。

债券的等级越高，风险越小，投资人要求的报酬率可能较低，那么企业可以较低的利率来发行债券。只有BBB级以上的债券，才是大多数投资者可投资的债券。AAA级债券的筹资能力最强。

3. 租赁筹资

租赁是指出租人在承租人给予一定报酬的条件下，授予承租人在约定的期限内占有和使用财产权利的一种契约型行为。

中国目前主要有经营租赁和融资租赁两种租赁形式。

（1）经营租赁

经营租赁是典型的租赁形式，通常为短期租赁。其特点是：承租企业可随时向出租人提出租赁资产的要求；租赁期短，不涉及长期而固定的义务；租赁合同比较灵活，可以解除租赁契约；租赁期满，租赁的资产一般归还出租者；出租人提供专门服务，如设备的保养、维修和保险等。

（2）融资租赁

融资租赁又称财务租赁，通常是一种长期租赁，可解决企业对资产的长期需要。融资租赁是现代租赁的主要形式，其特点是：一般由承租人向出租人提出正式申请，由出租人融资引进所需设备，然后再租给用户使用；租期较长，融资租赁的租期一般为租赁资产寿命的一半以上；租赁合同比较稳定。在融资租赁期内，承租人必须连续支付租金，未经双方同意，中途不得退租；租约期满后，可将设备作价转让给承租人；或由出租人收回；或延长租期续租；在租赁期内，出租人一般不提供维修和保养设备方面的服务。

租赁筹资的优点是：能迅速获得所需资产；为企业提供一种新的资金来源；限制较少；能减少设备陈旧过时的风险。租金可在整个租期内分摊，不用到期归还大量本金。

三、投资管理

企业投资是指企业将财力投入某一项目，以期在未来获取收益的一种行为。在市场经济条件下，企业能否把筹集到的资金投放到收益高、回收快、风险小的项目上去，对企业的生存和发展是十分重要的。

企业投资的根本目的是增加企业价值。企业能否实现这一目标，关键在于企业能否在不确定的市场环境下，抓住有利时机，做出合理的投资决策。

投资决策指标是评价投资方案是否可行或孰优孰劣的标准。投资决策指标可概括为贴现现金流量指标和非贴现现金流量指标。

企业投资决策中的现金流量是指与投资决策有关的现金流入、流出的数量。投资项目的可行性分析必须事先计算现金流量。

（一）现金流量的构成

投资决策中的现金流量，一般有三种类型：

1. 初始现金流量

初始现金流量是指开始投资时发生的现金流量，一般包括固定资产投资、流动资产投资等。在建设期，由于没有任何现金流入量，所以建设期的现金净流量通常为负值。

2. 营业现金流量

营业现金流量是指投资项目投入使用后，在其寿命周期内由于生产经营带来的现金流入和流出的数量。这种现金流量一般以年为单位进行计算。现金流入一般指营业现金收入。现金流出指营业现金支出和税金支出。

$$每年的净现金流量＝每年营业现金收入-付现成本-税金$$

公式中付现成本是指在经营期内为满足正常生产经营而需用现金支付的成本，它是生产经营期内最主要的现金流出量。

$$付现成本＝总成本-折旧额及摊销额$$

税金指项目投产后依法缴纳的、单独列示的各项税款，包括营业税、所得税等。所以公式可变形为：

$$每年的净现金流量＝（营业收入-总成本-税金）+折旧+摊销额＝净利润+折旧+摊销额$$

3. 终结现金流量

终结现金流量是指投资项目完结时所发生的现金流量。其主要包括：固定资产的残值收入、流动资产上的资金收回和土地的变价收入。

（二）投资项目的现金流量表

1. 贴现现金流量指标

贴现现金流量指标考虑资金的时间价值。资金时间价值是指资金在周转使用过程中随着时间的推移而产生的增值，是一定量资金在不同时点上价值量的差额。这种价值差额是由于利息或利润而产生的。在资金使用上，必须考虑时间的因素，在看待和使用资金时，不仅要看它存在的数量，而且还要看这个量存在于什么时间，同量的资金，处于不同时间，其价值是不同的。但不同时点上的资金，又可以换算成同一时点上的价值，这样才具有可比性，这是对不同投资方案进行分析评价和择优的必备条件。

在投资方案分析中，为了计算资金的时间价值，要弄清楚以下几个基本概念：

①现值。现值又称本金，是未来某一时点上一定量资金折合为现在的价值。

②终值。终值又称将来值或本利和，是指资金的现在价值按一定的利息率计息，经过一定时间距离后的资金新值，也即资金在其运动终点的价值。

③贴现率。贴现率是指贴现时所用的利息率。贴现率的大小，对一个投资项目的净收益影响极大。

贴现指标主要有：净现值、内部报酬率和利润指数。

①净现值。净现值（NPV）是指把投资项目投入使用后的净现金流量，按资本成本或要达到的报酬率折为现值，然后减去初始投资后的余额。

$$NPV = \sum_{t=1}^{n} \frac{CF_t}{(1+r)} = CF_0$$

式中：n ——项目计算期；

NPV ——净现值；

CF ——第 t 年的净现金流量；

(i, t) ——第 t 年、贴现率为 i 的复利现值系数。

净现值法的决策原则是：在只有一个备选方案的情况下，净现值为正则采纳，为负则不采纳；在有多个备选方案的互斥选择决策中，选用净现值为正值中的最大者。

净现值法虽然考虑资金的时间价值，但是并不能揭示各个方案的实际报酬率是多少。

②内部报酬率。内部报酬率又称内含报酬率（IRR），是使投资项目的净现值等于零的贴现率。内部报酬率实际上反映了投资项目的真实报酬，因此经常用来评价投资项目。内部报酬率大于资本成本率的方案为可行方案；有多个方案可供选择时，选内部报酬率较大的方案。

③利润指数。利润指数又称现值指数（PI），是投资项目未来报酬的总现值与初始投资额之比。利润指数法的决策原则是：在只有一个备选方案的决策中，利润指数大于或等于1，则采纳，否则被拒绝；在有多个备选方案的互斥决策中，应采纳利润指数大于1中的最大的投资项目。利润指数是用相对数表示的，考虑了资金的时间价值，能够真实地反映投资项目的盈亏程度。

在以上三个贴现投资现金流量指标中，净现值法在所有的投资评价中总能做出正确的决策。而利用内部报酬率和利润指数在互斥选择决策中有时会做出错误的决策，因此，在这三个评价方法中，净现值是最好的评价方法。

2. 非贴现现金流量指标

（1）静态投资回收期

静态投资回收期（PP）是指不考虑资金的时间价值，回收初始投资所需要的时间。如果每年的营业净现金流量（NCF）相等，则投资回收期＝原始投资额/每年净现金流量。如果每年的营业净现金流量（NCF）不相等，则要根据各年年末尚未回收的投资额计算。

（2）平均报酬率

平均报酬率（ARR）是投资项目寿命周期内平均的年投资报酬率，也称平均年报酬率。其公式如下：

$$平均报酬率＝平均现金流量/原始投资额×100\%$$

四、资产管理

资产是指企业过去的交易或者事项形成的、由企业拥有或者控制的、预期会给企业带来经济利益的资源。企业过去的交易或者事项包括购买、生产、建造行为或其他交易或者事项。预期在未来发生的交易或者事项不形成资产。由企业拥有或者控制，是指企业享有某项资源的所有权，或者虽然不享有某项资源的所有权，但该资源能被企业所控制。预期会给企业带来经济利益，是指直接或者间接导致现金和现金等价物流入企业的潜力。同时满足以下条件的资源可确认为企业资产：①与该资源有关的经济利益很可能流入企业。②该资源的成本或者价值能够可靠地计量。

（一）流动资产管理

1. 流动资产概述

流动资产是指企业可以在一年内或超过一年的一个营业周期内变现或者运用的资产，具有占用时间短、周转快、易变现等特点。流动资产属于生产经营过程中短期储存的资产，是企业资产的重要组成部分。流动资产的价值表现就是流动资金。

流动资产在企业的再生产过程中以各种不同的形态同时存在，这些不同的存在形态就是流动资产的组成内容。其具体包括以下形态：

（1）货币资金

货币资金是指企业在再生产过程中由于种种原因而持有的、停留在货币形态的资金，包括库存现金和存入银行的各种存款。

（2）应收及预付款项

应收及预付款项是指在商业信用条件下企业的延期收回和预先支付的款项，如应收票据、应收账款、其他应收款、待摊费用等。

（3）存货

存货是指企业在再生产过程中为销售或者耗用而储备的物资，包括原材料、燃料、包装物、低值易耗品、修理用备件、在产品、自制半成品、产成品、外购商品等。

（4）短期投资

短期投资是指各种能够随时变现、持有时间不超过一年的有价证券以及其他投资，如各种短期债券、股票等。

2. 流动资产的特点

流动资产投资又称经营性投资，与固定资产相比有以下特点：

（1）投资回收期短

投资于流动资产的资金一般在一年或一个营业周期内收回，对企业影响的时间比较短。因此，流动资产投资所需的资金一般可通过商业信用、短期银行借款等方式解决。

（2）流动性强

流动资产在循环周转过程中，经过供、产、销三个阶段，其占用形态不断变化，即按现金—材料—在产品—产成品—应收账款—现金的顺序转化，这种转化循环往复。流动资产的流动性与其变现能力相关，如遇意外情况，可迅速变卖流动资产，以获取现金。这对于财务上满足临时性资金需求具有重要意义。

（3）具有并存性

在流动资产的周转过程中，每天不断有资金流入，也有资金流出，流入和流出总要占用一定的时间，从供产销的某一瞬间看，各种不同形态的流动资产同时存在。因此，合理地配置流动资产各项目的比例，是保证流动资产得以顺利周转的必要条件。

（4）具有波动性

占用在流动资产的投资并非一个常数，随着供产销的变化，其资金占用时高时低，起伏不定，季节性企业如此，非季节性企业也如此。随着流动资产占用量的变动，流动负债的数量也会相应变化。

3. 流动资产管理的要求

管好用好流动资产必须认真贯彻以下几项要求：

（1）既要保证生产经营需要，又要合理使用资金

在流动资产管理中，既要保证生产经营发展的需要，又要合理使用资金，提高资金使用效果，这两个方面要统一起来。必须正确处理保证生产经营需要和合理使用资金二者之间的关系。要在保证生产经营需要的前提下，遵守勤俭节约的原则，挖掘资金潜力，精打细算地使用流动资金，这样才能充分发挥流动资金管理促进生产的作用。

（2）资金管理与资产管理相结合

流动资产是流动资金赖以存在的物质形态。财务部门要管好流动资金，必须深入生产、深入群众，关心流动资产的管理。只有各项流动资产安全完整，使用合理，流动资金才能完整无缺，占用减少，效益提高。另外，财务部门还必须促使管理流动资产、使用流动资产的部门树立经济核算思想，提高经济效益观念，关心流动资金管理。为此，流动资金的管理必须在实行财务管理部门集中统一管理的同时，实行分口分级管理，建立有关部门管理的责任制度。

（3）保证资金使用和物资运动相结合，坚持钱货两清，遵守结算纪律

资金是物资的货币表现，资金使用同物资运用有密切的联系。在流动资金管理工作中，必须把资金使用同物资运用结合起来，做到钱出去、货进来，货出去、钱进来，坚持钱货两清的原则，企业必须严格遵守结算纪律，不得无故拖欠。只有坚持钱货两清，遵守结算纪律，才能保证每个企业的生产经营顺利进行。

现金是指在生产经营过程中以货币形态存在的资金，包括库存现金、银行存款和其他货币资金等。现金是流动性最强的流动资产，可以直接作为支付手段。

（二）现金管理

1. 现金管理的目的

现金是企业的一项重要的流动资产，企业缺少现金，日常的交易活动就会发生困难，但是，现金这种资产的收益性很差，如果持有过量的现金，虽然可以降低财务风险，但也会降低企业的收益。所以，现金管理的目的就是在保证生产经营活动所需现金的同时，尽可能节约现金，减少现金的持有量，而将闲置现金用于投资，以获取一定的投资收益。

2. 现金管理的内容

（1）编制现金预算

现金预算是现金管理的一个重要方法，企业应当在合理预计现金流量的基础上，编制现金预算，提高现金的利用效率。

（2）确定最佳现金持有量

在理论上，现金存在一个最佳持有量。最佳现金持有量是企业所持有的现金最为有利的数额，一般指资本成本最低时的最佳货币持有量。现金是企业流动性最强的资产，也是营利性最差的资产。现金过多，使企业的盈利水平下降；现金过少，又会由于现金短缺而影响生产经营活动。在现金持有量上存在着风险与报酬的权衡问题。企业为了充分利用现金，降低现金的成本，应当根据自身情况，确定一个最佳的现金持有量。

（3）现金的日常管理

在现金管理中，企业除合理编制现金收支计划和认真确定最佳现金余额外，还必须进行现金的日常控制。

（4）加速收款

为了提高现金的使用效率，加速现金周转，企业应尽量加速收款，即在不影响未来销售的情况下，尽可能地加快现金的收回。如果现金折扣在经济上可行，应尽量采用，以加速账款的收回。企业加速收款的任务不仅是要尽量使顾客早付款，而且要尽快地使这些付款转化为可用现金。

（5）控制支出

企业在收款时，应尽量加快收款的速度，而在管理支出时，应尽量延缓现金支出的时间。在西方财务管理中，控制现金支出的方法有以下几种：运用"浮游量"，所谓现金的浮游量是指企业账户上存款余额与银行账户上所示的存款余额之间的差额；控制支出时间，企业可以最大限度地利用现金而又不丧失现金折扣；工资支出模式，许多公司都为支付工资而设立一个存款账户，这种存款账户余额的多少当然也会影响公司现金总额，为了减少这一存款数额，公司必须合理预测所开出支付工资的支票到银行兑现的具体时间。

以上已说明现金收入和现金支出的控制方法，现在再阐述对现金的综合性控制手段：力争现金流入与流出同步；实行内部牵制制度；及时进行现金的清理；遵守国家规定的库存现金的使用范围；做好银行存款的管理；适当进行证券投资。

（三）长期资产管理

长期资产也称非流动资产，包括固定资产、递延资产、对外投资和无形资产等。其中固定资产和无形资产是其中的主体部分。

1. 固定资产的概念

固定资产是指使用年限在一年以上，单位价值在规定标准以上，并且在使用过程中保持原有的实物形态的资产。其包括：使用期限超过一年的房屋及建筑物、机器设备、运输工具以及其他与生产经营有关的设备。不属于生产经营主要设备的物品，单位价值在2000元以上，并且使用年限超过两年的，应当作为固定资产。

2. 固定资产的分类

（1）按照固定资产的使用情况分类

①使用中的固定资产：包括季节性停用和大修理停用的固定资产，也包括经营性租出的固定资产。

②未使用的固定资产：指已经完工但尚未交付使用的固定资产。

③不需用的固定资产：指本企业多余或不适用的固定资产。

(2) 按其经济用途和使用情况综合分类

生产经营用固定资产；非生产经营用固定资产；租出固定资产；不需使用固定资产；未使用固定资产；融资租入固定资产。

(3) 按固定资产的所有权分类

①租入固定资产：视为自有固定资产，计提折旧（实质重于形式）；②经营租入固定资产：不提折旧；③自有固定资产：指拥有所有权的固定资产，计提折旧。

3. 固定资产的计价

固定资产的正确计价是对固定资产进行价值核算的前提。为了如实地、科学地考核固定资产价值的增减变动情况，就必须遵循一定的计价标准，对固定资产正确计价。

(1) 固定资产原始价值

企业购建某项固定资产达到可用状态前的一切合理的、必要的支出。包括以下六种计价方法：

①外购的固定资产，按照实际支付的买价或售出单位的账面原价加上支付的运输费、保险费、包装费、安装成本费和缴纳的税金等计价。

②自行建造的，按照建造过程中实际发生的全部支出计价。

③投资者投入的，按照评估确认的原值计价。

④融资租入的，按照租赁协议或者合同确定的价款加运输费、保险费、安装调试费等计价。接受捐赠的，按照发票账单所列金额加上由企业负担的运输费、保险费、安装调试费等计价。无发票账单的，按照同类设备市价计价。

⑤在原有固定资产的基础上进行改扩建的，按照固定资产原价，加上改扩建发生的支出，减去改扩建过程中发生的固定资产变价收入后的余额计价。

⑥企业购建固定资产交纳的固定资产投资方面调节税、耕地占用税计入固定资产价值。借款购建的固定资产在固定资产未交付使用以前所发生的利息支出原则上计入固定资产的价值，交付使用后发生的利息支出计入当期费用。

(2) 固定资产重置完全价值

在当时的生产技术条件下，重新构建同样全新固定资产所需的全部支出。因该方法在实际使用时有一定的技术难度，所以通常只有在财产清查中确定盘盈固定资产价值时和在会计报表补充、附注说明时使用。

（3）固定资产折旧管理

固定资产折旧是指固定资产在使用期限内不断地发生损耗，而逐渐转移到产品成本或有关费用中的那部分价值。这部分价值以折旧费的形式，或者构成产品的成本，或计入有关的费用支出，然后通过销售收入得到补偿。

固定资产价值的损耗分为无形损耗和有形损耗。有形损耗是固定资产使用过程中实物形态发生的损耗。固定资产在其有效使用期内，由于生产技术进步而引起的价值上的贬值是固定资本的无形损耗。当代科技进步的加快，竞争加剧，使无形损耗呈上升趋势。计算折旧率、提取折旧费时两种损耗都要考虑，尤其是充分考虑无形损耗，目的是推动技术进步，加快设备改造。

五、利润管理

利润是企业在一定时期的经营成果，集中反映了企业在生产经营各方面的效益，是企业的最终财务成果。企业利润可表示为主营业务利润、营业利润、利润总额和净利润等不同形式。

（一）主营业务利润

主营业务利润是企业经营主要业务所取得的利润，它是由主营业务收入、主营业务成本和主营业务税金及附加构成的。其计算公式为：

主营业务利润＝主营业务收入－主营业务成本－主营业务税金及附加

1. 主营业务收入

主营业务收入是指企业按照营业执照上规定的主营业务内容所发生的营业收入。

2. 主营业务成本

主营业务成本是指企业经营主要业务而发生的实际成本。

3. 主营业务税金及附加

主营业务税金及附加是指企业经营主要业务并由其负担的税金及附加，包括营业税、消费税、城市建设税、资源税、土地增值税和教育附加税等。

（二）营业利润

营业利润是指企业在一定期间从事生产经营活动所获得的利润。其计算公式为：

营业利润=主营业务利润+其他业务利润-营业费用-管理费用-财务费用

1. 其他业务利润

其他业务利润是指企业除主营业务以外取得的收入扣除其他业务的成本、费用、税金后的利润。

2. 营业费用

营业费用是指企业销售商品过程中发生的费用，如运输费、装卸费、包装费、保险费、展览费、广告费以及销售部门的职工工资、福利费、业务费等。

3. 管理费用

管理费用是指企业为组织和管理企业生产经营所发生的各种费用，包括董事会和行政管理部门的工资、修理费、低值易耗品摊销、办公费等。

4. 财务费用

财务费用是指企业为筹集资金而发生的费用，包括利息支出、汇兑损失以及相关的手续费。

（三）利润总额

利润总额是指企业一定期间所实现的全部利润。其计算公式为：

利润总额=营业利润+投资收益+营业外收入-营业外支出

1. 投资收益

投资收益是指企业对外投资所取得的收益扣除发生的损失以后的净收益。

2. 营业外收入

营业外收入是指企业发生的与生产经营无直接关系的各项收入，如固定资产盘盈、资产评估增值、债务重组收益、捐赠收入等。

3. 营业外支出

营业外支出是指企业发生的与生产经营无直接关系的各项支出，如固定资产盘亏、资产评估减值、债务重组损失、捐赠支出等。

(四) 净利润

净利润是指利润总额减去所得税后的部分，也是归企业所有者的那部分收益，所以又称税后利润。其计算公式为：

$$净利润 = 利润总额 - 所得税$$

1. 提取法定盈余公积金

按照税后利润扣除弥补企业以前年度亏损后的10%提取。盈余公积金已达注册资金50%时可不再提取。法定盈余公积金用于弥补企业亏损，扩大企业生产经营或转为增加资本金，但转增资本金后，法定盈余资本金一般不得低于注册资金的25%。

2. 提取公益金

税后利润弥补企业以前年度亏损后的5%~10%提取。公益金主要用于企业职工集体福利设施支出，不能用于职工个人消费性福利支出。

3. 提取任意盈余公积金

任意盈余公积金按照公司章程或股东大会决议提取和使用，其目的是控制向投资者分配利润的水平以及调整各年利润分配的波动。

4. 向投资者分配利润

企业弥补亏损和提取法定盈余公积金、公益金后的利润，才是供投资者分配的利润。对于以前年度未分配利润，可以并入本年度向投资者分配。对于股份有限公司，提取公益金后，按照下列顺序分配：

(1) 支付优先股股利

(2) 提取任意盈余公积金

(3) 支付普通股股利

六、财务的分析

(一) 财务报表

企业的基本财务报表有资产负债表、利润表、现金流量表、所有者权益（或股东权益）变动表以及附注。

1. 资产负债表

资产负债表是指反映企业某一特定日期（如月末、年末）资产、负债和所有者权益及其构成情况的会计报表。

资产负债表是根据"资产=负债+所有者权益"会计恒等式来编制的，是主要从两个方面来反映企业财务状况的时点指标：一方面反映企业所拥有的资产规模及其分布；另一方面反映企业的资金来源及其结构。据此，可以评价企业财务状况的优劣，预测企业未来财务状况的变动趋势，从而做出相应的决策。

资产负债表的作用主要表现在以下几个方面：

①反映企业拥有的经济资源及其分布情况。

②反映企业的资本结构。

③反映企业的变现能力、财务实力和财务弹性，有助于解释、评价和预测企业的盈利能力、长短期偿债能力。

2. 利润表

利润表是指反映企业在一定会计期间的经营成果及其分配情况的会计报表。利润表根据"利润=收入-费用"这一公式编制。利润表的主要作用有以下几点：

①通过收入与费用配比的结果——利润，综合反映企业经营的财务成果。利润表表明企业的盈利能力，又作为利润分配的重要依据。

②有助于考核企业管理者的经营业绩与效率。

③有助于分析企业收入、费用和利润之间的变化趋势，发现问题，从而做出经营决策，改善经营管理。

④有利于预测企业未来的现金流动，以判断偿债能力的强弱。

利润表是按权责发生制编制的。但是，财务管理更需要以收付实现制为基础的现金流动信息，但利润与现金流动有很大差距，利润大的企业并不一定说明现金流动状况度好。

3. 现金流量表

现金流量表是反映企业会计期间内经营活动、投资活动和筹资活动等对现金及现金等价物产生影响的会计报表。其主要目的是为报表使用者提供企业一定会计期间内现金流入及流出的有关信息。现金流量表的利润是按权责发生制来计算的，常常使一个企业的盈利水平与真实的财务状况不符。有的企业账面利润很大，看似业绩可观，而现金却入不敷出，举步维艰；有的企业虽然亏损，但现金周转自如。所以仅以利润来评价企业的经营业绩和获利能力有失偏颇。因此，要结合现金流量表所提供的现金流量信息来评价。

现金流量表的作用如下：

①提供了本会计年度现金流量的信息，有助于评估企业的偿债支付以及变现能力。

②提供了当期净利润与现金净流量之间差异的信息，便于分析原因，评估真实的获利能力。

③有助于评估企业在未来创造有利的净现金流量的能力以及企业分配利润、对外融资的能力。

④有利于分析本期的现金与非现金投资与筹资活动对企业财务状况的影响。

⑤有利于评价企业财务弹性，了解企业在财务困难时期的适应能力、筹资能力，将非经营资产变现的能力和调整经营以增加短期现金流量的能力。

4. 所有者权益变动表

所有者权益变动表是反映构成企业所有者权益的各组成部分当期的增减变动情况的报表。所有者权益变动表应当全面反映一定时期所有者权益变动的情况，不仅包括所有者权益总量的增减变动，还包括所有者权益增减变动的重要结构性信息，特别是要反映直接计入所有者权益的利得和损失，让使用者准确理解所有者权益增减变动的根源。

（二）财务分析

财务分析是指对企业过去和现在的财务状况、经营成果以及发展趋势的分析和评价。财务分析主要以财务报表为对象。而财务报表的数据是绝对数据，虽然在一定程度上可反映企业的财务状况和经营成果，但很难得出正确的结论。所以，财务分析要求把绝对数变为相对数，才能抓住问题的本质。

揭示财务报表中各项数据的联系及其变动趋势的方法即为财务分析方法。其主要有以下4种方法。

1. 比较分析法

用当期的同一指标比较不同期、不同单位或实际数与预算数的变动情形。

2. 比率分析法

分析同一期间财务指标相对关系的情况,以判断财务和经营等方面的状况。比率分析法是财务分析中最基本、最重要的方法。

3. 因素分析法

一些综合性指标,如利润,其影响因素往往很多,只有将综合指标分解为原始的影响因素,才能明确指标完成好坏的原因和责任,这种方法就是因素分析法。

4. 趋势分析法

以连续几期报表提供的数据,比较其前后的增减数额和幅度,从而分析财务和经营上的变化及其发展趋势。

第二节 客户关系与服务管理

一、客户关系管理

(一) 客户关系管理概述

1. 客户关系管理的含义

在现代经济社会,客户关系管理(customer relationship management,CRM)是指通过培养企业的最终客户、分销商和合作伙伴对企业及其产品更积极的偏爱或偏好,留住他们并以此提升业绩的一种营销策略,它的操作过程是采用先进的数据库和其他信息技术来获取客户数据,分析客户行为偏好,积累和共享客户知识,有针对性地为客户提供产品或服务,发展和管理与客户的关系,培养客户长期的忠诚度,以实现客户价值最大化和企业收益最大化之间的平衡。

客户关系管理是一种旨在改善企业与客户关系的新型管理机制。一方面,要通过向市场营销人员、销售人员、服务人员以及相关技术人员提供系统的、完整的、个性化的客户资料，强化企业的跟踪服务与信息服务的能力，建立并维护企业与客户一对一的人性化关系，从而使企业更快捷、更周到、更准确地提供面向消费者的服务。另一方面，通过这一系列客户信息的共享优化商业流程，从而有效地降低企业经营成本。为了便于深层次理解客户关系管理，可以将其分解成以下三部分。

（1）客户——收集客户信息，探索客户需求，挖掘最有价值的客户

任何一个企业在其成长和发展的过程中，都会有数以万计的客户群体，可是由于客户群体的需求是千差万别的，而他们能够带给企业的价值也是完全不同的，所以了解这些客户最终的需求是什么，他们能否为企业创造价值，是企业所面临并要思考的问题。因此，收集客户有关信息是客户关系管理的第一步。

（2）关系——与客户形成忠诚的、战略型的伙伴关系

商业交往中，关系的发展与形成是一个重要的过程。企业既有只做一次生意的客户，又有多次交易的客户，既有对企业非常满意的客户，又有不满、进行投诉的客户。在面对这些客户时，企业如果能够加深对客户的了解，提升服务，全面提升客户满意度，就会与其中的一些客户建立良好的合作关系，并最终形成战略型伙伴关系，这也是企业发展的必然趋势。

（3）管理——实现客户价值和企业利润最大化的手段

管理是系统的概念，企业的发展离不开管理，客户的发展也离不开管理，因为管理才能规范化，管理才能出效益，管理才能实现客户价值，使企业实现利润最大化。所以，管理是实现客户价值和企业利润最大化的必要手段。综上所述，客户关系管理就是挖掘最有价值的客户，与之形成全面满意的、忠诚的、战略型的伙伴关系，从而实现企业利润的最大化。

可以看出，客户关系管理所涉及的功能非常多，可以说它既是一种企业营销的管理机制，又是一种企业营销时所奉行的管理理念，更是一套管理软件和技术，利用客户关系管理系统，企业不仅能搜集到每一位客户的资料，还能跟踪和分析每一位重要客户的信息，从而深入了解客户的实际需求和想法，同时还能观察和分析客户行为对企业收益的影响，使企业与客户的关系及企业利润最优化。

2. 客户关系管理的提出

企业营销者在不断地探索和实践中认识到建立客户关系、维持客户关系已成为现今市场中获取独特竞争优势的一种最基础的手段。自从市场营销观念形成以来，"以客户为中心"的管理理念已然被确立，从而使得企业必须把实施客户关系管理的工作提上日程。此外，随着信息技术的不断进步，企业核心竞争力也充分依赖电子信息化的程度和企业管理水平，因此，这就需要企业主动并持续开展组织结构的创建，适时调整组织架构，统筹工作流程，同时也需要面向客户的各项信息和活动进行资料的搜集，争取组建以客户为中心的企业并实现对客户活动的全面管理。

（1）需求的拉动

通过企业的客户关系管理系统，客户能够通过电话、传真、网络等方式访问企业并进行业务上的来往；任何与客户打交道的员工也都能从中全面了解客户信息，根据客户需求策划交易活动并进行交易；企业也能够根据这些信息对市场中的营销活动进行规划、评估和整理；企业可以对各种销售活动进行持续性的跟踪；销售人员可以不再受地域上的限制，随时随地访问企业的业务处理系统以获得客户信息；客户关系管理系统同样能够从不同角度提供成本、利润、生产率、风险率等信息，并对客户、产品、职能部门、地理区域等进行多维度分析。

（2）技术的推动

现今，随着办公自动化程度、员工计算机应用能力、企业信息化等一系列工作技术水平的不断提高，客户关系管理的现代化进程也得以轻松实现。信息化、网络化的理念已深植于中国很多企业，绝大部分企业已经有了一定的信息化基础。通过互联网可开展营销活动，向客户销售产品、提供售后服务、收集客户信息等，而这一切的成本又很低。数据仓库、商业智能等技术的研发及发展，使得企业工作人员在收集、整理、加工和利用客户信息的效率与质量方面有了大幅度的提高。

3. 客户关系管理的原则

企业在进行客户关系管理时，不能一味地根据自己的想法去实施，必须在实施的过程中遵循一些基本原则，这些原则有利于企业更好地进行客户关系的管理。

(1) 动态管理原则

因为客户的情况与需求呈现出一种易变的状态，所以客户关系管理的重要作用之一就是为企业各部门提供全面、最新的信息，而这些信息能够协助企业内部的各部门尽快制定出相应的决策以及具体的实施方案。因此，为保证信息的准确，企业对客户资料要经常进行更新及调整，及时做好补充工作，对客户的变化进行实际的走访和跟踪，确保客户管理时刻保持动态性。

(2) 突出重点原则

对于企业而言，如果所收集的资料数量过少并且不丰富，就会很容易造成企业在营销决策中的判断失误，并且很可能会给企业造成无法弥补的损失。反之，收集过多的资料又有可能造成企业在决策过程中的信息干扰。因此，企业在进行客户关系管理时，务必保证在各部门间资料的共享及相关重点信息的突出，以做到最准确和最有效地为企业的决策者提供完整而真实的信息，帮助相关人员在最短时间内做好客户分析，为选择客户、开拓市场提供更大帮助。

(3) 灵活运用原则

企业收集并管理客户资料最主要的目的是在市场营销的过程中加以运用，所以企业工作人员在建立客户资料数据库后，应该以较为灵活的方式提供给其他相关人员。资料应详细、全面和及时，使企业能进行更细致的分析，从而提高客户管理的效率。

（二）客户信用管理

在现代市场经济中，信用无处不在，信用销售的比例和范围越来越大，给交易双方带来了更大的不确定性，这种不确定性就是信用风险。

信用销售又称赊销，是指厂家在与客户签订购销协议后，让客户将企业生产的成品先提走，客户则按照合同规定的付款日期付款或以分期付款形式逐渐付清货款。

在市场交易中，并非所有的交易都涉及商业信用，在世界上的很多地区，赊销交易方式采用的比例并不高。比如，与一个由企业信用管理部门确定为风险比较大的客户做一笔销售业务时，必须要求客户先付款然后发货，即以"先款后货"方式交易。与一些尚未建立信用的新客户做小量的业务，也可以要求客户发货即付款,即以货到付款方式交易。客户信用管理主要包括信用调查、制定信用政策、应收账款管理等。

1. 确定客户资信

客户资信是指构成客户偿付能力的要素总和,反映客户的客观状况,是通过客户自身经营管理的相关信息资料表现出来的,如财务状况、经营状况等。凡是经营成功的企业,必是一个建立在资信状况优良基础上的企业,否则将遭受巨大的信用风险损失。因此,客户资信是任何一个企业都不应忽视的核心管理问题之一。

(1) 客户资信调查

①客户资信调查的形式。客户资信调查一般包括通过金融机构(银行)调查、利用专业资信调查机构调查、通过客户或行业组织进行调查和内部调查四种形式。

②调查结果的处理。调查完成时要出具调查报告。调查报告必须在指定时间内提交给主管领导,按照企业统一规定的格式和要求编写。调查报告应以客观内容为主,要用事实说话,调查项目应尽量保证准确、全面。

调查报告的时间要求依不同类型的客户而有所区别。对于A类客户每半年一次即可,A类客户是指规模大、信誉好、资金雄厚、属超一流公司的客户。对于B类客户每三个月一次,B类客户是指信用状况一般、信誉较好的客户。对于C类客户要求每月一次,这类客户主要包括一般的中小客户、新客户、口碑不佳的客户。

(2) 客户信用分析

在对客户信用进行分析后,可以对客户信用进行评价。根据上述对客户的"5C"分析和财务状况分析,可以将客户信用量化,建立客户信用评价的指标体系。

在不同的行业中,这个信用评价指标体系的某些指标及其权重需要做出调整,也可在实践中不断完善。需要特别指出的是,在评价客户信用时,要关注客户某些重要信息的披露、突发事件、法律纠纷等,注意分析客户的潜在危机,及时调整客户的风险评级。

(3) 客户风险分类及对策

在对客户信用评价后,应依据客户不同的风险程度采取不同的信用对策。

①CA1、CA2 级客户。特点：这两个级别的客户一般实力雄厚、规模较大，可能占本公司业务相当大的一部分。这两类客户的长期交易前景都非常好，且信誉优良，可以放心地与之交易，信用额度不必受太大的限制。对策：企业对这两类客户在信用上应采取较为宽松的政策，并努力使这两类客户不流失，建立经常性的联系和沟通是维护与这两类客户良好业务关系的必要手段；同时，企业也应当定期了解这些客户的情况，建立一种正常的信息沟通机制。

②CA3 级客户。特点：这个级别的客户具有较大的交易价值，没有太大的缺点，也不存在破产征兆，可以长期与之交易，也可以适当地超过信用额度进行交易。对策：企业对这类客户在信用上应做适当的控制，基本上应以信用额度为准，这类客户往往数量比较多，企业应努力争取与其建立良好的客户关系并不断增加了解，对这类客户定期地进行信息搜集是必要的，尤其应当注意其经营状况和产品市场状况的变化。

③CA4 级客户。特点：这类客户一般对企业吸引力较小，其交易价值带有偶然性，一般是新客户或交易时间不长的客户，企业占有的信息不全面。通常企业不会与这类客户交易，一旦需要与其交易，会严格限制信用额度，而且可能会寻求一些额外的担保。对策：对这类客户在信用管理上应更加严格，对其核定的信用额度应打一些折扣；维护与这类客户的正常业务关系难度较大，但对新客户应当关注，争取发展长远的合作关系；对这类客户的调查了解应更加仔细。在业务交往中除了要求其出具合法的文件之外，还应进行一些专门调查，如实地考察或委托专业机构调查，增进了解。

④CA5 级客户。特点：这类客户信用较差，或者很多信息难以得到，交易价值很小。企业与这类客户交易的可能性很小。对策：对这类客户，企业应当尽量避免与之进行交易，即使进行交易，也应以现金结算方式为主，不应采用信用方式；这类客户不应成为企业客户资源的重点，有些甚至可以放弃；企业可以保留这些客户的资料，但不应投入过多的人力和财力来搜集这些客户的信息，在急需了解的情况下，可以委托一家专业服务机构进行调查。

2. 制定信用政策

应收账款是企业因销售商品、提供劳务而形成的债权，其实施效果的好坏，依赖于企业实行的信用政策。信用政策主要包含信用标准、信用条件两部分。

(1) 信用标准

信用标准是企业同意向客户提供商业信用而提出的基本要求，通常以预期的坏账损失率作为判别标准，如果企业的信用标准比较严格，只对信誉很好、坏账率很低的用户给予赊销，则会减少坏账损失，减少应收账款的机会成本，但这可能不利于扩大销售量，甚至造成销售量减少；反之，如果信用标准较为宽松，虽然会增加销售，但相应的坏账损失和应收账款的机会成本也会增加。因此，制定什么样的信用标准，需要企业根据具体目标进行权衡后再决定。

(2) 信用条件

信用条件是指企业要求用户支付赊销款项的条件，主要包括信用期限和现金折扣。

信用期限是企业为用户规定的最长付款时间。例如，企业规定客户要在 30 天内付款，则 30 天就是对这个客户规定的信用期限。在设定信用期限时，企业需要对其长短做出权衡：信用期限过短，不足以吸引客户，会令企业在商业竞争中失去优势；信用期限过长，对促进销售固然有利，但也会大幅增加应收账款成本，令企业难以享受赊销带来的益处。因此企业需要谨慎规定信用期限。现金折扣是指在信用销售方式下，企业对于客户在规定的时间内付款所给予的客户发票金额的折扣，以鼓励客户及早付清货款。企业信用管理部门给予客户的现金折扣包括两个要素：折扣期限和折扣率。折扣期限是指在多长时间内给予客户折扣优惠；折扣率是指在折扣期间给予客户多少折扣。

3. 应收账款的管理

应收账款是指企业因赊销产品或劳务而形成的应收款项，是企业流动资产的一个重要项目。随着市场经济的发展，商业信用的推行，企业应收账款数额明显增加，而且时常面临账款收不回来的风险。因此，应收账款的管理已经成为企业经营活动中日益重要的问题。

(1) 应收账款的功能

应收账款的功能是指其在生产经营过程中的作用，主要有如下两方面。

①扩大销售，增加企业的竞争力。

在市场竞争比较激烈的情况下，赊销是促进销售的一种重要方式。企业赊销实际上是向客户提供了两项交易：向客户销售产品以及在一个有限的时期内向客户提供资金。在银根紧缩、市场疲软、资金匮乏的情况下，赊销具有比较明显的促销作用，对企业销售新产品、开拓新市场具有重要意义。

②减少库存，降低存货风险，减少管理开支。

企业持有产成品存货时，要追加管理费、仓储费和保险费等支出，而企业持有应收账款，则无需上述支出。因此，当企业产成品存货较多时，一般可采用较为优惠的信用条件进行赊销，把存货转化为应收账款，减少产成品存货，节约相关开支。

（2）应收账款的成本

虽然应收账款具有扩大销售和减少库存的作用，但持有应收账款也需要企业付出相应代价。应收账款的成本主要体现在以下三个方面。

①机会成本。企业一旦选择使用信用政策，则意味着不能及时收回货款，要长期为客户垫付资金。这些资金失去了在其他领域为企业营利的机会，便产生了应收账款的机会成本。这个成本一般可以按照当期有价证券的利息率来计算。

②管理费用。为了以赊销形式销售产品并将风险控制在可承受范围内，企业需要对客户的信用情况进行调查、管理，在收集信息、信用管理以及赊销后收款过程中均会产生一定的管理费用。因此，管理费用也是应收账款成本的一部分。

③坏账成本。实行赊销后，一定比例的坏账是不可避免的，应收账款因故不能收回而产生的损失就是坏账成本，坏账成本包括本金和利息。在企业财务核算中，坏账成本一般与企业应收账款保持一定比例，短期内的突增或突减都不正常，均应引起管理人员的重视。

（3）应收账款的管理要点

对于应收账款的管理，首先要制定科学合理的应收账款政策，同时，应收账款管理应包括对企业内部所有与应收账款相关部门、员工的管理。然后，最重要的一点就是应收账款管理还需强调收款管理，确保企业坏账不超过预期数值，确保应收账款会促进企业业务的发展而不会因账款难于回收而造成更大的损失。

收账政策包括企业要求员工从客户处收取超过或没有超过正常赊销期限的应收账款的程序及制定操作性强且便于理解和贯彻执行的收账制度，如对超过信用期限仍未付款的处置，是停止供货还是加收利息等处理条款。

对于应收账款，企业要制定强有力的催收政策，一旦应收账款到期，就要及时通过信函、电话或邮件等方式催收。如仍不能收到账款，应分析原因，寻找对策。收账政策执行时应注意以下几方面。

①建立销售回款一条龙责任制。为防止销售人员片面追求完成销售任务而强销、盲销，企业应在内部制定严格的资金回款考核制度，以实际收到的货款数作为销售部门的考核指标之一，每个销售人员必须对每一项销售业务从签订合同到回收资金全过程负责，使销售人员增强风险意识，加强货款的回收力度。开具发票的政策赊销客户，通常将发票开具日期作为信用期限的起始日，有些客户甚至以收到发票作为付款的条件，故企业要明确要求相关部门在手续齐全的前提下及时开具并寄送客户发票，为准时收款创造条件。

②严格追查逾期未收的账款。在收账政策中要明确规定，对那些逾期未收的账款要采用严格的追查制度。采取怎样的追查程序具体要依客户的欠款金额大小确定，花很多时间和费用去追回一笔并不值得这么做的逾付款，可能毫无意义，但是有时即使收款费用高于款项本身，也值得去追索，这主要是为了告知客户企业执行信用和收账制度的严肃性，而追款尺度要靠企业人员根据实际情况权衡。

收账政策要规定企业相关员工必须定时、定次向客户发送付款通知书或催款通知单，并建立客户还款进度记录簿，对应收账款实行跟踪管理，及时把逾期未付情况上报主管领导，以便掌握和随时调整收款政策。

③收账政策制定要考虑维护客户关系。企业在制定和执行收账政策时需要权衡得失，平衡与客户的关系，必须在收账费用及惹怒甚至失去优质客户的风险与准时收账带来的收益之间仔细权衡，在不违背企业原则的情况下做适当的变通。要更加注意讲究收账技巧，对无力偿付和故意拖欠的要采取不同的收账策略，如寄函、打电话、派专人催收、双方协商解决、借助于有权威的第三者调解等，以帮助企业更好地解决问题。

二、客户服务管理

（一）客户服务概述

1. 客户服务的含义与作用

（1）客户服务的含义

客户服务是指在合适的时间和合适的场合，以合适的价格和合适的方式向合适的客户提供合适的产品和服务，使客户的合适需求得到满足，价值得到提升的活动过程。客户服务已成为现代市场竞争的主题，并日益受到企业的重视。一方面，客户以服务的优劣作为选择商品的重要标准和依据；另一方面，企业也以提供比竞争者更丰富、优质、全面的服务为手段展开对客户和市场的激烈争夺。

（2）客户服务的作用

①全面满足客户的需求。服务能为购买者带来有形和无形的利益。随着生活水平的提高，人们对服务的要求也越来越高，这使得服务方式花样翻新，内容更加丰富。现代生活的节奏不断加快，也使客户越来越要求能享受更多的便利，以节约时间，提高效率。而且，伴随着科学技术的迅速发展及其在产品生产中的广泛应用，产品的技术含量越来越高，导致仅靠产品说明书、操作使用说明等难以满足客户的需求。因此，客户要求企业提供安装、调试、培训指导等方面的服务。

②扩大产品销售。企业和销售人员提供优质的全方位服务，可以使客户获得更多的便利，满足客户的需求。这不但可以吸引客户，而且有利于树立良好的企业形象，使客户增强购买本企业产品的信心，从而扩大产品的销量。

③增强竞争能力。服务是企业的重要竞争要素。在产品各方面属性相似的情况下，客户对服务的重视程度不断提高，因而服务成为企业竞争的焦点。各家企业纷纷提高服务质量，增加服务的内容和方式，好在竞争中占据优势地位。此外，优质服务还有利于企业树立良好的形象，提高企业的知名度和美誉度，赢得客户的信赖，增强企业的竞争能力。

2. 客户服务的分类

客户服务的方式多种多样，内容也很丰富，依照不同的划分标准可以对其进行分类。

（1）按服务的时序分类

按服务的时序可分为售前服务、售中服务和售后服务。

（2）按服务的技术属性分类

①技术性服务。指与产品的技术和效用有关的服务，一般由专门的技术人员提供，主要包括产品的安装、调试、维修及技术咨询、技术指导、技术培训等。

②非技术性服务。指与产品的技术和效用无直接关系的服务。它包括的内容

比较广泛，如广告宣传、送货上门、提供信息、分期付款等。

(3) 按服务的地点分类

①定点服务。指在固定地点建立或委托其他部门设立服务点提供的服务。生产企业在全国各地设立的维修服务网点就属此类。销售商品的门市部也可以为客户提供定点服务。

②巡回服务。指没有固定地点，由销售人员或专门派出的维修人员定期或不定期地按客户分布线巡回提供的服务，如流动售货车、上门销售等。

(4) 按服务的费用分类

①免费服务。指不收取费用的服务，一般是附加的、义务性的服务。售前、售中、售后服务的大部分内容都是免费的。

②收费服务。指在产品价值之外的加价，只有少数大宗服务项目才收取费用。这类服务一般不以营利为目的，只为方便客户，因此收取的费用也是比较合理的。

(二) 客户服务的内容

1. 售前服务

售前服务是指企业通过广泛的市场调查，研究分析客户的需求和购买心理特点，在向客户销售之前，采用多种方法引起客户的注意和兴趣，激发客户的购买欲望而提供的一系列服务。要使客户在纷繁复杂的产品中对自己企业的产品产生兴趣并激发购买欲，售前服务无疑扮演着重要的角色，因而成为企业之间进行竞争的重要手段。尤其在企业推广新产品时，售前服务更为关键。常见的售前服务主要有以下几种。

(1) 广告宣传

广告宣传实际上是一种售前服务的方式。它通过向客户传送产品的功能、用途、特点等方面的信息，使客户了解产品并产生购买欲望，提高企业的知名度，树立企业良好的形象，因此企业必须高度重视广告宣传。但需要注意的是，企业在选择广告媒体时，应考虑目标客户的特点，实现最佳的广告媒体组合。

(2) 销售环境布置

客户在购买产品时，不但重视产品本身和销售人员的服务，而且对销售环境的要求也不断提高，客户希望在舒适、洁净的环境下购买产品。销售场所的环境卫生、通道设计、铺面风格、招牌设计、内部装饰、标识设置、灯光色彩、产品摆放、营业设备等因素综合构成的整体销售环境会给客户留下深刻印象，由此引发客户的情绪感受，这种情绪将在很大程度上左右客户的购买决策。销售环境布置还对树立企业的形象有着重要的作用，它最直接地体现出企业的经营管理状况，因而它作为售前服务的一种方式，应该得到企业的充分重视。

（3）提供多种便利

客户购买产品不仅看重产品本身，而且非常重视由享受销售服务而获得的便利。为客户考虑得越周到，客户便越有可能购买你的产品。现在，销售主体所能提供的便利已经成为人们做出购买决策时要衡量的一个重要因素，因此销售主体应尽可能为客户提供方便，如工厂为客户提供技术培训、免费咨询指导，商店设立问事处、服务台、试衣室、ATM机，为客户免费供应饮用水等。这一方面能让客户感到舒适方便；另一方面也节约了客户的采购时间，提高了采购的效率。

2. 售中服务

售中服务是指在买卖过程中直接或间接地为销售活动提供的各种销售服务，销售人员在销售过程中所提供的服务方式、内容及质量，不仅关系到成交与否，而且会影响整个企业的信誉，因此企业和销售人员都必须予以重视。一般来说，售中服务主要包括以下几项内容。

（1）向客户传授知识

销售人员在向客户销售产品的同时，必须向客户介绍产品的性能、质量、用途、造型、品种、规格等方面的知识。一方面，这是客户做出购买决策的客观要求，即客户在做决策时，必须了解相关知识，以此作为权衡和考虑的依据；另一方面，销售人员详细向客户介绍，有利于培养良好的销售气氛，形成和谐的人际关系，也可起到促进销售的作用。

（2）帮助客户挑选产品

客户在购买产品时的心态不仅受自身因素（如客户的需求、社会地位、文化程度、购买习惯、消费知识和经验等）的影响，而且受外部因素刺激的影响。外部因素包括产品的价格、质量、用途、广告、购物环境等。其中，客户对产品知识的了解，绝大部分来自销售人员的现场服务。当客户向销售人员询问产品的价格、质量、性能、用途及产品的优点和缺点时，销售人员如能根据客户的心理需求加以介绍，正确地引导客户，做好参谋，就能使客户按理想的方式来权衡利弊，从而有利于促成交易。

(3) 满足客户的合理要求

在销售过程中，客户肯定会提出许多要求，其中大多是比较合理的。销售人员应尽最大努力满足客户的合理要求，提高客户的满意度，增强客户对销售人员的信任，从而促成交易。这样做还能提高客户的重复购买率，并提高企业的声誉。

3. 售后服务

售后服务就是在产品销售之后所提供的服务。它不仅是一种强有力的促销手段，而且也是无声的宣传员。这种无声的宣传比夸夸其谈的有声宣传更高明，是客户最信赖的广告。

售后服务不限行业，也不拘于一种形式，有着广泛的内容和未被开拓的领域，主要包括以下几方面。

(1) 送货上门

对购买较笨重、体积庞大、不易搬运的产品或一次性购买量过多、携带不便或有特殊困难的客户，有必要提供送货上门的服务。其形式可以是自营送货，即企业用自己的设备送货，也可以是代管送货，即由企业代客户委托有固定联系的运输单位送货。送货上门服务为客户提供了极大的便利，提高了客户的重复购买率。

(2) 安装服务

随着科学技术的发展，产品中的技术含量越来越高，一些产品的使用和安装也极其复杂，客户依靠自己的力量很难完成，因此就要求企业提供上门安装、调试服务，保证出售产品的质量，使客户一旦购买就可以安心使用。这种方式解除了客户的后顾之忧，大大方便了客户。

(3) 包装服务

产品包装不但使产品看起来美观，而且便于客户携带。许多企业在包装物上印有本企业的名称、地址、标识等，起到了广告宣传的作用。

(4) 维修和检修服务

企业若能为客户提供良好的售后维修和检修服务，就可以使客户安心地购买、使用产品，减少客户的购买顾虑。有能力的企业应通过在各地设立维修点或采取随叫随到的上门维修方式为客户提供维修服务。企业也可抽样巡回检修，及时发现隐患，并予以排除，让客户放心、满意。

（5）电话回访和人员回访

客户购买产品后，企业应按一定频率以打电话或派人上门服务的形式进行回访，及时了解客户使用产品的情况，解答客户可能提出的问题。

4. 售后服务的技巧

为了发展满意的客户，销售人员必须在交易后继续提供服务。企业往往更青睐与其他客户做更多的生意，而忽略了售后服务环节。然而，假如企业无法提供恰当的售后服务，则很可能使原本满意的客户变得不满意，尽管售后服务的全部内容取决于特定的产品或市场状况，但仍然有一些让销售人员确保客户满意的普遍技巧。

①良好的售后服务从交易成功之后发出一封表达诚挚谢意的信开始，大约在交易达成的两天后，一封写在企业信纸上的正式信函、一张非正式的纸条或小小的明信片，都能用来清晰明确地表示对客户的谢意。

②要不断地检查送货情况。在送货当天，销售人员应电告客户，这不仅是为了确定货物已送出，更为了表明销售人员对客户的重视。一旦发生了不能送货或送到时货物损失等问题，销售人员可以采取恰当、及时的行动。如果问题发生了，应该由销售人员而不是其他人告诉客户有关的信息。

③销售人员应该确保客户了解所购产品的功能和用途。买方要对卖方及其产品有恰当的认识，进行应有的培训常常能够对投诉防患于未然。

④如果产品要求安装，销售人员应该在送货后立即拜访买方，以确保产品恰当地安装和不发生任何问题，即使没有发生问题，这一拜访也能向客户表明销售人员对建立长期业务关系的关心。这一拜访，也许比其他行动更能显示销售人员及企业的诚意和可信度。

（三）服务质量管理

1. 服务质量的概念

服务质量是产品生产的服务或服务业满足规定或潜在要求（或需要）的特征

和特性的总和。鉴于服务交易过程的客户参与性和生产与消费的不可分离性，服务质量必须经客户认可，并被客户所识别。服务质量同有形产品的质量在内涵上有很大的不同，服务质量的内涵应包括以下内容。

(1) 服务质量是客户感知的对象，是一种主观质量

服务质量中有形产品的质量存在着很大的差异，有形产品质量的度量可以采用许多客观的标准加以度量，如对一部汽车，其耗油量、时速、刹车性能等。即使对于不同的客户，也存在一个客观的标准，这些标准不会因为产品提供者不同、购买产品的消费者不同而产生变化。即使是同一个客户，在不同的时段，对质量的要求也可能会产生变化。

(2) 服务质量是一种互动质量

服务由于具有生产与消费的同时性，服务质量也是在服务提供者与客户互动的过程中形成的，如果没有客户的紧密配合、响应，或者客户无法清晰地表达服务要求，那么，服务过程将会失败，服务质量将是低下的。

(3) 过程质量在服务质量构成中占据极其重要的地位

正因为服务质量是一种互动质量，所以，服务过程在服务质量形成过程中起着非常重要的作用。过程质量是服务质量极其重要的组成部分。当然，并不是说结果质量不重要，服务结果是客户购买服务的根本目的，如果没有服务结果，或者服务结果很差，那么，再好的服务过程也是无法弥补的。同样，即使服务结果很好，但服务传递过程很糟糕，最后形成的客户感知服务质量也可能是低下的。忽视结果或者忽视过程，在服务质量管理中都是错误的。

2. 服务质量维度

对服务质量维度测定的研究始于 20 世纪 80 年代，当时的服务质量维度主要考虑的是客户感受，后来的研究集中在两方面：一是确定客户预期及其感知到的服务的特点，这些特点是质量的定性因素；二是总结测定预期质量与感知质量的差距的方法。美国服务营销专家泽丝曼尔（Zeithaml）、贝里（Beiry）、帕拉舒拉曼（Paraauraman）按照重要性由高到低，将服务质量分为可靠性、响应性、安全性、移情性、有形性五个评价维度。

(1) 可靠性

可靠性是指企业在服务过程中准确、可靠地执行所承诺服务的能力。从客户

的角度看，可靠性是最重要的服务特性，是服务质量维度中最关键的因素。可靠的服务是客户所希望的，它意味着服务以相同的方式、无差错地准时完成。例如，对于客户来说，飞机能够按时抵达或者按时离开预定地点就是客户对航空公司核心服务可靠性的一个评价标准。

（2）响应性

响应性是指企业愿意主动帮助客户，及时为客户提供必要的服务。该维度强调在处理客户要求、询问、投诉和问题时的专注和快捷。为了达到快速反应的要求，企业必须站在客户的角度而不是企业的角度来审视服务的传递和处理客户要求的流程。例如，航空公司的售票是否迅速及时、行李系统是否快捷等成为客户对其响应性的一个评价标准。

（3）安全性

安全性被定义为雇员的知识和谦恭态度，及其使客户信任的能力。服务员工态度诚恳并且具备解决客户问题所必需的知识和技能，能够增强客户对企业的信任，同时让客户感到安全。当客户感知的服务包含高风险或没有能力评价服务的产出时，信任和信心能通过使客户和公司联系在一起的人员得到体现。因此，公司要尽量在关键的一线人员与客户之间建立信任与忠诚。例如，当客户向一位在法律咨询领域享有盛名的专家进行咨询时，他会认为自己选对了服务供应商，从而获得信心和安全感。

（4）移情性

移情性是指企业给予客户的关心和个性化的服务。它是设身处地为客户着想，对客户的处境、情感的认同和理解。移情性的本质是在对客户深入了解的基础上，为客户提供个性化的服务，使客户感到自己是特殊的，自己受到了企业的重视，自己的服务需求得到了企业的理解。

（5）有形性

有形性是指各种有形的要素，如服务流程中的各种设施、设备以及服务人员的形象等。由于服务具有无形性，所以，客户并不能直接感知到服务结果，而往往依靠一些有形设施对即将接受的服务质量进行感知。例如，餐馆的墙壁及桌椅整洁别致，员工统一着装并且微笑着向客户服务等有形展示，为客户提供了高质量的服务感知。

3. 提高服务质量的方法

企业要提高服务质量必须采取适当的方法。近年来，研究人员和业界人士曾提出许多方法和技巧来提高企业的服务质量。在这里主要介绍两种常用的方法，即标准跟进法和蓝图技巧法。

(1) 标准跟进法

标准跟进法是指企业将自己的产品、服务和市场营销过程等同市场上的竞争对手尤其是最好的竞争对手的标准进行对比，在比较和检验的过程中提高自身水平。尽管标准跟进法最初主要应用于生产性企业，但它在服务行业中的应用也很普遍，服务行业在应用这一方法时可以从战略、经营和业务管理等方面着手。

①战略方面。企业应该将自身的市场战略同竞争者成功的战略进行比较，寻找它们的相关关系。通过一系列的比较和研究，企业将会发现过去可能被忽略的成功的战略因素，从而制定出新的、符合市场条件和自身资源水平的战略。

②经营方面。企业主要集中于从降低竞争成本和提高竞争差异化的角度了解竞争对手的做法，并制定自己的经营战略。

③业务管理方面。企业根据竞争对手的做法，重新评估那些支持性职能部门对整个企业的作用。

(2) 蓝图技巧法

蓝图技巧是指通过分解组织系统和架构，鉴别客户同服务人员的接触点，并从这些接触点出发来改进企业服务质量的一种策略。蓝图技巧借助流程图的方法来分析服务传递过程的各个方面，包括从前台服务到后勤服务的全过程。把服务的各项内容用流程图的方法画出来，使得服务过程能够清楚、客观地展现出来。

把那些容易导致服务失败的点找出来。确立执行标准和规范，而这些标准和规范体现企业的服务质量标准，找出客户能够看得见的服务证据，而每一个证据将被视为企业与客户的服务接触点。

在运用蓝图技巧的过程中，甄别和管理这些服务接触点很有意义，因为在每个接触点，服务人员都要向客户提供不同的功能质量和技术质量。而在这一点上，客户对服务质量的感知好坏将影响他们对企业服务质量的整体印象。

第三章 企业管理创新过程、主体与系统的动力运行

第一节 企业管理创新的概念

一、企业管理创新的基本理论

(一) 管理创新的内涵

管理是适应组织内、外部环境变化对组织的资源进行有效配置和利用，以达成组织既定目标的动态创造性活动。管理在动态环境中生存的社会经济系统中，仅有维持是不够的，还必须不断调整系统活动的内容和目标，以适应环境变化的要求，这就是管理的创新职能。

管理的实质在于创新。首先，资源的整合活动充分体现着管理者的创新精神和创新才能。管理者在整合资源的过程中遇到的问题，可归结为程序性和非程序性两类。任何一种程序的产生和变迁都是过去创新成果的结晶，任何既定程序都是未来创新的起点。对于非程序性问题，没有既定模式可供参考，管理者只有依靠自己的创造性来发现解决问题的方案。所以，无论是程序性还是非程序性管理问题，只有依靠创新，才能妥善加以解决。其次，为了适应组织内外部环境变化而进行的局部或整体的调整本身就是创新。任何组织必然要与周围外部环境不断地发生物质、能量和信息的交换，外部环境的变化必然会对组织活动产生影响。同时，组织的内部环境也在不断变化。管理者必须根据内外部环境变化的要求来进行局部或整体的调整，以使管理活动有序地进行并实现管理的目标。最后，顺应经济与社会发展总趋势的过程也是一个创新的过程。可持续发展已经成为当今社会和经济发展的总趋势和主旋律，既要满足当代人的需要，又不要对后代人满

足需要的能力构成危害。谋求这样的发展，只有依靠管理创新。尤其是在新经济环境下，当知识资本价值高出传统资本价值的时候，管理者的思想观念必然会经过一个根本性的变革时期，管理创新就将更加受到人们的关注。

通过以上分析，对管理创新的概念做出了如下界定：管理创新指对管理活动的创新。它通过改进与创新行为，创造一种新的更有效的资源整合范式，使之与环境相协调以更好地实现组织目标，实现可持续发展。

（二）管理创新的要点

关于管理创新所包含的内容，众多学者的观点并不一致。归纳起来，其主要包括以下几个方面。

1. 管理观念的创新

管理观念的创新亦即管理思想的创新，很多学者将之看成管理创新内容之首。如王连娟、冯务中、李建鸣等认为观念创新是管理创新的灵魂，没有观念的创新就无法去谈其他方面的创新。叶裕祥指出观念创新是企业管理创新的源泉，企业必须在内部组织机构、固定资产投资、激励、成本、时间等方面加强观念创新。杨清认为管理观念是在管理过程中所持有的思想和价值判断，它指导和影响着管理者的管理方式和管理行为。知识经济时代的来临导致生产力的快速发展和生产关系的重大变革，必然引起管理观念的变革。葛玉辉、娄洁民也指出了观念创新是管理创新的灵魂，因为管理创新首先要求管理者从自身的角度认识管理职能发展的核心在于创新，管理者应改变重维持、轻创新的观念，在管理活动中追求创新，追求与众不同，追求制度规范与现存社会生活的最佳配合。

2. 战略管理创新

也有一部分学者提出了私营企业战略管理创新将是管理创新的重中之重，如学者索艳丽、方有余、费志敏等一致认为：私营企业要进行战略管理创新，首先应确定企业的宗旨；其次企业要对所处的环境和自身的资源进行分析，从而发现机会和威胁，识别自身的优势和劣势；然后要制定企业战略；最后应对战略进行实施、评价和控制。

在传统的计划经济体制下，由于企业不是独立的经济主体，因而也就没有自己的经营战略和战略管理，而现代企业制度的建立要求填补这个空白。因此，吴肇光指出：企业要想在激烈变化、严峻挑战的环境中求得生存与发展，就必须通过实施具有创新实质的经营战略，使企业实现内部和谐运作与外部持续适应的双重目标。

3. 领导创新

有一部分学者认为领导创新是管理创新的内容之一。他们所指的领导创新包括领导观念意识的更新、所有权和管理权的分离、实行人本管理。实质上，这些内容被包含在观念创新和制度创新的内容中。

二、企业管理创新的基本原则和方法

（一）企业管理创新的原则

1. 要适合现时的国情，要有利于安定团结

企业所推出的管理创新措施，在对企业有效进行管理和提高企业经济效益的同时，不得将矛盾推向社会。

2. 要符合市场经济的运行原则

要按照市场经济的原理设置创新内容，使其符合市场经济条件下的法律和法规。

3. 要适合企业情况

由于行业不同、产品不同，新老企业和企业所有制性质不同，企业所遇到的问题是不完全相同的，研究企业管理创新时也要区别情况，根据自己的实际去探索有利于本企业发展、适合本企业情况的管理创新方法。

（二）企业管理创新的方法

1. 训练思维方式

（1）训练系统的思维方式

系统思维方式可以尽量避免和克服这些不足，它有助于人们看清事物的整体和发现症结所在，并有利于人们超脱狭隘的和短期的利益，还有利于人们了解事

物之间的相互联系和矛盾所在。所以，进行管理创新，首先要加强系统思维方法的训练，学会用系统思维的方法来思考和处理问题，以看清事物表象背后的真正原因和矛盾，产生突破性的解决方案，而不仅仅是按经验办事。系统思维已成为管理创新最基础和最重要的思维方式。

（2）打破常规，训练开放式、发散式的思维方式

人们在思考问题的时候，总是受原有的心智模式的影响，很难打开思路，缺乏想象力，所以人们要注意提醒自己，敢于大胆想象，打破常规，这样才可能产生创新。

（3）学会逆向思维

逆向思维是指在思考问题时，思维逻辑与一般人相反，善于从新的视角看问题的一种思维方式。具有逆向思维方式的人，往往具有敏锐的观察能力和喜欢思考问题的特点，也正因为如此，他们才会对遇到的问题进行深入思考，把问题想得更透。

（4）通过综合多学科的知识，进行管理创新

多学科知识的综合是指通过把各相关学科的知识交叉运用并加以综合，从而得到新的意向，实现管理创新。目前，多学科的综合运用和互相渗透的趋势已愈来愈强，通过这种方式来进行的管理创新也越来越多，因为根据系统思维的观点，各个学科的知识之间本来就有相通之处，多学科的交叉和运用，可以碰撞出智慧的火花，产出新的成果。

2. 更有效地利用管理方面的知识

知识依其存在方式和内容的不同，通常可以分为：描述性知识（Know-what）、分析性知识（Know-why）、运用性知识（Know-how）。在知识经济中，智能通过对信息和理论的综合和运用，创造出新的事物，形成新的生产能力。因此，智能在知识经济中是起主导作用的知识。由于管理科学的客观存在性和实践应用性，人们已经形成了有关管理科学的共识，即管理是运用性知识。美国现代管理理论之父巴纳德（Barnard）在几十年前就提出了将管理这种运用性知识称之为"艺术"的论断，他认为"艺术"属于一种"行为知识"，强调只有通过实践才能学到"艺术"。巴纳德的论断至今仍有很强的指导意义。

3. 把研究开发和市场营销作为关键

在知识经济中，企业以生产为主要内容的经营方式已经过时，企业开始为自身发展而承担更多的社会责任。知识经济对企业而言，将意味着更多的科学技术投入；更频繁、更广泛和更深入的职业教育投入；更加灵活多样的绩效考核和评估，更多地为顾客（对外）、为职员（对内）服务。以知识为基础的经济竞争，使企业经营将更加复杂。企业必须为适合不同的顾客群的不断变化的精神需求和物质需求而做出巨大努力，这就要求企业职能进行相应的转变。企业在历史上每一个经济发展阶段处理生产与经营、研究与开发等关系都明显不同。在工业经济时代，企业把重点放在生产阶段。在知识经济时代，随着知识经济化趋势的发展，制造业将不断标准化、自动化、智能化，人力劳动将开始被排除在生产过程之外，取而代之的是"智能机器"。劳动本身也在变，将出现柔性的工作组织，扁平化的组织结构，灵活的工作时间、场所以及计酬制度的变化。企业在生产制造方面将差别不大，决定企业竞争能力的关键就是研究开发和市场营销，而这正是高智能的体现、应用和实践。在知识经济的发展中，会使消费资料构成发生变化，从根本上改变社会消费方式。

（1）知识消费

"知识消费"作为一个崭新的概念，作为知识经济的重要特征之一，标志着消费观念、消费理论、消费方式进入新的发展阶段。

①知识消费将成为人们的自觉追求。通过知识消费实现对知识的追求、获取和积聚，是适应经济发展的必然选择。

②知识消费不但标志着消费水平、消费结构的变化，而且直接标志着消费行为的变化。人们消费行为趋向文明，在消费中实现物质文明与精神文明、经济发展与社会进步的协调。

③知识消费过程同时还是人们消费观念变革的过程，使人们形成健康的文明的消费价值观。在此基础上提高人们消费行为的选择能力，使全社会的消费方式趋向文明、健康、合理，从而建立适应于知识经济要求的新的生活方式。可以说，知识经济的消费，是"以人为本"的消费，是"以质为目标"的消费，其结果主要体现为人们知识水平的提高，价值观念的健康，消费行为的合理，生活方式的文明。适应于知识经济发展的要求，分配方式必将进行深刻的变革。在知

识经济的运行中，将根据财富的增长来确立分配要素。知识在财富增长中的重要作用使知识成为独立的分配要素。按知识要素进行分配是知识经济的内在要求，知识经济的发展使知识劳动者真正成为先富起来的一部分。

（2）知识要素

按知识要素进行分配有两层含义：

①劳动的知识化，即生产财富的劳动中的知识含量。劳动的知识化程度越高，在财富增长中的作用就越大，在分配中的实现程度也就越充分。

②知识化的劳动。知识经济时期知识生产、知识创造是财富生产和增长的重要组成部分，创造知识的劳动是财富更为重要的来源，完全应该在分配中得到体现。"知识"取代"资本"的主体地位，按知识分配是按劳分配的进一步发展，是按劳分配原则在知识经济时期新的特征和时代内容。围绕知识经济时代人们的消费观和分配观的更新，必须重视产品和服务的研究开发、市场营销的理念和策略的改进，以满足人们的更高层次的需求。

知识经济的来临已成为一种必然，它将对社会经济各方面产生巨大影响。在这个过程中，管理创新是一种必然的选择。只有这样，才能适应时代的要求，促进经济不断发展。

在21世纪的今天，一场新的革命在全球悄然兴起，这就是以信息技术、知识产业为主要标志的知识经济革命。知识经济是指建立在知识的生产、分配和使用（消费）之上的经济，是相对于农业经济，工业经济而言的经济形态。工业经济是物质型经济，以大规模使用和消耗原材料、资源和能源为基础，其特点是机械化、自动化。知识经济则是把知识作为最重要的资源，把人创造知识和运用知识的能力看作是经济发展最重要的因素，其特点是信息化、智能化。新的经济时代必然要求新的管理模式与之相适应，即管理创新。

创新是人类永恒的话题。创新既是一种新颖、独特、先进的思想、观念、理论、概念的精神活动，也是一种发明、创造、研制新产品的物质活动。人类社会的发展就是一部不断创新的历史。世界企业发展的历史已经充分表明，只有创新才是企业生命力的无穷源泉，才是企业进步的根本途径。

三、管理创新与其他创新的关系

（一）管理创新与技术创新

技术创新指与新产品的制造、新工艺过程或设备的首次商业应用有关的技术的、设计的、制造及商业的重大变革或活动，包括产品创新、工艺创新、创新扩散。技术开发的投入与产出是一个不确定性的过程，这种不确定性大大高于生产经营过程的不确定性，因而小企业通常无力在难以得到的技术成果上进行大量和持续的投入。技术创新的不确定性是由诸多因素造成的，除了所进行技术创新的技术领域的特性因素外，还受到技术创新主体的创新能力、行为方式、投入的各种资源数量和质量，以及技术创新过程的管理效率因素的影响。因此，技术创新的成功与否首先在于这一创新主题的选择是否科学，其次则在于这一创新的具体组织与管理。技术创新不仅是技术问题，也是管理问题，管理可以降低技术创新过程中资源配置的不确定性，提高投入于技术创新过程中资源的配置效率。技术管理的创新属于管理创新的范畴，管理创新存在巨大的发挥作用的空间。原有的顺序式研制与开发创新的流程变为平行式开发创新和研制的流程，可以缩短开发周期、减少开发浪费、提高开发的生产力、增加收益回报、提升快速响应客户的核心能力，这种产品开发的一体化管理（或称为集成化的产品开发模式IPD）本身便是一大管理创新。对技术创新过程的管理有所创新，将提高创新资源的配置效率，减少不确定性，提高投入产出效率，促进技术创新的成功率，推动企业更多地进行技术创新。

技术创新与管理创新是相互配合、互相促进的。一个企业技术创新成果多、成功率大，至少还表明其在技术创新的管理上有独特之处，这一套管理模式就是管理创新的结果，管理创新将有助于推动技术创新的成功；而技术创新本身以及技术创新的成果应用将给管理创新带来新的课题，推动管理创新的展开。管理创新与技术创新均是长期经济增长的重要力量。

（二）管理创新与制度创新

新制度经济学认为企业制度的创新过程实为产权体系重新安置的过程，这一再安置的效率最终要通过优化资源配置的效率得以展现。制度创新与技术创新两者之间存在相似性，即只有当创新的预期收益超过创新的预期成本时，才有可能发生或实现。在交易费用为零的条件下，产权变动对资源的最优配置没有影响。然而现实社会中交易费用不为零，因而产权再安置对企业资源配置效率存在影响，因此企业有制度创新的动力。产权再安置与资源配置之间有一个重要的中介环节，即外部效应。外部负效应是指私人成本低于社会成本所导致的资源配置的浪费。产权再安置的一个主要功能就是要引导企业在最大限度上将外部效应内在化，使私人收益等于社会收益，避免"寻租"行为。就技术创新而言，当技术创新的私人收益预期小于社会收益时，技术创新的动因将大大减弱，创新活动趋于萎缩，创新浪潮趋于平复。产权再安置的进行，意义就在于将这些与外部效应相关的成本和收益纳入当事者的私人成本和私人收益之中，使之与社会成本和社会收益接近或相等，从而改变当事者的决策行为，提高资源的有效性。这就是产权再安置通过外在效应内在化而影响资源配置效率的基本过程。产权再安置最终通过一定的组织结构得以体现，因此产权再安置将导致组织结构的调整。产权再安置即企业制度创新虽然将对企业资源配置效率产生影响，但这一影响是通过合适的组织结构安排来得以实现，因而组织结构的再调整对产权再安置的有效性有重大影响。另一方面，产权再安置与组织结构的调整与创新是两个不同的过程，没有相互间的替代性，只有两者的配合性。因此，组织创新在制度经济学看来是制度创新的一种派生。然而，从管理学和组织行为学角度来看，组织创新只是管理创新中的一个方面。

制度创新也存在不确定性，存在投入与产出效率的问题，因而制度创新过程中离不开管理的配合，离不开组织结构的适应性调整或变更，这也是管理创新的范畴。另一方面，管理创新本身将有助于制度创新目标的实现。管理创新的目标与制度创新的目标是一致的，即提高企业的资源配置效率。通用汽车公司在总裁的领导下所创设的事业部制管理机构，被公认是重大的管理创新成果，但事业部制本身则为企业纵向一体化或横向一体化的展开，提供了有效的组织保证，而纵向一体化或横向一体化的实现就是外部效应内在化的实现，这恰恰是制度创新的要求和方向之一。管理创新与企业制度创新一样，对企业发展有着重要作用。

第二节 企业管理创新的一般过程

一、企业管理创新的过程

(一) 企业管理创新的核心

1. 综合利用各种力量进行方案制订

在准确地认识、把握和分析了存在的问题以后，如何进行相应的问题解决方案的设计，直接决定了管理创新能否成功实现。好的方案不一定带来管理创新的最终成功，但是一个准备充分、策划严谨的方案还是对管理创新的成功有很大帮助的。同时，进行管理创新的过程中，企业必须能够综合运用企业内外部各种力量来协助方案的制订。

(1) 企业内部

企业内部的力量主要是指由企业家和企业各个部门所组成的创新主体，他们的主要优势在于对企业实际情况以及所面临的具体环境的了解。只有在整个企业的组织内部做到上下管理层级之间和不同部门之间的良好沟通时，企业家才可能比较全面地掌握各种关于企业的信息。

(2) 企业外部

企业外部的力量主要是指由各种管理咨询公司、行业协会、政府所构成的企业外部环境。这一部分力量，具有企业自身所不能完全具备的各种专业优势，比如说管理咨询公司具有企业所不具备的专业管理知识优势，而政府则具备在某方面的资源配置优势。正是如此，企业在进行问题解决和管理创新的过程中，应当充分利用这种外部的资源优势，使其能够为本企业的管理创新服务。

2. 进行创新方案制订的过程和方法

(1) 新方案产生的一般过程

方案的创新起始于问题的发现。在问题产生后，经过相关知识和信息积累、集中研究和思考后，可能会得出解决问题的办法，但是也可能得不出结论；在这种情况下，研究者处于受挫而松懈甚至将放弃创新活动的状态；此时，在一定的外界刺激的条件下，研究者受到启发，新方案产生了；最后，创新者应当对新方案进行细致的研究和实验，以证实其可行性。

（2）新方案产生的方法

由于创造性思维具有新颖性、抽象和概括性、发散性、敏锐性和艰苦性等特点，所以，为了激发创造性思维的效率，需要恰当地引导和组织产生创造性思维的活动，构造一个易于产生创造性思维的环境和思维方式，实践中已经发明了诸如头脑风暴法、635表格法、集体研讨、结构分析法等一些产生新设想的技巧和方法，这些方案尽管形式各不相同，但是其最终目的都是创造一种自由的环境，充分发挥各方面相关人员的自主创新能力。

（3）对新方案进行准确评价和选择

在进行了创造性的思考以后，企业往往面临着多种可供选择的创新方案。这个时候，企业必须要结合对问题的认识和分析，从备选方案中进行相应的选择。选择的时候，不同的企业可能因为其所处的环境差异以及其对待风险的态度的不同，而具有不同的选择原则，有的企业可能偏重于风险小、比较稳妥的方案，而有的可能会选择风险高、回报高的方案，这时企业应当根据自身的实际情况来做出判断，选择最适合本企业的创新方案。

3. 好的创新方案的制订应当具备的特性

第一，方案应当体现创新性。如何才能具备这种创新性？首先，这种创新是企业家在日常管理中所进行的各种创新思考的积累，只有在平时注意对企业的管理进行观察和思考，企业家才可能在问题来临时有充分的准备；其次，在方案制订的过程中，应当注意及时地转变自己的思维方式，要善于进行发散思维，同时又要最终将思路整理归结到问题点上。对待一个问题，要能够进行逆向思维，从不同的角度去认识和分析问题。

第二，方案应当具有问题针对性。管理创新方案的制订必须以发现的问题为中心，每一个新措施的实施都必须以问题的解决为目的来进行。这就要求在管理创新方案制订的过程中，既要体现创新，更要围绕着问题的解决做文章。只有具有问题针对性的方案，才是有价值的方案。

第三，方案应当具有可行性。管理创新方案的设计和选择，应当是在充分考虑企业内部条件和外部环境的基础上进行的，脱离了企业实际的管理创新只会是空中楼阁。因此，无论是设定创新的目标，进行创新方案设计和创新进度安排，企业都应当从实际入手，使得整个创新具备可行性，如果丧失了可行性的创新只会是纸上谈兵。

（二）决策、制定解决问题的方案

在发现企业管理中存在的问题后，就要对症下药，制定相应的决策和解决问题的方案。具体分为以下几个步骤：

1. 创新定位

创新定位又称为创新准备，指企业决定创新前的准备工作，包括调研、组建管理创新小组，充分审视现状与差距，并确定创新的空间及创新目标方向。首先要分析创新的目的、价值、意义、任务、对象、范围。在具有创新愿望的基础上，企业组建一个具有足够权威，并有多层次人员参与的管理创新小组，在进行大量深入细致的调查研究下，经过反复审核与比较，充分审视现存问题，认清差距环节（包括条件差距与目标差距），并分析其根结，从而据此确定创新领域（整体或细节）及大致的创新目标方向，也即前景规划，并确定工作的内容与项目，落实工作人员。

2. 形成创新方案

创新方案包括工作计划、工作步骤与进程等内容。要注意运用多种创新方法和技术手段，提出解决问题的创新构想（创意），并在创新条件、创新原则、创新目标等约束下，对创意进行比较、筛选、综合及可行性评价，以形成一套比较具体的、切实可行的并能使系统向更高层次发展的创新方案。在这一阶段中应特别注意可行性论证和进程结果的可检验性。要考虑企业能够进行创新并能有效达到目的的必备客观条件，包括创新主体与创新具体实施的素质、基础管理水平、创新氛围、本企业的特点等。

3. 细化创新方案

确定创新方案后，还需要做一些细化工作，如确定工作方式、方法、途径、手段、落实工作责任与人员分工等；明确创新目标，给出要求和创新实施期限，对创新方案进行工作分解、排序，估计各项工作需用时间，制订进度计划和资源需求计划。

（三）企业管理模式的贯彻与实施

在完成上述各个环节的工作后，进入实质性阶段，即管理创新小组组织、领导创新的具体实施者们在一定的创新目标导向下，实施创新方案，并注重同步创造条件的一系列活动。它是管理创新行为的重要组成部分。这一阶段具体又分为三个环节，即旧范式的解冻、变革（初步实施）、固定和深化（持续实施）。

1. 旧范式的解冻

在实施前要大力做好宣传工作与沟通工作，创造创新的气候，以取得管理创新的主体与客体的认同，克服和消除妨碍变革的心理障碍，并争取激发人们的积极性与创造性，即在创新中能即兴创造和变革。在这一过程中，除了使成员深刻理解认识创新的必要性、迫切性、可能性外，还需创造条件，缩短条件差距，为下一步的实施做好准备。

2. 初步实施阶段

通过授权各部门、各成员实施创新方案，并制定短期内即可见效的绩效目标，以增强人们对创新的认同和信心。这一阶段中由于并非所有技术变化、组织变化、人员变化都能够为人们所预料和准确描述，所以必须遵循三个原则：第一，坚定性原则，即无论遇到哪方面的阻力和困难，都要有坚定的信心，坚持创新并持续创新。第二步，稳定性原则。管理创新是一项复杂的工程，其实验环境又只能是现实的企业，具有很强的风险性。因而，为了保证创新的进程和方向，必须注意有步骤、有控制地进行，保持企业应有的稳定性。第三步，应变原则。即对创新中出现的新的变化或新的环境，要及时反馈现象、修正方案，同时注意加强管理创新实施者自身的即兴创造和变革，争取更好、更快地实现短期目标并超越这一目标。

3. 固定和深化阶段

初步实施阶段通过短期成果的示范作用，虽可以增强人们对创新的认同和信心，形成新的态度和新的行为，但由于旧习惯势力的根深蒂固以及企业内外环境的变化尚未完全适应习惯，必须利用必要的强化手段，使其对变革的新行为与新态度固定下来并持久化，从而保证管理创新的持续性发展。这一环节也是管理创新的持续实施过程。管理模式的贯彻需要逐项实施工作计划，按步骤实施工作计划。同时，创新的过程是不断尝试、不断失败、不断提高的一个过程。管理者在制订好创新方案之后，为取得最终的成功必须坚定不移地进行下去。在实施创新方案时，也要注意选择创新的恰当时机和恰当选择创新的范围，并注意营造良好的创新氛围，以便取得较好的效果。

二、企业管理创新的层次

按照管理创新所辐射的层次，企业管理创新又可分为组织结构创新、业务流程创新、职能管理创新、战略管理创新。各个层次的创新各有侧重点和一定的程序。

（一）组织结构创新

经济全球化使企业能够在全世界范围内统筹配置资源。随着信息技术的出现，产品生命周期的缩短，产品多样化以及大量竞争者的出现，企业要赢得竞争，必须适时地调整组织结构，才能够在以多变和不确定性及全球化趋向为特征的市场环境中寻求生存和发展。

1. 扁平化团队的构造

在未来全球化的竞争环境中，企业要想对复杂多变的外部环境及时地做出反应和调整，就必须一改传统的等级式管理，实施原则式管理，使组织结构扁平化。企业扁平化的组织结构是一种通过减少管理层次，压缩职能机构，裁减人员而建立起来的一种紧凑而富有弹性的新型团体组织。它具有敏捷、灵活、快速、高效的优点。在扁平化的组织结构中，等级型组织和机动的计划小组并存，具有不同知识的人分散在结构复杂的企业组织形式中，加速知识的全方位运转，以提高组织的绩效。因此可以说，扁平化组织是一种静态构架下的动态组织结构。构造扁平化团队型的企业组织不仅能够降低企业交易费用，提高企业资源配置效率和企业对市场的反应速度及满足用户的能力，还有利于企业的团队学习。在未来的以能力分工为基础的组织中，团队的互动工作模式能够加速知识的转换，信息技术的发展、网络的集成优化使中层管理层级的减少的扁平化组织重构成为可能，组织内部和组织之间建立多个功能交叉的团队。在一个网络的环境中，通过彼此交流来解决在超越了功能和组织界限的整体团队所面对的所有挑战。团队能力的发挥须依赖共同愿景、团队精神等价值观的企业基础与氛围。同时，为了发展组织成员整体搭配能力与实现共同目标能力的过程，需要通过建立在自我超越和共同愿景基础之上的团队学习。扁平化团队将是知识经济时代独具特色的组织创新。

2. 网络型组织

在新经济时代，严格的等级制度模式已经难以适应激烈的市场竞争需求，平面结构的网络型企业组织结构作为以往企业组织形式的替代已经开始出现。网络型组织是企业间的一种联盟方式，是通过将具有不同经营优势的两个以上的企业组建成实体或虚拟企业，并结合各成员企业的优势，以充分发挥优势互补的效用，共同发展，取得更多的经济利益。网络型组织的各成员企业是独立的经济法人，各企业的地位是平等的，分别承担经济责任，其工作调节不是由权力和命令来加以实现，而是通过交涉和说服或者指导来进行。网络型企业有利于企业挖掘综合优势，发挥组合效应。通过网络化把分散的企业群体、生产要素、孤立的经营行为，按照效率、互利、优化等原则重新组合而取得新的优势，包括资源共享、节约成本、管理加强、利于扩张等。它的主要实现形式有：连锁经营、企业集群、集团发展、战略联盟等。网络型企业的形式没有固定统一的模式，其组织结构具有一定的可塑性，具有多样性的选择。企业应该根据自身的实际情况和发展需要，选择合适的网络化形式，使企业的资源得以充分利用，并使企业能在网络化的发展中取得经济上的最大效益。

3. 组织虚拟化

组织的虚拟化是组织网络化的极端形式。它纯粹是依赖网络技术革命而实现企业组织转型的一种有效方式。虚拟组织是指分布在不同地区的多个团队利用电子手段，为快速响应市场需求而组成的动态联盟，是虚拟制造环境下的一种企业组织和生产模式。虚拟组织没有固定的组织层次和内部命令系统，打破了传统企业组织机构的层次和界限，各成员团队之间是一种富有弹性的伙伴关系。虚拟组织打破了传统企业金字塔式的纵向管理模式，通过社会协作和契约关系，外包非核心零部件生产和认证零部件质量的可靠性，使其中间管理组织设置变得简单，侧重向两头发展。管理组织的扁平化、信息化消减了中间层次，使决策层贴近执行层，管理层级因对信息流的高度应变性而相应变得扁平化。虚拟组织进行了流程再造，强调团队精神，交互式的合作完成既定工作。它的控制系统更基于团队员工的自主管理与合作精神。在组织运行方面，虚拟组织通过信息流重组企业流程。

（二）业务流程创新

传统的组织结构是按照职能和科室来设计的。这种结构面对今天激烈竞争的外部环境，无法做出灵活、迅速的反应。流程再造对传统组织所赖以建立的许多假设以及它根植在管理思想的许多方面都提出了挑战。它将组织运行的各流程根据外部环境的变化重新设计，对流程的每一环节进行改进，对不提供附加值的环节彻底摒弃。通过对流程的再设计，能够改进流程中每一环节的工作绩效，激活企业的竞争能力。再造流程应从以下几方面入手。

①出发点。业务流程再造的出发点是指其基本准则和起点，它包括企业目标、顾客需求、企业内外部资源等几方面。流程作为企业内的工作过程，首先要服从企业的战略与目标。因此，流程再造的重要出发点之一就是以企业战略目标为总目标，将其分解的分目标或阶段目标作为流程应承担的目标，进而考虑流程的合理设置，以更有效地完成这一目标，从而为总战略目标的实现做出努力。其次，流程再造的过程中还要以顾客的满意作为出发点，在深入了解顾客需求的基础上积极地引导需求，根据顾客的需要设计流程，提高工作质量和效率，更好地为顾客服务。最后，还要考虑企业内外部可以运用的资源，如企业的技术条件，因为资源在一定程度上决定了企业流程再造所能达到的程度。必须根据企业自身资源来决定流程的路径、工作环节、步骤的划分。

②组织。再造工作流程是一项复杂的工程，它的再造一方面对组织产生影响，另一方面再造工作流程本身需要有一个强有力的组织来加以领导、组织和协调，以便使企业的流程再造能够平稳、顺利地实施。因此，需要成立一个由企业

与外部专家共同组织的再造流程委员会,在董事会直接领导下全权负责企业流程改造方面的一切事务,如改造的方向、范围、人员配备、与日常工作的协调等。委员会隶属于董事会并由专人负责,即委员会的主任。再造流程还要有两个具体的工作小组——"再造流程分析设计小组"和"再造流程实施小组",受主任的直接领导。

③核心目标。再造流程的核心目标并不是流程本身,而是为了流程再造后企业所形成的核心能力,即企业自身拥有、能够实现企业可持续竞争优势的整合性知识资产。再造流程应以塑造和培育企业的核心能力作为总体核心,为核心能力服务。企业的基本流程与核心能力之间有着紧密的支撑关系,企业基本的管理流程和作业流程支撑了企业的核心能力,核心能力则支撑了企业的核心产品,而核心产品则支撑和演化出众多的最终产品以供顾客选择消费。根据流程再造对核心能力的影响可以将其分成两种形式:一种是以现有的核心能力为基本运行条件,以进一步强化或增强企业的核心能力为目的,不改变核心能力内容而只增加其力度;另一种则以建立企业新的核心能力为目标,重新构造流程以及由流程支撑的新的核心能力。

④实施步骤。再造流程实际是将构成流程的基本工作环节、工作单位或工作步骤加以判认并分析做出逻辑关系,在分析研究的基础上构想出最有效完成同一工作任务或目标的一系列工作单位或环节的流程。它需要分为七大步骤:

一是设定基本方向;

二是现状分析并确认改造目标;

三是确定再造流程方案;

四是制定解决问题计划;

五是制定详细的再造工作计划;

六是实施再造流程方案;

七是继续改善的行动。

(三) 企业职能管理创新

在工业经济时代,企业管理的典型模式是按职能类型进行分工与合作的职能管理模式。在一个企业,一般分为三至五个阶层,每个阶层基本上按财务管理、生产管理、人事管理、技术管理等业务分为若干职能部门，各职能部门在企业总体目标的制约下完成自己的分目标。企业内部的指挥命令系统亦按此职能体系展开，各种信息的收集、加工、传达和分配按此职能体系进行，人事考核、评价和分配、奖赏制度也是与此相适应的。职能管理模式在工业经济时代，适应生产力水平的需要，为提高企业管理的效率起到了巨大的推动作用。在知识经济时代，知识型企业中职能部门之间的界限在不断变得模糊和流动起来。不断建立、调整和解散的项目小组，职能部门与产品线交织在一起的矩阵组织，围绕企业战略目标不断调整经营重点和经营资源的动态网络管理等，正日益成为国内外领先企业普遍采用的新型管理模式。企业中的命令指挥不再按职能管理系统逐级传达，而是视需要直接到达目的地，各项职能管理中的日常业务已经形成计算机网络管理，人事考核、评价和分配、赏罚制度也很少考虑其所处的职位要素。在知识型企业中，人、财、物甚至信息等资源的使用效率问题已经变得不那么重要，核心的管理问题已由效率转为创新。知识管理与知识创新管理已成为成功企业一种新的特征。

因此，在职能管理方面，应对过去静态的、不符合市场经济要求的定额、标准、规章制度等进行更新与变革。以企业政策、岗位职责、任务标准、工作程序、行为准则为基础，从技术到管理，从生产到经营，从激励到约束等各个方面都切合实际地制定和实施定量的标准，建立起明确的规定、程序和制度。要在企业的工作研究、岗位设计、财务预算、会议程序、报告程序、信息传递、职工培训和民主管理等各个方面，利用计算机管理信息系统，把各项专业管理职能和相应的管理方法、技术贯穿起来，建立起有效的、新型的机制和氛围，使企业员工个人及组织的知识创新能力能最大限度地发挥出来。充分运用员工独特的知识资源进行管理创新体系的建设。

三、企业管理创新的监督、考核及修正

管理创新的监督、考核及修正是企业一轮管理创新过程的最后阶段，是指经过一段时期的相对稳定运行后对创新成果进行评价与科学总结的一系列活动，是促进企业进行新一轮更高层次创新及企业管理创新成果发挥社会效用的重要环节。在这一阶段，企业需要根据管理创新计划的要求，设立衡量绩效的标准，然

后把实际工作结果与预定标准相比较，以确定组织活动中出现的偏差及其严重程度，在此基础上有针对性地采取必要的纠正措施，以确保组织资源的有效利用和组织目标的圆满实现。这一步骤包括三个基本环节：

（一）确立衡量绩效标准

标准是人们检查和衡量工作及其结果的规范，是进行监督、考核的基础。缺少一套完整的标准，衡量管理创新的绩效或纠正偏差就缺少了客观依据。应当运用价值链等工具建立一套完整的绩效评价体系并设置一系列测量指标，以能及时反馈影响管理创新活动的程序、决策和行为是否有效。

（二）衡量创新成效

这一环节要求管理者及时掌握能够反映偏差是否产生、并能判定其严重程度的信息。在此基础之上运用绩效评价体系对管理创新成果进行衡量，用预定标准对实际工作成效和进度进行监督、检查、衡量和比较。管理者在监督考核的过程中还应注意通过衡量成绩，检验标准的客观性和有效性，确定适宜的衡量频度并建立信息反馈系统。

（三）纠正偏差

在经过一段时期的强化、固定后，管理创新的领域开始呈现新的范式，并日益稳定，创新效果也日益明显。此时，有必要对其创新效果，特别是其效益性进行评价，运用科学的方法，依据客观的标准，对工作绩效的衡量，发现管理创新执行中出现的偏差，在深入分析偏差产生的原因的基础上制定并实施必要的纠正措施。纠偏活动使得管理创新过程得以完整，并通过纠偏形成新的冲动，以进行更深层次的创新。这一活动对于使管理创新活动能够更加顺利、更有成效地开展下去具有重要意义。为了保证纠偏措施的针对性和有效性，必须在制定和实施纠偏措施的过程中注意以下问题：

①找出偏差产生的主要原因；

②确定纠偏措施的实施对象；

③选择恰当的纠偏措施。

同时，应当参照实际的创新状况、变化的经营环境、新的思维和新的机会，采用完整性措施，调整公司的战略以及公司的战略执行。

第三节 企业管理创新支点与主体

一、企业管理创新新支点

实施管理创新是市场经济的呼唤，是经济发展新常态的客观要求，是企业生存发展的需要。当前，企业实施管理创新需要以下五大支点。

（一）强化创新意识

管理创新的前提在于创新意识的确立。在市场经济条件下，企业全体员工，特别是企业各级领导层要确立起敢于创新、善于创新的意识。各级领导层是否称职，是否有才干，主要看有无超前意识、创新能力、预测风险和避免风险的能力。创新理论先驱者美籍奥地利政治经济学家熊彼得（Schumpeter）认为："企业家的职能就是实现经营管理的创新""常规生产的管理者不能称之为企业家，而真正企业家的独特任务，就在于要敢于打破常规，创造新的理论和新的管理方式或方法"。面对日趋激烈的市场竞争，企业只有在继承科学管理方式或方法的基础上，通过移植、嫁接、综合、独创等手段，不断调整和优化经营管理的方式方法，才能在竞争中占领和扩大市场，在创新中发展企业。

（二）重塑价值观念

企业的价值观念集中反映了企业员工的人生观和世界观，体现出员工在从事生产经营活动中判别事物好坏、善恶、美丑的价值取向，主要涉及员工的思维、心理、习惯、性格等方面，是企业文化建设的核心。企业的价值观念一旦形成，便具有相对稳定性，并不会轻易被改变。因此，长期以来在传统管理模式下从事生产经营活动，以及受小生产习惯势力的影响，员工容易形成怕苦畏难、"混日子"思想以及"坐商"的习惯和惰性等不良价值观念，其结果只会阻碍企业管理创新活动的开展，必须弘扬追求创新、自我激励的企业家精神，实现企业员工科学价值观念的重塑。当然，重塑企业价值观念不是一天两天就能实现的，但必须抓紧抓好这项工作，营造良好的企业文化氛围，保证企业管理创新的顺利实施。

（三）优化组织结构，重建管理制度

组织结构是企业正常运行和提高经济效益的支撑，必须本着精简、精干、高效的原则重新设计，达到组织结构优化所要求的目标。企业如果缺乏良好的组织结构，没有一套分工明确、权责清晰、协作配合、运转灵活的管理机制，管理创新则无从谈起。在具体实践中，如何恰如其分地处理协调好集权与分权、管理幅度与管理层次、综合管理与专业管理、稳定性与适应性之间的关系，是一件需要极为慎重且认真、反复讨论研究的大事。

制度是规范人们的行为的准则。随着企业环境的变化，既要讲"人适应制度"，又要讲"制度适应人"，对制度进行必要的调整，有利于生产的发展。企业要根据现实政策和市场环境的变化，建立起适合现代企业治理结构的法人组织制度、科学规范的领导制度和效率优先、兼顾公平的收入分配制度，并要在日常的运行中严格执行。

（四）选择领先产业

当企业一旦选定并进入某一产业领域，实际上已经在相当程度上决定了企业的成败兴衰。如果企业进入的产业本身就已经到了衰退期，那么企业管理再努力也难奏效。从这个意义上说，选择领先产业，是企业成功的重要因素。选择领先产业，既是一个战略决策的问题，也是一个管理的问题。企业必须对内外环境和条件进行全面、综合的预测、分析和研究，在此基础上进一步明确企业的发展方向、业务范围和经营领域，保证企业充分发挥自己的优势。

（五）知己知彼，明确创新目标

这也是一个重要的前提。市场如战场，唯有知己知彼，方能百战百胜。知己知彼要从知己做起，只有认识把握了自己才能认识市场。知己必须既知自己的长处，又知自己的短处；既知自己的实力，又知自己的潜力。知彼则要认识市场，了解竞争对手（包括潜在的竞争对手）的现状和动态，预测市场与技术的发展动向。在知己知彼的基础上，要明确创新奋斗的目标。竞争场上从来就是有志者自有千方百计，无志者自有千难万险。对于企业来说，有了明确的创新奋斗目标才会有正确的经营决策，才能有效地实施管理创新。

二、企业管理创新主体

（一）企业管理创新主体概述

管理创新是企业获胜的根本，而管理创新是以人为载体来执行和完成的。所谓管理创新主体，就是指管理创新的承担者，即热爱改革，立志于创新的人们。企业若没有创新意识与创新能力的人，就不可能有管理创新和管理革命本身。

1. 管理创新主体的三个层次

企业管理创新主体分为三个层次：

（1）高层决策者

高层决策者是从事企业管理工作的有管理决策权力的高管。高层决策者的称谓尚不统一，有的称总裁，有的称董事长，有的称总经理，董事长也可兼任总经理。以上以高层决策者的称谓，代表企业最高管理层有决策权力、经营管理支配权力的高级管理人员。

高层决策者往往由于其所处的特殊地位，会对企业的管理创新产生重大影响，或者在管理创新过程中扮演重要的角色，成为管理创新主体的精英。

（2）中层管理人员

企业中配有相应数量的中层管理人员，在专业分工条件下对自己职责范围内的事务、人员、资源进行管理，例如供应、生产、营销、财务、质量、技术等，这些管理领域的管理者也是管理创新主体的重要组成部分。

中层管理人员的行为要受到上级领导的约束，受到自身职责权限的约束。一个能取得成功的企业，一个有远见的高层决策者，应该充分重视中层管理人员的积极性和创造性的发挥。如果一个企业中许多中层管理人员都在积极热情地进行管理创新的探索，那么这个企业必定无往而不胜。

(3) 企业员工

企业的员工也可以是管理创新的主体，但作为个体的某一个员工却难以成为管理创新的主体，单个的员工在企业中属于操作作业层，虽然有创意，但不能由自己去付诸实践以至成功。企业员工成为创新主体是作为群体的员工，当作为群体的员工们的创意（一致的合理化建议）得到领导层认可并决定试行时，这些员工们就成为管理创新的主体。

2. 高层决策者是管理创新主体的核心

高层决策者在企业中的地位决定了其在管理创新主体中的核心位置，并且是管理创新的精英人物。企业能否取得成功，能否经营出特色，最主要的还取决于企业高层决策者的素质和能力。尤其在当前企业竞争态势下，更要求企业高层决策者必须凭敏锐的观察力行动，具有创新精神，具有灵活运用、有效整合企业各种资源的能力。通过企业高层决策者的思维创新和能力发展，使企业保持旺盛的生命力，在激烈的竞争中站稳脚跟，在复杂的环境下率先寻到新的风景。实践证明，企业经营管理的好坏，企业效益的高低，乃至于企业的成败，关键在于企业高层决策者。以下所提管理创新主体主要指企业的高层决策者。

那么，企业高层决策者应该是怎样的创新主体？又如何成为优秀的创新主体？这里提出以下几点。

(1) 高层决策者应该是经营专家

企业管理的核心是经营，经营的核心是决策，决策的关键是高管的创造力。创新经营决策能决定一个企业的命运与出路。高层决策者必须是经营方面的专家、能人、强人。按照传统的观念，往往从车间主任或工程师中选择高层决策者，这样产生出来的高层决策者往往是生产型的，一般并不精于经营。生产型并不是坏事，并且也是高层决策者必需的基础素质之一，但与经营专家毕竟不是一回事。高层决策者的首选能力应该在经营上，经营能力主要表现在对市场的适应和开发上。

(2) 高层决策者应重视"软件"

高层决策者作为经营专家，要十分重视创新。经营的最本质内涵就是创新。市场经济条件下，创新是企业的最大财富和第一资源。创新是以人才为载体的，并通过观念、体制、机制、战略、战术、产品开发策划、企业形象策划、广告策划、公关策划、销售策划等种种"软件",使企业以新思路、新策略走上成功之路。传统观念往往使人们重视"硬件"建设,把厂房、设备、资源看成是企业中最主要的关键因素。其实,对于企业来说,硬件只是躯壳,软件才是灵魂。离开了以创新为本质内涵的软件,硬件是很难发挥作用的;只要有优秀的软件,企业完全可以从无到有、从小到大、从弱到强,软件比硬件更重要。

(3) 高层决策者应学会抓大事

高层决策者必须学会按照市场经济的要求开展好经营创新,要更新观念,认清市场经济是大生产、大营销、大流通,要学会抓大事。市场经济条件下,高层决策者的主要精力应该是管"明天",而不是管"今天"。管"明天",就是要管企业总体经营中关系企业生存发展的战略决策问题;管"今天",则是管眼前的日常事务琐事。战略决策决定了企业的前途命运,这才是高层决策者的主要职责。什么是领导?当领导一是出主意,二是用人。西欧在20世纪80年代初曾对成功企业家的日常精力分配作过调查,结果是40%的精力用于考虑战略决策,40%的精力用于公共关系,20%的精力用于内部事务。内部事务也并非事无巨细都亲自去管,主要也是抓人才,搞目标管理、机制建设以及对经营决策的督促检查。这才是高层决策者的主要工作内容和较理想的安排模式。

(二) 企业管理创新主体的素质和能力

1. 管理创新主体应具备的素质

(1) 道德素质

从根本上说,一个人事业能够达到的高度与其理想境界的高远是成正比的。以国家的需要、民族的强盛为己任,把经营企业作为实现自我价值的舞台,在造福于人类中实现自己的人生价值,这是管理创新主体应具备的最基本的理想和信念。考察许许多多的优秀企业家,无不具有良好的素养,无不善于修身养性。他们以渊博的知识和丰富的经验为基础,以科学的世界观和方法论为利剑,以坚韧顽强的意志为精神支柱。例如"海尔之父"张瑞敏在不到20年的时间里,把一个亏损严重、管理混乱的集体企业整治为国际知名的跨国集团,他之所以能够如此,其根本原因在于他秉持了高远的人生追求,把经营企业与经营人生同等看待,在经营企业的过程中创造了惊人的业绩。

管理创新主体应将道德、责任、能力集于一身，做到德才兼备，同时，对其道德素质和责任心的要求要比对能力的要求更高。意大利诗人但丁（Dante）有句名言："一个知识不全的人可以用道德去弥补，而一个道德不全的人，却难以用知识去弥补。"他还说："能力不足，责任可补，责任不够，能力不能补。"可见，道德是管理创新主体品格的核心，是其事业的支撑点。假若把管理创新主体比作一棵大树，道德就是这棵大树的根基。有了根基，大树就会枝繁叶茂、浓荫如盖。根基出了毛病，这棵大树就会衰败、枯萎。

（2）学习素质

在市场态势急剧变化的今天，管理创新主体面临着政治、经济、社会、技术高速发展和高频变革的挑战，唯有学习才是迎接变化的最佳武器。不学习，就不会有新思想、新策略和正确决策；不学习，企业就没有创新、品牌和竞争力，就不能维系生存和持续发展。

学习是人的生命的重要组成部分。只有学习得精彩，经营才会精彩；只有学习得成功，经营才会成功。管理创新主体不仅要加强自身学习，还要重视全员学习，建立起学习型企业，尤其要搞好管理层的学习，因为管理层的学习要比技术和生产层面的学习重要得多，如果没有管理上的创新，再好的技术往往也是苍白无力的。

（3）洞察素质

人们的生产和生活将愈来愈多地决定于对信息的掌握和运用程度。作为知识的载体，对于信息的占有和利用，是企业创新活动知识化、智能化的前提。并且捕捉各类信息，是企业进行正确决策的前提。面对信息社会，管理创新主体特别需要加强洞察力的修养，以应对瞬息万变的市场。

一要树立信息观念。信息在企业管理中起着主导作用，调节着人流和物流的数量、方向、速度、目标，引导着人流和物流有规则地运动。信息技术为实现领导现代化提供了强有力的手段。假若没有信息就谈不上洞察，洞察的过程是获取信息和处理信息的过程。管理创新主体必须具有获取信息、利用信息的强烈意识，建立健全信息系统和灵敏畅通的信息渠道，从而更有效地实施管理和经营。

二要目标对准未来。面对瞬息万变的市场，管理创新主体一定要把握市场发展趋势，看清前进方向，超前地对变化的走势、进程和结果做出正确的判断，不断地对准未来，思考未来，经营未来，把握未来的命运。

三要时刻抓住机会。"一个好的机遇，胜过一大堆计划"。时刻寻找机会，并在机会降临时表现果断，及时地把握住它，当机会握在手中时，善于充分利用它并去争取成功。只要你注意观察，就会发现你的周围到处存在着机会；只要你事先做好准备，你就能够把挑战变成机遇；只要你肯伸出自己的手，就永远会有伟大的事业等待着你去开创。

2. 管理创新主体应具备的能力

管理创新主体的良好素质为进行卓越管理奠定了坚实的思想基础，但它应该转化为现实的能力。管理创新主体的能力不是一项能力，而是各种能力的集合，是具有多种功能、多个层次的有机合成体。

（1）思维能力

思维能力，包括逻辑思维能力和非逻辑思维能力。逻辑思维通常由判断、推理、分析、综合、归纳、演绎等形式来实现，这是人们比较熟悉的。管理创新主体尤其要加强非逻辑思维能力的培养和锻炼。

①逆向思维。逆向思维是指有意识地从常规思维的反向去思考问题的思维方式。逆向思维就是打破常规思维的惯性，从反面去想想，"唱唱反调"，以达到解决问题的目的。

②侧向思维。侧向思维是指不一定非与常规思维逆反，而是换一个角度通过走第三条路去解决问题的思维方式，即巧用"第三者"。"草船借箭"是典型的侧向思维范例：三天怎么能得到十万支箭？按常规思维，"造箭"的路子是走不通的；按逆向思维，不造箭则可"抢箭"，然而，曹兵百万，又隔长江天险谈何容易？诸葛亮审时度势，出人意料地走了第三条路——"借箭"，取得了全胜。因此，管理创新主体在思考问题时，应善于变换思路，另辟蹊径的侧向思维可以帮助人们在"山重水复疑无路"时，迎来"柳暗花明又一村"。

③发散思维。发散思维是指让思路向多方向、多数量扩散的立体型、辐射型的思维方式。发散思维的能力与敢于想象的品格有很大关系，敢于想象就是不受一切原有的知识圈及所有的条条框框的束缚，想象出许多和通常情况不同的、新颖的、独特的结果。

(2) 塑造品牌、整合资源和资本运营的能力

企业间的竞争越来越集中在品牌的竞争上，管理创新主体应该从战略的高度来培育品牌，以"顾客至上"为品牌管理的核心，采取有效的方法和手段，不断创新，用最优化的现代科学技术塑造品牌，不断提高塑造品牌的能力。

好的公司是满足需求，伟大的公司是创造市场。"资本是船，名牌是帆"，运用好资本可以造更大的船，但必须运营好名牌，拥有了帆，才能将船送达胜利的彼岸。

资源的全球配置已经成为必然，靠一个企业的力量将无法面对未来靠规模和实力竞争的时代。未来企业的资源除了人力、财力之外，还包括知识、时间、智慧、公共关系等无形的资源要素。企业家若没有把资源整合在一起的能力，就会失去竞争的优势。

资本是企业可持续发展所必需的动力，只有把生产经营、市场经营和资本经营结合起来的企业才有希望成为赢家。

(3) 处理公共关系和培育企业文化的能力

企业的成功与发展仅限于企业家及其团队是不够的，必须整合各方的资源，建立一个庞大的公共关系网，通过集群和联盟增加企业的竞争实力。

管理创新主体必须善于利用自己独特的公关意识和公关网络，利用科学的公关手段提升企业形象，培育企业文化，以最有效的方式使企业的价值观广为传播。同时，也只有靠企业文化才可以把企业员工凝聚起来，同心协力实现企业家的理想和目标。

(三) 管理创新主体创新素质的养成

1. 管理创新主体创新素质的养成机制

探寻管理创新主体素质的养成机制，就必须重视以下因素。

(1) 经济形式与管理创新主体创新素质的养成

经济形式是影响管理创新主体素质形成的决定性因素。自然经济条件下是不需要管理创新主体创新素质的，因为自然经济是一种保守、停滞、封闭和孤立的经济，它不可能产生和形成管理创新主体创新素质。在市场经济这一经济形式中，市场是各方面联系的纽带，市场竞争是"最高权威"，企业处在一个充满风

险、充满机会的急剧变化的竞争环境之中，管理创新主体是否具有冒险、创新和竞争意识，决定了企业的生存和发展。正是这种优胜劣汰、激烈竞争的市场经济的发展，管理创新主体才有了自己施展才华的舞台，才产生了冒险、创新的企业家。

(2) 文化环境与管理创新主体创新素质的养成

管理创新主体创新素质的养成，也需要一种适合的、特定的文化环境，而特定的文化也会形成特定的管理创新主体的素质。适合管理创新主体创新素质养成的文化环境，应该是没有森严等级规定而只有社会分工不同的平等竞争的环境，人们在这种分工中，只要有人获得了成功，他就会赢得较高的社会地位。在这种文化中，人们尤其赞誉那些经济上的成功者，因为经济的发展是人类社会发展和文明进步最终依赖的根本。

(3) 经济和政治体制与管理创新主体创新素质的养成

在市场经济体制下，企业是市场的主体，市场是企业的指挥棒，各方利益均要通过市场来实现。企业有事去找市场，而不是寄托于市长。企业如果没有精明的管理创新主体创新，它就很难生存和发展。因而，市场经济呼唤管理创新主体创新素质的养成，市场经济体制才是管理创新主体创新素质养成的经济体制。

在发达的资本主义国家里，由企业家、工程师、教授等组成的阶层极为发达，其经济、社会地位往往高于一般的官员，因为这些国家的政治体制整体上是刺激、鼓励和支持这个阶层的成长壮大。虽然管理创新主体与官员也经常对流，官员有弃政从商的，管理创新主体也有弃商从政的，但是，管理创新主体在经营他的企业的时候，却完全独立于官场之外，因为在这些国家里，企业的领导体制与政府机构没有关联，不存在官方对企业体制的干涉，是完全的政企分开。因此，这些国家便富有管理创新主体资源，富有管理创新主体创新素质的养成环境，这也恰恰是这些国家经济发达的一个重要原因。

2. 管理创新主体创新素质养成的社会环境和价值取向

从以下两方面来考虑如何培养管理创新主体的创新素质。

(1) 营造适宜管理创新主体创新素质养成的社会环境

适宜管理创新主体创新素质养成的社会环境因素正是上面所讲的经济形式、经济体制、政治体制和文化环境。培养管理创新主体的创新素质，首先要做的是营造一个适宜的良好环境。它应包括适宜管理创新主体创新素质养成的经济运行形式、文化氛围和经济、政治体制。一个社会，只要它的经济是市场经济，是竞争性的、开放的，成功的机会到处存在并向所有人开放，失败的风险由活动者自己承担，在竞争中人人处于平等地位，它的企业管理创新主体的创新素质就会形成。

(2) 改变公众的价值取向，培养人们的个人成就感

在一个社会里，每个人的价值取向是由社会公众的价值取向决定的。如果全社会的人们崇拜的对象是优秀的企业家和企业优秀的管理创新主体，为社会创造最大经济价值，为人类提供优质服务将成为人们的价值取向，社会上一流人才资源将进入企业，将成为企业优秀的管理创新主体。那么，具有企业优秀管理创新主体素质的人以及在企业经营方面有一番成就的人，将成为学习的楷模。这样，企业优秀管理创新主体的社会地位得以确立，公众的价值取向赋予企业优秀管理创新主体以崇高的成就感和荣誉感，企业优秀管理创新主体的称号就一定成为人们为之而奋发努力的目标。

第四节 企业创新系统的动力和运行

一、企业创新系统动力的构成要素

按照企业创新动力的来源，可将创新系统动力的构成要素划分为内部动力的构成要素和外部动力的构成要素。

（一）内部动力的构成要素

企业创新的内部动力是指存在于企业创新系统内部，对创新活动产生内驱力的动力因素。它产生于企业参与市场竞争和进行自我发展的内在需要，以及企业对经济利益最大化的追求等。企业在通过创新满足社会需求的过程中可能获得的超额利润和相对优势，是诱发企业创新的内在动力，也是需求得以牵动企业创新的根本原因。一旦这些成为一种普遍的心理状态，形成共同的价值观，企业就蕴

藏着强大的创新动力，促进创新迅速发展。创新的内源动力因素主要有：

1. 主观价值判断要素

企业创新内动力的一个重要来源就是企业家和企业职员对企业创新的追求，这种追求就是基于他们对企业创新的一种主观价值判断，表现为创新精神和创新偏好，正是这种创新精神和创新偏好激发或诱导他们的创新行为，从而不断地、自觉地进行创新实践。

2. 利益导向要素

企业创新利益是企业通过创新所能够获得的各方面的满足，它是企业利益的重要组成部分。企业对创新利益追求的过程，事实上就是创新利益目标的实现过程，因此，创新利益的大小具有诱导和进一步激励企业从事技术创新的双重功能。当一项创新活动开始之前，对创新利益的预期会诱导企业决策者是否选择这项创新；当创新成功之后，巨大的利益会激励企业继续创新；同时，也会诱导其他企业加入创新的行列。从中国国有企业创新的利益形态来看，它包括物质利益和非物质利益；从利益分配的对象看，它涉及国家、企业、职工之间的利益分配。

3. 企业内部环境要素

如果企业家、企业职员在创新系统中形成促进创新的整体力量，即产生企业创新结构的协同效果，创新也就有了一个良好的内部环境。企业创新的内部环境的好坏，直接反映企业素质，是影响企业创新实现和成功程度的主要因素。市场竞争与经营危机压力是迫使企业寻求创新机会的一个重要原动力，也是企业创新形成与发展的契机。危机感主要来自市场竞争和企业经营状况，企业对危机的感受程度则取决于感受者（企业家和企业成员）本身的素质。

（二）外部动力的构成要素

1. 社会需求要素

技术知识的物化和商品化，是满足人类需求的基本手段，也是需求可以拉动企业创新的根本原因。新需求的产生，旧需求的更替以及需求规模的增加都可以拉动并维持影响企业的创新。需求拉动创新，反过来创新在满足需求的同时又会诱发新的需求，从而拉动新的一轮创新，这样循环往复，使得需求拉动成为企业技术创新的主要和持续的动力。

2. 技术推动要素

任何技术知识都具有完成商业化过程的内在特性。一旦条件成熟、环境适宜，它的商业化过程即成为必然。技术进展推动创新有多种途径：一是新技术思路诱导。新的技术思路往往会诱发企业家去组织 R&D 活动，并将研究开发成果投入商业化应用。二是技术轨道。重大的技术进展所形成的技术规范一旦模式化，就形成了技术轨道。在这条轨道上，只要有某一项技术商业化，其同类创新就会沿着它本身开辟的轨道，自发地启动并完成多项渐进型创新，并为新的根本性创新积累能量。如此循环往复，则创新层出不穷。三是技术预期，它包括技术寿命周期和经济效益预期。当创新者预测到某项技术尚未进入衰退期，其应用有可能带来经济效益，就会将这一技术投入商业化过程。四是输入推动。当新型材料的引入使旧的工艺设备无法或不能有效加工时，就会推动创新者变革工艺、改进设备，以适应生产发展。技术进展推动企业创新的效应主要取决于特定技术本身的进展程度。大的技术进展，有可能推动突进式创新；小的技术进展，只能推动渐进的创新。而创新的经济效果大多取决于特定技术在经济生活中的有效程度。

3. 资源约束要素

首先，企业进行创新和企业竞争离不开资源要素，包括科技资源、人才资源、资金、设备、信息和自然资源条件等，如果企业缺乏必要的资源，或者说企业不能从市场上有效获得这些相关资源，企业创新就不可能实施，企业竞争就会处于劣势；其次，按照熊彼特的理解，开拓并利用原材料或半成品的新的供应来源——不论这种来源是否已经存在还是第一次创造出来的，这本身就是企业创新的重要内容；再次，进行企业创新的一个直接的原因，就是为了摆脱资源特别是自然资源的约束。

二、企业管理创新系统的运行机理

企业管理创新系统能否正常运行，这种运行能否使企业获得最佳绩效，关键取决于其运行机理。运行机理是人们想方设法建立的以达成某种目标，实现某种愿望和需求为出发点和终点的机制。运行机理是企业管理创新系统的调节器，机制到位，就会对创新主体的行为产生有效协调、约束和激励，从而使其处于良好的运行状态；反之，创新主体的行为就会发生紊乱，最终导致创新失败。因此，要保证企业管理创新系统成功的运作，实现预定的共同目标，就必须建立有效的运行机制。

（一）动力机制

动力机制为企业管理创新系统的运行提供了驱动力。促使企业进行管理创新的动力主要有两类：市场竞争的压力和创新主体的支撑力。对于创新主体而言，动力主要来自于激励。企业管理创新系统是一个以完成某一创新目标为目的团队，激励是基于团队的激励而非个体激励。激励机制的着眼点不仅要考虑成员现有的需要，更重要的是通过扎实有效的形式，使组织目标不断内化为成员的内在需要，引导和促使成员个人需要不断向更高的层次发展，培养成员与组织共存、共荣的群体意识及对组织的认同感、忠诚感、向心力和凝聚力。即将成员对个人效用的追求转化为对企业利润最大化的追求。在激励形式上，激励行为动机的指向性和手段化，要能够促使成员之间高度协作，共同超越，为完成组织的总体目标而充分发挥各自的创造性和能动性。企业对员工的物质激励是主要的激励手段。除了提供有竞争力的薪酬外，随着现代对人力资本概念的认同，企业更多的通过与员工共享企业所有权的方式来实现对员工的激励，即产权激励，从而使创新主体具有内在的创新动力。

1. 对管理人员的激励

对于管理人员，特别是高级管理人员的激励，现在中国企业应用的主要有购股、期股、股票期权等方式，使企业员工与企业的发展有机结合起来，达到有效激励的目的。

(1) 股票期权

股票期权所有者在规定的时间内，既可以行使期权，也可以不行使期权。持有者行使权利所得收益为行权价和当日股票市场的价格差值。期权将企业的价值变成了人力资本所有者收入函数中的一个变量，从而实现了人力资本所有者与物质资产所有者利益的高度统一。

(2) 购股

员工购买股票的资金可以是自己出资或者采用低息、贴息贷款。此种方式实际上是由企业员工自己出资购买股票，可以将个人利益和企业经营状况联系起来，能较好地调动员工的积极性。

(3) 期股

期股最大的优点是人力资本股票收益难以在短期内兑现，股票增值与企业资产的增值和效益的提高紧密联系在一起，促使人力资本所有者更多地关注企业的长远利益和发展，在一定程度上解决了短期行为。

除了上述对员工实行的物质奖励方式以外，企业还应该通过其他的一些非物质方式实现对企业员工的激励。例如，培育员工对企业的认同感、让员工更多地参与到企业中来、给员工提供职业发展规划、提供良好的内部晋升渠道等。

2. 技术人员的激励

在国外，技术入股是企业激励技术人员普遍采用的方式。技术人员将成果折价成公司股份，凭借拥有的公司股份参与分红。这个方式使知识与资本紧密地结合起来，并可以通过将科技人员的收益与企业发展状况密切联系而激发其内在动力。在世界范围内来看，普遍将技术入股作为对技术人员的激励手段。但是在中国大面积推行技术入股模式还有一定的困难。

在现阶段，中国适合推行一次性奖励与期股制相结合的"一奖双酬"制度，具体措施是：技术发明授予专利权（或作为商业秘密保护）后，所在单位应对发明人和设计人给予一次性的奖励，而对其技术价值的剩余部分以期股制的形式发放，并视在技术推广应用中获得的经济效益与预期效益的对比情况，酌情增加或减少期股数额。这样一方面仍然具有技术入股中资本和知识直接结合，技术人员收益与企业经营状况相联系的优点；另一方面，通过在一定比例上先实现技术价值的变现（通过一次性奖励），从而给技术人员以较大的激励，弥补退出机制的不足。同时期股制的存在，可以激励科技人员在技术投入使用后继续跟踪，并积极地进行改进与完善。

（二）决策机制

企业管理创新涉及面大，影响因素多，关系到企业人、财、物的投向，关系到企业的兴衰。因此，决策时一定要慎重。所以，企业管理创新系统的决策应采用群体决策模式。通过专家们的协商与交流，共同解决单一专家无法解决的问题，减少决策中的不确定性、随机性和主观性，增强决策的理性、科学性及快速反应，提高决策的效益和效率。企业家在管理创新的决策中居于支配地位。这具体体现在：

①企业家是整个管理创新活动的中枢。杰出的企业家总是能站在企业发展战略的高度，从总体上把握管理创新目标，使自身产生的管理创意或选择他人的管理创意能更客观、更全面、更实际。

②企业家是管理创新主体的统领。如前所述，管理创新是三位一体的结构，并以企业家为领导中心。若无这个中心，不同的创新主体各行其是，再好的管理创意也会因内耗或无序而难以达到应有的创新效果，甚至出现负效应。故所有的管理创新活动都是在企业家直接或间接控制下进行的。

③企业家是管理创新责任的最后承担者。管理创新的结果具有不确定性，存在着很大的风险，这固然会涉及其他管理创新主体，但最终责任者只能是企业家。同时，企业家知识管理的能力，所倡导的价值观，所营造的管理氛围，以及个人品质、个性、胸怀等都直接或潜移默化地对企业创新产生各种影响。

1. 决策的含义及类型

决策是把知识转变为行动。如果"决策"意味着配置资源，那么决策就是把知识变成行动，至少不是简单地终止于给出结论。给定某种特殊情况的解析，决策涉及选择行动和投资的途径。一些决策是反射性的，例如把手从火炉上方拿开；一些决策是条件性的，例如预测多云的天气会下雨而出门带上雨伞；一些决策是思考性的，例如想象多种可能的未来和行动，并且思考这些未来和行动间不同结合的含义。作为企业要考虑的必然是最后一种形式，即思考性的决策，尤其关心运行在不确定的环境中，企业组织如何做出创新决策。

2. 合作决策是企业管理创新的决策方法

企业管理创新的决策必须要适应现代社会需求对企业的基本要求，特别是企业所面对的是市场，市场的变动直接导致企业做出决策，所以市场是企业决策的根本。因此，企业在建立决策支持系统时应该遵循以下基本原则。

（1）以顾客需求及顾客反馈信息为导向进行决策

客户关系管理系统是决策支持系统的源系统，决策系统需要从顾客关系管理中了解顾客需求，从而使创新决策更好地适应市场需求。

（2）合作决策中必须善于发现并创造额外价值

一个企业能否取得竞争优势，关键是企业能否从变动的市场竞争中发现更多的市场机会，通过为顾客创造超额顾客价值，从而实现企业额外价值和竞争能力的提升。

（3）建立科学合理的决策标准

对于企业而言，合适的标准将对增加顾客价值产生重要的影响。合适的标准能够对企业在决策过程中出现的众多可能结果有科学的评价，使企业能够更快地做出有效决策。另外，决策标准应该是动态的，应该在实践中不断调整以适应企业内部环境和外部环境的变化。

（4）识别出企业最重要的产出，确定创新基本方向和创新重点

明确企业的创新发展方向以及创新所处阶段，可以使创新活动少走弯路。

（5）决策过程应该是一个循环系统

企业中的关键角色以一种特定方法来组织信息，表达和支持系统适应性。适应环适用于企业管理创新系统的建立。通过适应环形成一个循环的决策过程，使企业的创新活动呈现出主动创造的特征，实现创新活动的高效性。

（三）协调机制

协调就是把所有创新主体的能力拧成一股绳，并努力指导他们去实现一项共同目标的活动。也就是说要使企业管理创新系统中的每个人的行为步调一致。在一个企业里，为了实现创新目标，需要进行内外协调、上下协调、左右协调、前后协调以及企业与外部环境的协调等。要完成这些协调，除了指挥者本身要有很高的影响力之外，被指挥者还要理解指挥者的意图和实现目标的意义。因此，这就要求领导者在平等的基础上，经常以不同的方式向被领导者解释共同的利益，以消除大家在方法上、时间上、力量上或利益上的分歧，使企业管理创新系统的

目标与个人的目标协调起来。

在一个不断变化的环境中管理企业，企业领导者不可能知道跟随者会采取怎样的行动来处理事情。因此，领导者的角色不可能是设计最好的计划，并且沿着层级指挥链向下发布命令以协调计划的实施。企业组织可以看成是各种能力的一种组合，这些能力与能力的有机组合就构成一个成功的企业。而要运用这些包括企业的内部能力产生特定的后果，必须把企业精心策划为一个统一的系统。首先，它意味着企业的目的和范围对每一个成员而言都是清楚的；其次，它意味着全部组织能力的贡献将是协调的，共同使这个企业完成其目的。领导的角色是负责为组织表明切实可行的目的和范围，确定组织需具备的能力，保证能力之间的协调。只有这样，才能实现创新活动的协调。这也正是创新系统所要求的。

（四）反馈机制

在管理创新系统的构成因素中存在一个主回路，即创新目标、创新手段、创新活动与创新结果构成的回路。这一回路即是管理创新系统的反馈机制。创新主体在内外创新刺激因素下产生创新动机，尽管这种动机可能因时因地因人而发生变化，但这种动机一定可以引发创新行动，并维持行动以便达到创新目标。创新目标一开始可能比较模糊，随着创新行动的展开和迫近目标，创新目标会逐渐清晰和深化。当目标尚不能完全达成时，现实创新行动进展就与创新理想目标发生差异，这便形成一种刺激，重新修正或强化创新动机，使之改变或推出进一步的创新行动，最终达成创新目标。

这一回路是由正、负反馈回路构成的封闭式回路，这一回路的效应是管理创新行为的主导效应，即主导管理创新行为方向、动力和进程。然而这一效应随时会因为管理创新主体的动机变动、创新活动变异、创新目标设置发生问题而降低。创新动力的强弱以及创新主体创新能力的大小则关系到管理创新的成败。

第四章 企业环境、组织创新与人力资源管理创新

第一节 企业环境与组织创新

一、现代组织创新概述

(一) 组织的含义

古典组织理论的奠基者美国管理学家泰勒（Taylor）和法国管理学家法约尔（Fayol）等，他们将组织视为一个围绕任务或职能而将若干职位或部门联结起来的整体。美国管理学家孔茨（Koontz）和韦里克（Konzweili）则将泰勒和法约尔的这一思想具体化，在他们看来，组织就意味着一个正式的有意形成的职务结构或职位结构；现代组织理论又从人与人相互合作的角度理解组织，将组织的责权结构特性与人类行为特性结合起来。美国管理学家西蒙（Simon）曾明确指出，"组织一词，指的是一个人类群体当中的信息沟通与相互关系的复杂模式。它向每个成员提供其决策所需的大量信息，与许多决策前提、目标和态度；它还向每个成员提供一些稳定的、可以理解的预见，使他们能够料到其他成员将会做哪些事，其他人对自己的言行将会做出什么反应。"在经济学理论中，美国经济学家威廉姆森（Williamson）遵从英国经济学家科斯（Coase）的研究路线，将企业组织视为一种契约的联结，具体地说，就是一种特定的治理结构，他认为，交易费用经济学关心的中心问题就是"什么样的交易应该用什么样的治理结构来进行组织和管理的问题"，这里的组织概念显然有着制度的含义，因为治理结构就是现代企业制度的重要内涵。但在具体分析历史上的组织创新时，威廉姆森又将企业组织等同于职能层级结构，并将其看作是保证企业的契约性质得以实现的基础。

很明显，威廉姆森在企业的组织与制度之间并未作出明确区分。中国很多学者在论述组织创新时也对组织和制度不加区分，有代表性的如李培林、常修泽、梁镇等。但同为新制度经济学著名代表人物的美国经济学家诺思（North）却将组织与制度明确地区分开来。诺思指出，制度是游戏规则，而组织则是游戏的参加者；组织是在现有制度所致的机会集合下有目的地创立的，是为达到目标而受某些共同目的约束的由个人组成的团体。

（二）什么是创新

创新一词通常居于下述三种范畴中的一种。

①开发一种新事物的过程。创新的第一个定义是指创造性的开发过程，这一过程从发现潜在的需要开始，经历新事物的技术可行性阶段的检验，到新事物的广泛应用为止。创新之所以被描述为是一个创造性过程，是因为它产生了某种新的事物。创新的大多数定义都属于这种范围。

②采用新事物的过程。创新的第二个定义将创新视为由一个新事物的接受者采纳并运用新事物的过程。

③新事物本身。第三种定义意指新事物本身，它被发明并且被认为是新的。与前两种将创新视作过程的定义相比，第三种定义则将创新视为过程的结果。

综上所述，创新可以定义为：在相关的环境中，早先被使用单位或部门所认定的一种新的思想、新的实践和新的制成品；创新是过程的结果而不是过程，其主要理由是：创新应该是首次的和唯一的。

（三）组织创新的含义

组织创新就是组织规制交易的方式、手段或程序的变化。这种变化可以分为两类：一是组织的增量式创新，增量式创新不改变原有规制结构的性质，是规制方式、手段或程序的较小的变化，如控制制度的精细化，人事上的变更或组织一项交易的程序发生了变化等等；二是组织的彻底性创新，彻底性创新是规制结构的根本性变化，它发生的次数通常较少，如 U 型组织的出现、U 型组织向 M 型组织的过渡。

二、企业环境和组织创新

(一) 企业环境的界定及其特征

环境是独立于组织之外的外生权变因素，是对企业经营绩效产生持续显现或潜在影响的各种外部力量总和。企业与其相处的外部环境不相匹配，会对其生存和发展产生极大的反作用，所以环境是影响企业经营的重要因素。目前，对企业环境的界定存在着各种各样的方式。有的以时间为基准，从过去、现在和未来三个角度描述。有的以空间为基准，从宏观、中观和微观三个层面分析。

多数管理学文献将其分析为一般性环境和具体性环境，一般性环境是指具有普遍意义的因素，例如，社会的政治、经济、法律、文化、道德、技术进步与创新，全球化、一体化、信息化的发展以及由其创新经济范例等，它们对组织产生影响和作用，但这些影响和作用的机制处于潜在和间接状态，具有宏观性。具体性环境是指具有特定含义和特殊意义的因素，主要包括竞争对手、客户、供应商、员工、公众压力等，它们给予组织的是显现、直接、持续的影响和作用，具有微观性。另一些文献则把市场从环境中突现出来，阐述市场环境给予企业或组织发展的决定性作用。在众多关于环境的分析中，格罗夫等人的二维界定得到了广泛的认可，他认为任何环境都可从"三个核心维度"进行分析。这"三维"就是：

①环境的动态性是指环境变化的速度和幅度，如果环境要素发生剧烈的大幅度变化则称之为动态性环境；如果变化很微小，渐进或缓慢地进行，则称之为静态性环境。

②环境的复杂性是指参与人的数量、规模、差别产品、技术差异及其应用的规模和速度、新产品的出现、新竞争者的进入频率、供应链、客户关系、政府干预经济的程度等。

③环境的容量是指环境能够为企业发展提供的资源支持和成长空间。对企业来说，市场是它所面对的环境系统中最集中最直接的部分，因此环境容量可以通过市场容量的转换而得到说明。

一般情况下，顾客的数量与规模、市场链、潜在消费者、市场份额与占有率、利润区、价值链与价值增长都能够直接或间接地表明市场容量。较大的市场容量能够创造较多的机会，有利于促进企业的发展，而较小的市场容量所创造的发展机遇也相对较小。但是，必须说明，任何机遇都是和风险并存的，而风险根本上源于环境的不确定性，因此，对于那些具有大容量市场前景的企业来说，其所面临的组织风险性也是巨大的。

"三维"概念，把环境作为独立于企业经营发展的外生权变因素，较为确切地说明了环境对企业经营发展的作用机制。但是，环境因素并不完全是绝对的外生权变因素，实际上环境和组织之间存在着一种互动性，对于环境的描述必须更深入地揭示这种互动性。在进一步的研究中，学者们分别引入了"可预测性""程序化""自知之明""竞争性""信息分布""S-C-P范式"等概念，更深入地说明环境的动态性和互动性。

（二）企业环境与组织创新的关系

在关于组织战略的研究中，始终面临着的一个重要问题，就是环境、组织结构和组织战略之间的相互关系。战略研究中，环境是外生权变因素，而组织结构是内生权变因素，组织战略是适应环境还是适应组织结构，对于战略的制定实施及其导向具有不同的意义。正因为如此，在战略管理的思想中，有所谓"结构追随战略"和"战略追随结构"的说法。"结构追随战略"的思想是由美国管理学家和工业经济史学家钱德勒（Chandler）提出，他在《战略与结构：美国工业经济史考证》一书中，分析了环境、组织结构和组织战略之间的关系，认为组织战略应当适应环境，而组织结构又必须适应组织战略，因战略变化而变化。"结构追随战略"是由另一美国著名战略管理学家安索夫（Ansolf）提出，他认为组织战略行为是一个"有控制有意识的正式计划过程"，其《战略管理》一书中提出，组织战略行为是"一个组织对其环境的交感过程以及由此而引起的组织内部结构变化的过程"，并认为大环境服务于组织，战略必须适应组织结构，因组织结构变化而变化。从他们的论述中可以看到，虽然他们的导向不同，但他们都将组织战略、组织结构置于组织环境之中，论述了环境对"组织战略—组织结构"关系的制约，认为组织战略必须基于环境的分析并与环境的特征保持高度的适应性和一致性。上述矩阵模型提供了四种不同特质的环境类型，与之对应的是组织战略必须择宜而取。但从现代经济的实践来看，动态复杂性环境是企业所面临的最具有战略意义的环境。从稳态环境向动态环境、从简单环境向复杂性环境变化是环境发展的必然趋势。新技术的发明和使用，导致市场周期和产品生命周期的缩短，新产品层出不穷，新竞争者进出频繁。随着中国经济的加速发展，信息产业的迅速兴起以及全球经济一体化进程的加速，尤其是中国入世，中国企业组织将面对日益动态化和复杂性环境，这就要求人们必须把对环境的分析和把握放在企业经营的战略高度上，从管理到战略的制定必须与之匹配，通过对环境的科学分析，增强对环境不确定性的认识。否则，将会给企业的发展带来巨大的障碍。

在现代管理学所有关于环境问题的研究文献中，都一致认为组织管理必须适应环境，这是因为所有的环境并非处于静态稳定性之中，而是动态的、不确定的、复杂性的。企业面临日益变动的环境变化，必须进行组织的变革与创新才能适应。这就是环境变动引起持续的组织变革与创新的过程。

环境对组织创新的影响主要包括以下三个方面：①环境变动频率影响组织创新的速度。一般来说，环境变动超前于组织创新，且变动速度快于组织的创新，尤其是组织的管理变革，这就要求组织必须具有快速应变的知觉和能力。②环境变动的方向引导组织创新的方向。环境变动尤其是对于动态复杂性环境的变化而言，既可能创造发展的机遇，也可能使组织处于更加艰难的境界，这需要组织辨明环境变动的方向，在有利于发展的时候善于引导，在不利于发展的时候适时给予矫正。③环境变动的范围制约组织创新的实现空间。环境变动使组织遭受越来越大的压力，同时随着变化的动态性和复杂性的增强，变革的阻力也越来越大。例如，新竞争者的不断涌入造成市场的重新分割，必然使得原有客户部分地流失，市场份额和占有率降低，这意味着企业可赢利的空间越来越小。这种情况制约了企业的变革特别是营销创新的可行性。如何在越来越紧缩的有限空间保持高赢利率，取决于其战略性适应性调整。通过重构"价值链"和"业务流程再造"，发现新利润区，对任何企业来说都应该是头等重要的大事。

积极有效的组织创新促进组织的自适应性，提高组织的效率，这就是组织创新的能动性。所谓"组织创新更好地适应环境变动"，主要是指组织基于对环境的科学分析，准确把握环境的特征和环境变化发展的趋势，寻求组织最佳创新方式和路径，使组织和环境在更高水平上建立均衡，获得协同效应。这里的关键是：

①组织对其所处环境的科学分析，这要求组织尽可能拥有关于组织环境的完备知识和信息；组织在进行这种分析的时候，必须具有辩证观和系统观。在这方面，早期的管理学文献给出了SWOT、ETOP、SAPBST矩阵、GE矩阵等分析法，但这些方法假定组织预先拥有组织的知识和信息以及既定结构化的产业，因此，它相对适应于并非高度竞争性环境，许多管理学者已经认识到这些分析的局限性。基于20世纪80年代中后期以来世界经济的发展和新知识经济的出现，战略管理学对组织环境的分析出现了"长寿公司关键要素""竞争性环境""顾客矩阵""生产者矩阵""核心能力要素""战略资源""IS/IT分析"等分析法，这些分析法突破了旧的分析法的局限性，有助于人们增强关于环境分析的战略性意识。

②寻求组织最佳创新方式和路径，组织必须推进系统创新，才能立于经营不败之地。"路径依赖"理论强调"路径选择"与"组织创新绩效"的内在联系。荷兰管理大师阿里·德赫斯（Arie de Geus）认为，现代许多大公司的致命弱点是缺乏学习能力，因此，面对高强度竞争性环境，表现出"适应性综合缺陷症"。他确定了长寿公司的四大关键要素是：第一，对周围环境保持高强度敏感性。第二，建立社区关系的能力。第三，建立外部人际关系的能力。第四，有效控制自我增长的能力。波特则强调"竞争战略"与"竞争性环境"的匹配。美国管理学者哈默尔（Hamel）和普拉哈拉德（Prahalad）认为，传统的"基于产业结构定位、以其十分明确的市场细分产品来获得和捍卫其市场份额、从而获得竞争优势的竞争战略"已经过时，在急剧变化和充满竞争的环境下，企业"战略的核心不在于公司的产品、市场的结构，而在于其行为反应能力；战略的目标在于识别和开发别人难以模仿的能力"。

③组织与环境的协同效应，应建立在环境变动与组织战略制高均衡上，因为这种均衡越高，协同效应越高。

第二节　创新中的人力资源管理

在现今知识经济时代，企业的竞争归根到底是人才的竞争。任何一个企业都必须提升人力资源的素质，才能创造企业的竞争优势。在已跨入21世纪的知识经济时代，几乎所有的企业家都意识到，人力资源是企业最重要的无形资产，为了提升企业核心竞争力，获取独特的竞争优势，企业必须重视人力资源的开发和管理。

一、人力资源管理概述

（一）人力资源的概念

1. 典型的三种观点

"成年人口观"：人力资源是具有劳动能力的全部人口，即16岁以上的具有劳动能力的全部人口。

"在岗人口观"：人力资源是目前正在从事社会劳动的全部人员。

"素质观"：把人力看作是人员素质综合发挥的作用力，即人力资源是指人的劳动能力与潜力，包括品德、知识、智力、体力、特殊能力、潜能等因素的总和。

人们认为：人力资源是指一定社会组织范围内可以直接投入劳动生产过程以创造价值的体力、智力、心力总和及其形成的基础素质，包括知识、技能、经验、品性与态度等身心素质。

2. 人力资源的数量与质量

从宏观上看人力资源的数量和质量，其中人力资源的数量体现为人力资源的绝对数量和相对数量。绝对数量是一个国家或地区中具有劳动能力、从事社会劳动的人口总数，公式表示：

绝对数量＝劳动适龄人口－适龄人口中丧失劳动能力人口＋适龄人口之外具有劳动能力的人口

其中劳动适龄人口包括直接的、已开发的现实社会劳动力和间接的尚未开发的潜在社会劳动力。

人力资源的相对量用人力资源率，指人力资源的绝对量占总人口的比例，是反映经济实力的重要指标。

人力资源数量影响因素有人口总量及其再生产状况、人口的年龄构成、人口迁移。人力资源的质量指人力资源所具有的体质、智力、知识、技能水平、劳动者的劳动态度，体现为劳动者的体质水平、文化水平、专业技术水平、思想道德素质，其影响因素有人类体质与智能遗传；营养状况；教育状况（国民教育发展水平，教育，早期教育）；文化观念；经济与社会环境等。

从微观上看人力资源的数量和质量，其中，企业人力资源的数量：

绝对数量＝企业内在岗员工＋企业外欲聘的潜在员工

企业人力资源率＝企业人力资源绝对数量/企业员工总数

企业人力资源的质量与宏观方面人力资源的质量相同。但企业人力资源的数量和质量均随时间而动态变化，而宏观人力资源的数量和质量则在一定时间内是相对稳定的。

（二）人力资源的主要特征

人力资源是进行社会生产最基本最重要的要素，与其他资源要素相比较，它具有如下特征：

①能动性。这是人力资源区别于其他资源的最本质方面，是指人不同于其他资源处于被动使用的地位，他能积极主动地、有意识地、有目的地认识世界和利用其他资源去改造世界，推动社会和经济的发展，是唯一能起创造作用的因素，因而在社会发展和经济建设中起着积极和主导的作用。

②可再生性。指可以通过人的不断学习、更新知识、提高技能来克服人力资源的磨损，因而是可持续开发的；人力资源的这一特点要求在人力资源开发与管理中注重终身教育，加强后期培训与开发，以不断提高人力的德才水平。

③两重性。一方面人力资源是投资的结果，个人和社会都应该在人力资源上进行投资（如教育投资、增进体力的投资），投资大小决定人力资源质量的高低，它是个人和社会投资的结果；另一方面人力资源又能创造财富，是生产者。人力资源投资的结果体现为劳动者身上的体力、智力和技能，通过投入和使用而带来收益，因而是生产者。

④时效性，指人力资源的形成、开发和利用都要受时间限制，随着时间推移、科技不断发展，人的知识和技能相对老化而导致劳动能力相对降低。

⑤社会性。由于受民族（团体）文化特征、价值取向的影响，在人与人交往中因彼此行为准则不同而发生矛盾，因而人力资源管理具有社会性；社会性要求

在人力资源管理中要注重团队建设和民主精神，强调协调和整合。

（三）人力资源在现代管理中的作用

人力资源管理的性质或特点决定了人力资源管理在企业中的作用和地位。现代管理大师美国作家彼得·德鲁克（Peter Drucker）曾经说过："企业只有一项真正的资源——人。"其作用表现在如下方面。

1. 人力资源是企业最重要的资源

首先，企业的发展与员工的职业能力发展是相互依赖的。但是重视人的职业能力必须先重视人本身。企业通过招聘、培训开发、各种调整和激励政策的目的，就是要鼓励员工能够不断地提高职业能力并愿意运用职业能力为企业工作，否则企业就无法适应激烈的竞争环境。

其次，人力资源是有意识、有价值的资源，这是它与其他资源的本质区别之一。如何有效调动员工的积极性，强化他们对组织的认同感，建立良好的工作价值观，是人力资源管理中的一项意义深远的管理任务。

最后，人是在特定环境中成长起来的，每个人形成了与其成长环境有关的生活和心理品质。这种统一的价值观念养成，人们称其为企业文化。

2. 人力资源是创造利润的主要来源

商品的价值是由两个性质不同的主要部分构成：一部分是人们称为"转移价值"的东西，另一部分是所谓的"附加价值"。后一部分价值，归根到底源于人的劳动。

3. 人力资源是一种战略性资源

对人力资源的管理，往往关系到一个企业的生存和可持续发展问题。人力资源特别是拥有高科技产业发展相关的知识型人才，就成为21世纪最重要的、具有战略意义的资源。

（四）人力资源管理的概念、内容和基本原理

1. 人力资源管理的概念和内容

人力资源管理，是指对人力资源的生产、开发、配置、使用等诸环节进行管

理的各种措施的总称。人力资源在经济活动中具有主体性、能动性的作用，因而人力资源管理在经济管理体系中居于关键地位，并且具有较大的复杂性。人力资源管理可以分为宏观、微观两个方面。

宏观人力资源管理即对于全社会人力资源的管理，包括人力资源形成及前期的人口规划管理，教育规划管理，职业定向指导，职业技术培训，人力资源的部门、地区间配置，就业与调配，流动管理，劳动保护管理，劳动保险及社会保障管理等。

微观人力资源管理即对于企业、事业单位人力资源的管理，包括职务与工作分析、人员配置与劳动组织设置、定额定员管理、人员的激励与考核等。

2. 现代人力资源管理与传统人事管理的差别

现代人力资源管理由传统人事管理演变而来。传统的人事管理将人作为一种工具来使用，把人看成是被动的、盲目的，是一种单纯的业务性例行管理。现代人力资源管理把人作为一种资源来对待，将人看成是活的、能动的因素，是具有创造力的资源，是具有战略和决策意义的挑战性管理。二者的区别，见表4-1所示。

表4-1　现代人力资源管理与传统人事管理的区别

比较项目	现代人力资源管理	传统人事管理
管理视角	广阔的、长期的、未来的	狭窄的、短期的
管理观念	视员工为"社会人" 实施人本化、人格化管理 视人力为组织第一资源 重视人力资源的能动性	视员工为"经济人" 视员工为成本 忽视人力资源的能动性
工作目的	满足员工自身发展的需要，保障组织的长远发展	保障组织短期目标的实现
管理模式	以人为中心	以事为中心
工作性质	战略性、策略性	战术性、业务性
工作功能	系统、整合	单一、分散
工作效率	主动、重视人力资源培养与开发	被动、注重管理、忽视人力资源的开发

续表

比较项目	现代人力资源管理	传统人事管理
工作内容	丰富、复杂	简单
工作地位	管理决策层	工作执行层
工作部门性质	生产与效益部门，获得竞争优势的部门	非生产、非效益部门
与员工的关系	和谐、合作	对立、抵触
与其他部门的管理	帮忙、服务、咨询	管理、控制

总之，现代人力资源管理较传统的人事管理更具有主动性、战略性与未来性，更适合当今全球经济一体化的组织管理模式与发展趋势。

3. 人力资源管理的基本原理

①要素有用原理。"庸才是放错位置的人才。"任何人都是有用的，这是共性。但是，从单个人本身来看，在某种条件下某一个方面可能发挥不了作用，而在另一条件另一方面发挥作用的可能性很大。也就是说，人发挥作用需要一定的环境。这种环境，一是知遇，快马依赖伯乐去发现；二是要靠政策，良好的政策会给人才的任用创造出各种机遇。因此，在组织的人才选拔和使用过程中，不能求全责备，要善于发现员工身上的闪光点，用人所长，避其所短，最大限度发挥每个人的作用。

②能位匹配原理。人员才能的发挥与提高，工作效率与效果，都与人员使用上的能位适合度成函数关系。能位适合度，是指个人能力与职位要求相一致的程度。能位适合度越高，说明能位匹配越适当，位得其人，人适其位。这不仅会带来工作上的高效率，还会促进员工能力的提高和发展。

③同素异构原理。事物的成分因在空间关系即排列次序和结构形式上的变化而引起不同的结果，甚至发生质的改变。最典型的例子是石墨和金刚石，由于相同的碳原子在空间关系上的不同，形成了两种在物理性质上有着巨大差异的物质。因此，按照这一原理对人力资源的开发与管理，不仅要考虑人的能力，而且还要考虑如何组合协调，以达到人尽其才，才尽其用，发挥群体最佳效应的目的。

④互补增值原理。人作为个体，不可能十全十美，而是各有所长，但是工作往往是由群体承担的。作为群体，完全可以通过个体间取长补短而形成整体优

势。这里的互补主要包括：知识互补、能力互补、性格互补、年龄互补和关系互补等。

⑤动态适应原理。唯一最大的不"变"是变。一方面企业中经常存在用非所学、用非所长的现象，另一方面为适应外部环境的不断变化，组织机构和岗位也会经常发生变化。同时，个人在时代的发展过程中也有一个知识技能更新的问题，因而在企业内部就应该把人事调整作为一项经常性的工作来做，不断调整，合理流动，只有这样，才能使组织的人力资源系统成为一个有生命力的系统。

⑥激励强化原理。从管理学的角度看，人是"复杂人"，因此在人力资源管理上要坚持奖惩结合，注重奖励的原则。只有对员工有奖有罚，赏罚分明，才能保证各项规章制度的贯彻落实，才能使员工自觉遵守纪律，严守岗位，各司其职，各尽其力，达到鼓励先进、鞭策后进、带动中间的目的。

二、人力资源规划

(一) 人力资源规划概述

1. 人力资源规划的概念

人力资源规划，是指科学地预测、分析组织在变化的环境中人力资源需求和供给状况，制定必要的政策和措施，以确保组织在需要的时间和需要的岗位上获得所需要的人力资源（数量和质量）的过程。它包括三层含义。

①一个组织所处的环境是不断变化的。企业环境是一个动态的变化过程，必然带来对人力资源需求和供给方面的变化。人力资源规划就是要对这些变化进行科学地预测和分析，以保证企业在近期、中期和远期都能获得必要的人力资源。

②企业应制定必要的人力资源政策和措施，以保证对人力资源需求的满足。如内部人员调动补缺、晋升或离职，外部招聘和培训以及奖惩等都要切实可行，否则就无法保证人力资源计划的实现。

③在实现组织目标的同时，要满足员工个人利益。企业的人力资源规划要创造良好的条件，充分发挥每个员工的积极性、主动性和创造性，提高工作效率，从而实现组织的目标。同时，企业也要关心每个员工的利益和要求，帮助他们在为企业作出贡献的同时实现个人的目标。只有这样，才能吸引和招聘到企业所需

要的人才，满足企业对人力资源的需要。

2. 人力资源规划的目的

①规划人力的发展。人力发展包括人力预测、人力增补及人员培训，这三者紧密联系，不可分割。人力资源规划一方面对目前人力现状予以分析，以了解人事动态；另一方面，对未来人力需求作出预测，以便对企业人力的增减进行通盘考虑，再据以制定人员增补和培训计划。所以，人力资源规划是人力资源发展的基础。

②促使人力资源的合理运用。事实上只有少数企业的人力配置完全符合理想的状况。在相当多的企业中，其中一些人的工作负荷过重，而另一些人则工作过于轻松；也许有一些人的能力有限，而另一些人则感到能力有余，未能充分利用。人力资源规划可改善人力分配的不平衡状况，进而谋求合理化，以使人力资源能配合组织的发展需要。

③配合组织发展的需要。任何组织的特性，都是不断地追求生存和发展，而生存和发展的主要因素是人力资源的获得与运用，也就是如何适时、适量及适质地使组织获得所需的各类人力资源。由于现代科学技术日新月异，社会环境变化多端，如何针对这些多变的因素，配合组织发展目标，对人力资源恰当规划甚为重要。

④降低用人成本。影响企业用人数目的因素很多，如业务、技术革新、机器设备、组织工作制度、工作人员的能力等。人力资源规划可对现有的人力结构作一些分析，并找出影响人力资源有效运用的瓶颈，使人力资源效能充分发挥，降低人工成本在总成本中的比率。

3. 人力资源规划的内容

①预测未来的组织结构。一个组织或企业经常会随着外部环境的变化而变化。如全球市场的变化，跨国经营的需要，生产技术的突破，生产设备的更新，生产程序的变更，新产品的问世等，这些变化都将影响整个组织结构，即组织结构必须去适应企业经营策略的变化，而经营策略又因环境变化而变化。同时，组织结构的变化必然牵涉到人力资源的配置。因此，对未来组织结构的预测评估应列为第一步。

②制定人力供求平衡计划。该计划应考虑因业务发展、转变或技术装备更新所需增加的人员数量及其层次；考虑因员工变动所需补充的人员数量及其层次。这种变化包括退休、辞职、伤残、调职、解雇等，还要考虑因内部成员升迁而发生的人力结构变化。

③制定人力资源征聘补充计划。该计划主要考虑：内部提升或向外征聘以何者为先；外聘选用何种方式；外聘所选用的人力来源如何，有无困难，如何解决；如果是内部提升或调动，其方向与层次如何等。

④制定人员培训计划。人员培训计划的目的是培养人才，它包括两方面：对内遴选现有员工，加强对员工进行产品专业知识及工作技能培训；对外应积极猎取社会上少量的且未来急需的人才，以避免企业中这种人才的缺乏。至于人员的培训内容，可包括：第二专长培训（以利于企业弹性运用人力）；提高素质培训（以帮助员工树立正确的观念及提高办事能力，使之能担当更重要的工作任务）；在职培训（适应社会进步要求，以增进现有工作效率）；高层主管培训（进行管理能力、管理技术、分析方法、逻辑观念及决策判断能力等方面的培训）。

⑤制定人力使用计划。人力资源规划不仅要满足未来人力的需要，更应该对现有人力做充分的运用。人力运用涵盖的范围很广，其关键在于"人"与"事"的圆满配合，使事得其人，人尽其才。

人力资源使用包括下面几项：职位功能及职位重组；工作指派及调整；升职及选调；职务丰富化；人力资源的检查及调节等。

（二）人力资源规划的基本程序

1. 预测和规划本组织未来人力资源的供给状况

通过对本组织内部现有各种人力资源的认真测算，并对照本组织在某一定时期内人员流动的情况，即可预测出本组织在未来某一时期里可能提供的各种人力资源的状况。

①对本组织内现有的各种人力资源进行测算。包括各种人员的年龄、性别，工作简历和教育、技能等方面的资料；目前本组织内各个工作岗位所需要的知识和技能以及各个时期中人员变动的情况；雇员的潜力、个人发展目标以及工作兴趣爱好等方面的情况；有关职工技能——包括其技术、知识、受教育、经验、发

明、创造以及发表的学术论文或所获专利等方面的信息资料。

②分析组织内人力资源流动的情况。一个企业组织中现有职工的流动可能有这样几种情况：第一，滞留在原来的工作岗位上；第二，平行岗位的流动；第三，在组织内的提升或降职变动；第四，辞职或被开除出本组织（流出）；第五，退休、工伤或病故。

2. 对人力资源的需求进行预测

经过第一步对本组织员工在未来某一时期内人力资源供给方面预测规划的基础上，接着就要根据组织的战略目标来预测本组织在未来某一时期对各种人力资源的需求。对人力资源需求的预测和规划，可以根据时间的跨度而相应地采用不同的预测方法。

3. 进行人力资源供需方面的分析比较

人力资源计划编制的第三步，是把本组织人力资源需求的预测数与在同期内组织本身仍可供给的人力资源数进行对比分析，在比较分析中则可测算出对各类人员的所需数。进行本企业组织在未来某一时期内可提供的人员和相应所需人员的对比分析时，不但可测算出某一时期内人员的短缺或过剩情况，还可以具体地了解到某一具体岗位上员工余缺的情况，从而可以测出需要具有哪一方面的知识、技术档次方面的人，这样就可有针对性地物色或培训，并为组织制定有关人力资源相应的政策和措施提供了依据。

4. 制定有关人力资源供需方面的政策和措施

在经过人力资源供给测算和需求预测比较的基础上，组织即应制定相应的政策和措施，并将有关的政策和措施呈交最高管理层审批。具体有：

①制定解决人力资源需求的政策与措施。解决人员短缺的政策和措施有：培训本组织职工，对受过培训的员工据情况择优提升补缺并相应提高其工资等待遇；进行平行性岗位调动，适当进行岗位培训；延长员工工作时间或增加工作负荷量，给予超时超工作负荷的奖励；重新设计工作以提高员工的工作效率；雇用全日制临时工或非全日制临时工；改进技术或进行超前生产；制定招聘政策，向组织外进行招聘；采用正确的政策和措施调动现有员工的积极性。

②制定解决内部资源过剩的办法与措施。解决人力资源过剩的一般策略有：

永久性地裁减或辞退职工；关闭一些不盈利的分厂或车间，或临时性关闭；提前退休；通过人力消耗缩减人员（劳动力转移）；重新培训，调往新的岗位，或适当储备一些人员；减少工作时间（随之亦减少相应工资）；由两个或两个以上人员分担一个工作岗位，并相应地减少工资。

（三）人力资源供求预测及综合平衡

在企业人力资源供需预测的基础上，接下来的工作就是要进行人力资源的综合平衡，这是企业人力资源规划工作的核心和目的所在。企业人力资源的综合平衡主要从三个方面来进行，即人力供给与人力需求的平衡、人力资源规划内部各专项计划之间的平衡和组织需要与个人需要之间的平衡。

1. 人力供给与人力需求的平衡

企业人力资源供给与需求的不平衡有三种类型，即人力资源不足，人力资源过剩和两者兼而有之的结构性失衡。

人力资源的供给不足，主要表现在企业的经营规模扩张和新的经营领域的开拓时期，因而需要增加新的人员补充。同时企业人员净补充阶段也是企业人力资源结构调整的最好时机。企业在原有的经营规模和经营领域中也可能出现人力资源不足，比如人员的大量流失，这是一种不正常的现象，表明企业的人力资源管理政策出现了重大问题。

绝对的人力资源过剩状况主要发生在企业经营萎缩时期。一般的平衡办法有退休、辞退和工作分享。工作分享要以降低薪资水平为前提；辞退是最为有效的办法，但会产生劳资双方的敌对行为，也会带来众多的社会问题，需要有一个完善的社会保障体系为后盾，提前退休是一种较易为各方面所接受的妥协方案。

结构性失衡是企业人力资源供需中较为普通的一种现象，在企业的稳定发展状态中表现得尤为突出。平衡的办法一般有技术培训计划、人员接任计划、晋升和外部补充计划。其中外部补充主要是为了抵消退休和流失人员空缺。

2. 专项人力资源计划间的平衡

企业的人力资源规划包括人员补充计划、培训计划、使用计划、晋升计划、薪资计划等，这些专项人力资源计划之间有着密切的内在联系。因此，在人力资源规划中必须充分注意它们之间的平衡与协调。如通过人员的培训计划，受训人员的素质与技能得到提高后，必须与人员使用计划衔接，将他们安置到适当的岗位；人员的晋升与调整使用后，因其承担的责任和所发挥的作用与以前不一样，必须配合相应的薪资调整。唯有如此，企业的人员才能保持完成各项任务的积极性，各专项人力资源计划才能得以实现。

3. 组织需要与个人需要的平衡

组织的需要和组织成员的个人需要是不尽相同的，解决这对矛盾是企业人力资源规划的一个重要目的。企业人力资源规划中的各专项人力资源计划就是解决这一矛盾的手段和措施，如表4-2所示。

表4-2 需求平衡与人力资源规划

企业需求	员工需求	人力资源规划手段
专业化	工作丰富化	服务设计
人员精简	工作保障	培训计划
人员稳定	寻求发展	职业生涯计划
降低成本	提高待遇	生产率计划
领导的权威	受到尊重	劳动关系计划
员工的效率	公平的晋升机会	考核计划

三、工作分析与工作设计

工作分析是人力资源开发与管理最基本的作业，是人力资源开发与管理的基础，是获得有关工作信息的过程。工作分析是对组织中各工作职务的特征、规范、要求、流程以及对完成此工作员工的素质、知识、技能要求进行描述的过程，它的结果是产生工作描述和任职说明。

一个组织的工作涉及人员、职务和环境三方面的因素。工作人员的分析是"人与才"的问题；工作职务的分析是"才与职"的问题；而工作环境的分析是"职与用"的问题。"人与才""才与职""职与用"三者相结合是人力资源的运用，通过组织行为以达到组织目的。

（一）工作分析的基本概念与术语

①工作要素：工作中不能再分解的最小动作单位。

②任务：为了达到某种目的所从事的一系列活动。它可以由一个或多个工作

要素组成。

③责任：个体在工作岗位上需要完成的主要任务或大部分任务。它可以由一个或多个任务组成。

④职位：又称岗位，是指某一班制时间内某一个人所担负的一项或数项相互联系的职责集合，是指一个人要完成的一组任务。

⑤职务：是指主要职员在重要性和数量上相当的一组职位的集合或统称。指一组责任相似的职位，这些职位的性质、类别完全相同，完成工作所需的条件也一样。

⑥职系：是指职责繁简难易、轻重大小及所需资格条件并不相同，但工作性质充分相似的所有职系集合。

⑦职组：指若干工作性质相似的所有职系的集合。

⑧职门：指若干工作性质大致相近的所有职位的集合。

⑨职级：指将工作内容、难易程度、责任大小、所需资格都很相似的职位划分为同一职级，实行同样的管理使用与报酬。

⑩职等：指不同职系之间，职责的繁简、难易、轻重及任职条件要求充分相似的所有职位的集合。

⑪职务说明：是指通过与员工交谈、实地考察等方法，明确工作责任、工作范围及任职资格的过程。

⑫职务规范：指完成某一职务所应具备的、最低限度的能力、知识、学历、社会经历等。

(二) 工作分析的程序

①了解企业的策略、目标以及人力资源规划的方向，以确定企业工作设定的重点。

②确定工作分析的目标。其作用是对工作分析提出一个主要方向，据此可以确定资料收集的内容和工作分析的方法，以及工作分析的人员。

③收集背景资料。对企业所处产业、企业竞争策略、文化、组织结构、职业分类、现有工作描述等因素加以分析，以了解工作的归属和关系。

④选择具有代表性的工作进行分析。即对每个职位系列或类别的工作，找出具有代表性的工作进行分析。

⑤确定资料收集和分析方法，并收集相关资料。

⑥进行工作描述，即对选定的工作描述，列举主要工作事项和特性。

⑦进行工作规范，即将工作描述转换为工作规范，强调从事该项工作应具备的能力和技术。

（三）工作分析的方法

1. 工作分析的工具

工作分析常用工作描述来进行，主要内容有：

①基本资料。包括：职务名称、直接上级职位、所属部门、工资等级、工资水平、所辖人员、定员人数、工作性质等。

②工作描述。工作概要，包括工作活动内容、时间百分比、权限等。工作关系，包括受谁监督、监督谁，可晋升、可转换的职位及可升迁至此的职位，与哪些职位有联系。

2. 常用的各种工作分析方法的特点

常用的各种工作分析方法的特点见表4-3所示。

表4-3 各种工作分析法比较

工作分析方法	优点	缺点
观察法	能较多、较深刻地了解工作要求	不适用于高层领导、研究工作、耗时长或技术复杂的工作、不确定性工作
面谈法	效率较高	面谈对象可能持怀疑、保留态度；对提问要求高；易失真
问卷调查法	费用低、速度快，调查面广；可在业余进行；易于量化；可对调查结果进行多种方式、多种途径的分析	对问卷设计要求高；可能产生理解上的不一致
实践法	短期内可掌握的工作	不适用于需进行大量训练或危险的工作
典型事件法	可揭示工作的动态性，生动具体	费时，难以形成对一般性工作行为的总的概念

3. 工作分析的因素

在工作分析中，经常会对一些相关因素进行分析，而这些因素会随着环境的变化而变化。如表4-4所示。

表4-4　工作分析因素比较

传统因素	影响	新因素	影响
劳动分工，清楚区分一般工作与管理工作	对工作边界以及工作价值的先入为主	跨职能责任，一般工作与管理工作的界限模糊化	工作边界消失
静态的工作	工作要求固定、持久	动态的工作	工作要求持续变动
同事间互动最小化	对活动的分析局限于工作本身	同事间互动最大化	分析有交互作用的多种活动
对上级负责	强调与上级的交互作用	对内外部的顾客负责	强调与顾客的交互作用
人与技术的关系单项化	限定工作职责	人与技术的关系双向化	自主责任
长期雇用	工作活动与雇用条件的静态化	短期雇用	工作活动和雇用条件的持续演进
同质文化	强调技术性工作	文化多元化	强调情感及人际工作
预算松弛	费时的分析过程	控制成本	高效率的分析过程

第五章 企业技术与战略管理创新

第一节 企业技术创新

技术创新是一系列活动的总和，它主要包括产生新产品、新服务或新工艺的过程，通过研究、开发或技术引进手段获取技术的过程，技术的工程化、商业化生产到市场应用的过程。由于技术的本质就是知识，知识可以不断地在技术创新的所有活动中进行流动。所以，从知识的角度出发，技术创新可以看作是企业获取、存储、应用、交流及创造所需要的技术创新知识的一系列活动。在知识经济时代下将知识管理和技术创新结合起来运用，是企业经营发展过程中出现的新特点。将知识管理有效地应用于企业的技术创新活动中，即实践知识管理理论，将会提高企业的创新成功率。与此同时，技术创新过程中创新出的新知识也可以不断地更新知识管理理论，从而具有一定的理论意义。

在企业技术创新过程中有效地应用知识管理理论和实践，能够有效地提高企业技术创新绩效，提高技术创新速度，减少技术创新的风险。因此，在知识经济时代下，探讨知识管理在企业技术创新过程中的实施，及知识管理如何管理企业的技术创新活动中的技术知识，以提升企业技术创新能力和企业创新效率，并最终获得竞争优势，具有一定的现实意义。

一、知识管理

（一）知识管理的定义

知识管理主要包含几个方面的内容：其一，它是知识、与知识有关的活动及知识的载体（人和物）等的管理；其二，它的目标是创造新的知识，提高知识价值、提升组织对环境的适应能力及创新能力，并实现知识的共享；其三，知识管理需要一定的技术手段提供支持，信息基础设施为知识管理提供良好的平台。因此可以说，知识管理是以人为中心、以信息技术为基础支持、目的是提升知识创新和组织核心竞争力的管理思想、过程与方法。

（二）知识管理的目标

知识管理的目标是运用信息创造某种行为对象的过程，而知识的产生是由于信息与人类认知能力的结合，也就是说知识管理的目标是认识主体和主体行为之间的互动。知识管理的目标有三个：构建以知识产生、积累、获取、共享和利用为核心且全员参与的企业战略；实现全员的知识交流和共享；知识资产和产业资产的共同管理。

知识管理的目标主要体现为以下三点：

①在面对多变的环境时，企业应能够较快地识别市场的变化趋势，并及时做出调整以适应市场，企业员工积累知识的多少决定了企业反应速度的快慢。

②企业竞争力主要取决于获取知识和应用知识能力的大小，企业应能够快速获取到所需要的新知识。

③使企业成为高度集成的整体，也就是从调研市场、设计产品到开发产品、生产制造再至销售产品和售后服务的整个生产经营活动过程，形成一个统一体。

二、技术创新

创新是人类特有的认识和实践能力，它能够推动社会发展和民族进步。企业是技术创新的主体，而技术创新是企业获得竞争力和保持资源优势的重要来源，同时也是企业发展高科技和实现产业化的重要前提。

技术创新理论最早由来自美籍奥地利经济学家熊彼特（Schumpeter）提出，他指出，创新是在企业生产体系中引入一种新的生产函数，即重新组合其生产要素和生产条件。他指出创新的五方面内容：产品的创新；生产方法的创新；开辟新市场；组织形式的创新；获得新的供应商。

（一）技术创新的定义

技术创新指的是一个过程，在这个过程中新的科研成果转化为产品或技术系统,并开辟新的市场。因此人们认为,技术创新就是企业运用新思想,重新组合生产条件和要素,研究开发出新产品、新服务或新工艺,以开辟新市场和获得经济效益,企业将最终取得竞争优势的综合活动。

(二)技术创新的类型

20世纪80年代,英国Sussex大学的科学政策研究所(SPRU)提出了基于创新程度和影响范围的创新分类。

1. 渐进型创新

它是一种不断进行着的累积性改变。其创新程度不大,但对降低成本、提高质量、改进包装、增加品种和提高生产效率有很大的作用。

2. 创新

它是在科学技术突破或市场需求吸引下进行研究开发的结果,其成果将导致产品的性能与功能或生产工艺发生质的变化。

3. 技术系统的变革

它是在严密的计划和细致的组织下,经过多年和耗费大量资源完成的现有技术系统的改变和新的技术系统的建立。

4. 技术范式的变更

它不仅伴随着根本性的技术创新,而且还有技术系统的变更。

这四种技术创新类型中,数量最多的一种创新是渐进型创新。

(三)企业技术创新战略模式的研究

学者翟红华通过研究不同规模企业创新模式的选择后,指出"以领先和引进再创新的创新模式为主的主要是大企业选择的技术创新模式,反之,以模仿和追随的创新模式为主的主要是中小企业选择的技术创新模式。"[1] 学者付茂林、赵勇等从核心能力角度出发,研究了技术创新模式的选择,指出"不论企业选择何

---

[1] 翟红华. 大企业与中小企业技术创新模式的比较[J]. 现代管理科学, 2003, (第10期): 105-106.

种创新模式,其技术创新的活动都要分析和满足消费者的需求。"[1] 学者刘苏燕指出,"技术创新的模式的选择需要分别考虑技术创新体的素质要求差异、创新成功率差异及中介服务体系的差异,所以企业应根据自身的情况选择技术创新模式。"[2] 学者孟丽莎指出,"企业技术创新模式与产品的生命周期具有紧密的联系,因此,企业在选择技术创新模式时,要选择与产品生命周期相适应的创新模式。"[3]

综上所述,学者从不同方面分析研究了企业创新战略模式的选择原则及影响因素。当企业在选择创新战略模式时,应该综合考虑企业的规模、产品特点、客户需求、创新成功率等许多相关因素,最终选择最优的创新战略模式。

三、知识管理和技术创新

学者汪克强指出"企业技术创新过程中的知识管理具有导向作用,不同的技术创新阶段应实施与之相适应的知识管理,其中心环节是技术绩效导向。"[4] 他把技术创新过程划分为源头研发、结构功能、系统集成三个阶段,由于这三阶段的划分忽略了技术创新的动态性及知识管理的运作机制,在实践中企业很难把握。

学者周永红等认为,"在企业技术创新过程中发挥知识管理的作用与功能,企业能够取得显著的竞争优势。"[5] 学者张子刚认为,"知识管理在企业技术创新过程中能够产生能动效应,并论述了能动效应产生的机理及知识管理是如何影响技术创新模式、创新速度及创新类型等方面的。"[6] 学者刘锦英认为,"企业获取竞争优势的重要途径是技术创新,而动态的知识管理是技术创新持续进行的根本

---

[1] 蹇明,付茂林,赵勇. 基于企业核心能力的技术创新及模式选择 [J]. 经济师,2004,(第11期):12-13.

[2] 刘苏燕. 技术创新模式及其选择 [J]. 华中师范大学学报(人文社会科学版),2000,(第1期):30-33.

[3] 孟丽莎. 基于生命周期理论的技术创新模式选择 [J]. 技术经济,2002,(第6期):24-25.

[4] 汪克强. 企业创新过程中的知识管理导向 [J]. 科研管理,2003,(第5期):32-36.

[5] 周永红,张子刚,刘开军. 知识管理对企业技术创新过程的能动机理研究 [J]. 研究与发展管理,2004,(第6期):15-23.

[6] 张子刚,周永红,刘开军. 知识管理对企业技术创新过程的能动效应及其机理分析 [J]. 科学学与科学技术管理,2004,(第3期):45-49.

保证。"① 学者战丽梅在其研究中指出，"知识管理在企业技术创新中具有重要作用，而且能够提高企业技术创新能力，同时基于知识积累、创新体系及创新机制介绍了知识积累制度化、创新活动流程化和创新能力组织化。"②

学者董小英通过结构方程和线性回归模型验证了影响企业创新能力的主要因素是知识管理水平。学者王树平通过分析技术创新能力形成过程中知识管理的作用，构建了企业基于知识管理的技术创新能力模型。学者詹湘东认为，"知识管理可以有序化技术创新过程中的知识，有助于企业完善创新机制、规避创新风险、监控创新反馈及保持创新优势，从知识网络（以技术和市场创新为中心）、知识管理系统（以优化技术创新流程）和知识管理作用机理（以提升技术创新能力为目标）三方面出发构建了基于企业技术创新的知识管理模式。"③ 学者徐建中指出"知识管理可以导向技术创新的方向，同时还给出了知识管理促进技术创新的动力机制模型，以提升企业核心竞争力。"④ 学者朱玉春认为，"在企业技术创新和创新绩效这两者关系中，知识管理作为中介连接着两者，同时构建了技术创新、知识管理和创新绩效的关联模型。"⑤

综上，学者们从理论及建立模型等方面进行了知识管理与企业技术创新两者之间的相关研究，都指出在技术创新过程中知识管理发挥着重要作用。

四、如何提高知识管理在企业技术创新中应用水平

知识管理在企业技术创新中发挥着重要作用，它可以对技术知识进行管理，有序化技术知识，提高组织技术创新过程中的知识管理水平可以大大提升组织技术创新能力；组织要想发挥知识管理在技术创新活动中的作用，必须结合自身的业务开发适合的知识管理体系，打造一个开放的环境和企业文化，同时建立知识

---

① 刘锦英. 基于企业技术创新的知识管理 [J]. 平顶山学院学报，2005，（第5期）：20-23.
② 战丽梅. 基于知识管理提升企业技术创新能力 [J]. 现代情报，2005，（第12期）：182-183.
③ 詹湘东，丁军强. 基于企业技术创新的知识管理应用模式分析 [J]. 科技进步与对策，2006，（第1期）：150-152.
④ 徐建中，李荣生. 基于知识管理的企业技术创新研究 [J]. 科技进步与对策，2011，（第7期）：136-139.
⑤ 朱玉春，殷彬. 360°知识管理对技术创新与企业创新绩效的中介效应分析 [J]. 科技进步与对策，2010，（第9期）：69-72.

管理系统及相关的机制,确保知识管理顺利实施,并最终提升组织的创新能力。

(一) 构建企业技术创新过程中的知识管理体系

1. 建立开放的企业文化

要想在组织技术创新活动中有效地应用知识管理,除了需要一些硬件提供支撑以外,还需要打造相关的软环境。根据知识管理的特点,人们知道企业实施知识管理过程中,主要着重于在员工之间形成平等、合作、积极创新的文化氛围和环境,从事某项共同工作的人们相互之间可以实现信息、知识和物质资源的共享,有效利用知识的价值。而企业要能够满足实施知识管理需要的这种软环境,就得通过一定的企业文化来进行打造。企业文化是指一个组织特有的文化形象,由企业的价值观、信念、仪式、符号及处事方式等组成,它是物质载体和精神内容的统一。因此,企业文化对企业拥有什么样的创新观念和管理思想会产生重要的影响。对组织技术创新活动而言,企业文化对创新项目的选择产生直接影响,不同的企业文化对企业识别技术创新机会及抓住市场机遇上会有所差异,这将使得企业选择不同的技术创新、不同的创新水平和不同的创新类型等。根据不同的企业文化所具有的特点,在企业技术创新过程中实施知识管理必须打造开放的企业文化。

第一,独自创新和合作创新是企业技术创新通常所采取的两种形式,独自创新要求企业员工具有主动的创新意识及承担创新风险的胆识,并能够不断地获取新思想、新知识;而合作创新要求企业员工能够与他人分享自己的知识。但无论是独自创新还是合作创新,都需要企业员工有开放的思想,能够积极主动地与外界交流、互换及共享信息和知识。不同的企业文化培养出不同素质的企业员工,每一个组织的成员都具有企业特定的素质。开放的企业文化有利于组织成员形成愿意与他人共享知识、善于接受新思想和新知识、主动承担技术创新所带来风险的胆识等素质,而保守的企业文化的员工则形成与开放企业文化相反的素质。

第二,知识共享是知识管理的最终目的,组织通过共享知识,可以加强员工之间的相互合作,形成利于知识交流共享的氛围。通过互相交流和使用的知识能够创新出新知识,即从知识中派生出新知识,知识的拥有者想要获得更大的收益,就需要最大化的共享知识。假如企业员工通过隐瞒知识来确保自己在企业中的地位，或者企业利用设置的各种安全措施保密知识，这些均造成了知识共享的障碍，知识不能为更多的人所共享，不利于知识的拥有者获得更大的收益，也阻碍了新知识的创造和产生。因此，为了实现共享知识的目标，企业需要打造出有利于知识共享、传播和创新的开放的企业文化，开放的企业文化环境将鼓励员工以自身独有的隐性知识与企业其他知识资源进行互相交流和共享，促进新知识的产生。

第三，企业在开放的企业文化环境下实施知识管理，将有效地发挥知识管理的功能和作用，可以对企业各种活动中的知识收集、创造、传播、共享及生产进行有效地管理。因此，知识管理能够有效地管理创新过程中需要的知识、创造的知识和以知识形态传播的技术创新成果，同时提高技术创新的成功率和组织的创新能力，加快创新的速度，最终最大化创新成果效益。所以，知识管理为企业技术创新的有效实施提供了有利的物质条件。

2. 建立动态的学习型组织

学习型组织是美国学者彼得·圣吉（Peter St. George）在《第五项修炼》书中提出的管理理念，它是指组织全员参与学习，快速地取得、产生和共享知识，持续地改善管理知识的能力的动态组织。学习型组织为了获取并成功应用新的知识，可以随时调整组织的行为。学习型组织结构本身具有以下特点。

(1) 连续不断地学习

组织内部全部员工之间可以相互交流共享知识，同时进行知识的扩散，最后把共享到的知识有效吸收后运用到组织中，确保组织可以持续地学习知识。

(2) 创造、共享知识

为了实现知识在组织内部快速地流动，所有成员可以在最短的时间内满足自身知识的需求，要求学习型组织能够连续高效地获得、共享和创造知识。

(3) 学习的文化

为鼓励成员不断地学习和大胆创新，组织内部构建了完善的评估和激励机制，如果有成员敢于尝试新方法、优化流程或者创造出更有效的流程，勇于说出不同的看法，组织将会嘉奖该员工，以激励其不断地学习和创新。

(4) 重视人才

人作为知识的载体在学习型组织内部有着重要的地位，他是组织不断发展的推动力，组织需要高效地管理其人力资本。

企业的技术创新需要构建与其相适应的组织结构，这是因为组织结构类型是影响企业技术创新项目有效实施和制约企业技术创新速度的重要因素。企业进行技术创新实际上意味着将要变革，而这往往要先对企业的组织结构进行变革。根据企业管理的特性，要想有效地实施知识管理企业需要建立动态的学习型组织，动态的学习型组织要求企业的组织结构不仅能够根据变化地经营环境和企业发展地需要实现组织结构实体形式的快速变化，而且能够不断增长组织的知识容量，以提高组织的学习能力。

在组织内部构建学习型组织，可以促进组织的创新活动。无论企业是外部获取技术知识还是内部获取技术知识，都离不开学习型组织，所以企业在构建组织结构的时候，就应该考虑到使其成为学习型组织。组织建立学习型组织以后，不仅可以运用系统的方法激发员工的创造力，改进其创新能力，使得所有成员持续地学习和创新，而且易于成员间的相互协作，鼓励员工间共享知识，使得组织成员凝聚在一起。

3. 建立基于技术创新过程的知识管理系统

在企业技术创新过程中实施知识管理，需要构建基于信息技术的知识管理系统。知识管理系统是在信息管理系统上构建出来的满足员工获取、存储、共享和应用知识的综合管理系统，可以实现外显知识和隐含知识间的转化。知识管理系统具有的以下特点：

①建立收集内、外部信息和知识的渠道。

②建立知识库以存储知识。

③建立获取、存储、发布及编码知识的技术工具。

④建立员工之间共享、使用及创新知识的技术工具。

知识资源层表示了获取知识的途径，企业技术创新过程中技术知识的获取包括从内部获取和从外部获取。知识获取途径主要包括 web 资源、E-mail 资源、文本资源、数据库资源、多媒体资源及交易数据和业务信息（即领域信息）等。

知识生产层主要从对象和活动这两个方面解释了如何生产创造知识，对象是知识一系列活动后产生的结果，即知识库（或知识地图）；活动就是指获取、提炼、存储、分发和呈现知识的一系列活动。

知识应用层主要是知识工作者之间通过交流经验和互相协助，以达到共享、应用和创新知识的目的。在应用层中，知识门户为所有知识工作者管理知识提供了技术支持，而且知识门户能够满足用户各种各样的需要。

（二）构建完善的基于知识管理的技术创新机制

1. 建立技术创新产权管理机制

实施知识管理的重要作用之一是对企业技术创新过程中的创新产权进行有效的管理。根据技术创新产权和知识管理的特点，企业在建立技术创新产权管理机制时，需要做到以下几点：

（1）建立有利于技术创新成果产权化管理机制

在企业技术创新过程中实施的知识管理是一种开放式的管理，与创新过程即从技术创新过程准备阶段到产业和扩散阶段三阶段的有关人员，对所有的技术知识都有接触和使用的权利。但是如果直接在创新过程中共享或是在创新系统外进行扩散，将会损害创新者的收益，从而打击创新者的积极性，这就需要企业及时对产生的新技术和新知识等创新成果进行知识产权保护，确保创新者对创新成果拥有经济收益索取权。

所以，要使得技术创新活动中有效地实施知识管理，发挥知识产权保护作用，就需要企业建立有利于技术创新成果产权管理的机制，主要措施包括两点，其一是技术专利的申请，通过申请技术专利可以很有效地保护创新者对技术创新成果的知识产权；其二是技术创新成果的技术入股，即创新者把技术创新成果以技术入股企业，从而进行再创新投入使用，实现创新者的经济收益权。

（2）促进技术创新产权畅通流动

企业技术创新过程具有多种知识资产产权，且这次产权的分属是多元的和分散的，要使得技术创新最终获取成功需要多种知识资产的有效组合。因此，企业技术创新能够取得成功的重要前提条件是取得这些知识资产，并促进知识资产的流动和知识资产的组合。分散化的知识产权主体是企业创新知识资产的主要来源，如企业某项技术的发明者、某些知识的创造者以及企业外部拥有专门知识的专家等，可以通过产权流动来满足这些产权主体对创新资源的需求。

此外，知识管理在企业技术创新过程中的实施，要求最大化地共享创新资产产权并形成技术创新过程中企业产权的一部分，这需要通过资产产权的流动来完成。但是企业技术创新过程的需要引入的创新资的产权总是归属于某一主体，所以，当某些主体约束和限制创新资产产权的流动时，如创新资产产权所在部门抬高资产产权流动的门槛、或资产产权集中度过高、或是没有有效的资产产权流动形式，都会抑止产权流动，从而阻碍资产产权的畅通流动，这将使得技术创新过程对有关资产的产权不能及时获得。

根据创新资产产权的内涵及其特点，提高企业在技术创新过程中运用创新资产产权的效率和促进技术创新产权的畅通流动的措施有：第一，建立知识产权共享途径。通过共享途径，拥有知识产权的人在提供自己所有产权的同时，也能够共享他人的知识产权；第二，建立技术创新成果利益产权分配机制。通过利益产权的分配，使得提供创新产权者在出让产权的同时能够获得产权的未来收益；第三，通过财务手段购买产权。通过购买知识产权，知识产权拥有者可以很快获得出让产权的经济补偿。

2. 建立风险管理机制

当今世界环境处于快速的变化之中，因此，组织的技术创新活动将会面临变化所带来的不确定性，即风险。组织的创新活动可以持续地发明新技术、创造新知识，还可以提供新产品和新服务。在组织的创新活动中应用知识管理可以对技术创新产生一定的影响和变化，这将会带来或多或少的不确定性。因此，为实现知识管理流程的成功导入和有效发挥作用的目标，组织需建立起适合的风险管理机制，主要有风险管理程序、风险管理技术及风险管理保障机制。

（1）风险管理程序

风险管理是在对生产、生活中的风险进行识别、估测、评价的基础上，优化组合各种风险管理技术，对风险实施有效的控制，妥善处理风险所致的结果，以期以最小的成本达到最大的安全保障的管理活动。风险管理主要包含以下几部分内容：

一是风险识别。风险识别是形成风险管理机制的前提和基础，它是组织确定可能产生影响的创新风险。在组织的创新活动中实施知识管理会产生的一些风险，比如过程风险、人才流失风险、信息风险、泄密的风险及产生时滞的风险等，需要尽早识别这些风险，降低风险的损失程度。

二是风险衡量。风险衡量是组织应用数理统计和概率论的数学方法,同时结合计算机工具来量化风险,目的是对不确定性的程度和不确定性可能造成的损失做出估计。所以,组织应该定期地对风险进行精确的衡量和估计,以管理组织的风险。

三是风险控制。通过对风险的识别和测量后,就要对风险进行控制,以达到最小化风险的目的。风险控制最有效的措施是制定切实可行的应急方案及备选方案,最大限度地做好面临风险的准备,当风险发生后,可按应急方案实施,将损失控制到最小。

四是风险监督。企业应在管理信息管理系统中建立风险控制中心,给定风险的容忍度,随时监控企业所面临的风险。要安排专人定期更新和维护管理信息管理系统,以使系统内的信息充分、有用且准确。在组织的创新活动应用知识管理时,风险控制中心往往是组织的知识主管CKO、创新项目的知识经理及技术负责人共同负责的。

(2) 风险管理技术

信息技术不仅是知识管理成功实施的主要支撑,也是创新活动管理风险的重要支持。如DSS,ES及媒体工具(tools)等知识管理的技术工具不仅可以确保管理风险的员工迅速地收集到管理企业风险需要的各种信息,而且还可以使风险管理人员依靠解释信息的潜在内容和风险管理的经验和知识,对潜在的风险做出客观判断,从而选择准确而经济的风险管理方案。

除此之外,组织内部的技术工具,像内部网络、电子邮件系统等,可以满足管理风险的员工进行非正式地交流信息的目的。通过非正式交流,管理风险的员工可以全面地获取系统的风险信息。

(3) 风险管理保障机制

第一,形成组织创新活动的内部控制,比如流程控制、交流控制等。通过内部控制,组织可以保障创新活动有效地运行下去,即建立相关的制度为创新活动高效地运行保驾护航,最大化地控制组织内部的风险和组织外部的风险,降低风险带来的损失。

第二,构建完善的风险衡量工具系统。衡量工具具有多样性,所以每一类风险,应使用相应的衡量工具来衡量。企业通过建立健全风险衡量工具系统,可以确保风险衡量产生的误差降到最低。企业技术创新过程中能够产生的技术和知识，这就要求企业使用由技术和知识带来风险的工具衡量不确定性带来的损失。

第三，构建信息系统。组织要在其内部构建风险相关的信息系统，需要计算机专家和风险管理专家的共同参与，计算机专家可以解决技术方面的问题，风险管理专家可以对组织如何风险的管理进行专业指导。通过知识的转化——隐性知识外显成显性知识，可以把风险管理专家的管理经验融合在信息系统中，达到让所有风险管理人员共享的目的。

第二节 企业战略管理创新

一、企业战略及环境分析

企业战略是指企业在市场经济竞争激烈的环境中，在总结历史经验、调查现状、预测未来的基础上，为谋求生存和发展而做出的长远性、全局性的"谋划或方案"，具有全局性、长远性、纲领性、抗争性、风险性的特征。企业战略管理是指企业为实现战略目标，制定战略决策、实施战略方案、控制战略绩效的一个动态管理过程。企业战略管理是对企业战略的一种"管理"，即对企业的"谋划或方案"的制定、实施、控制，具有高层次性、整体性、动态性。

（一）战略管理的主要内容

1. 战略管理和经营管理

一般而言，企业经营管理是生产管理的延伸和发展，是指对与外部环境相关的重大问题所进行的策划、协调、控制等管理活动的总称。而战略管理也可以看作是经营管理的延伸和发展。它是指企业高层管理者对企业内外条件进行综合分析，确定企业未来的发展方针、制定战略方案，并实施这一方案的过程。

经营管理是对企业目前投入、产出进行控制、安排的活动，而战略管理则侧重于对未来的投入、产出活动进行谋划。这两者都是要处理企业与外部环境的关系。但是，经营管理着重依据已有的生产要素投入、产出计划，以调整现时环境变化与企业投入、产出计划的关系，使这种计划得以落实；而战略管理则侧重于对没有现成计划、经验可以遵循的未来环境进行分析，以确定企业未来生产要素投入与产出的平衡关系。可以说，经营管理是解决现实的、现存的管理问题，而战略管理是策划、谋划未来的发展方向。

2. 企业战略层次

战略包括组织长远的、全局的目标，以及组织为实现目标在不同阶段上实施的不同的方针和对策。一般地说，战略所关注的问题包括以下几个方面：一是有关组织的整体和全局的问题，核心是研究关系组织发展全局的指导规律；二是战略的着眼点不是当前而是未来，是在正确认识过去和现在的基础上，科学预见、谋划未来的发展趋势；三是问题的层次性，可分为企业层战略、经营层战略和职能战略三个层次。企业层战略是企业高级管理部门为实现企业目标而为整个企业制定的方向和计划，主要是为了合理安排企业所有业务种类的关系，实现企业这个层次的目标，保证企业总体战略利益的实现。经营层战略适用于按产品类型设置的各个分部和事业部，即战略经营单位，目的是提高某一分部在其所处的行业或市场中竞争优势。职能战略的重点是最大限度地利用其资源去提高管理的效率。职能战略通常包括生产战略、营销战略、财务战略、人力资源战略及研究开发战略等等。

3. 战略管理过程

战略管理是确立企业使命，根据企业内部环境和外部经营要素设定企业组织目标，保证目标落实并使企业使命最终得以实现的动态过程。它包括战略分析、战略制定以及战略实施控制等环节，这三个环节既相互联系又有区别，忽视其中任何一个都不能获得有效的战略管理。

①战略分析是指对影响企业现在和未来生存和发展的一些关键因素进行分析。战略分析主要包括外部环境分析与内部环境分析。通过外部环境分析，企业可以很好地明确自身面临的机会与威胁，从而决定企业应该选择做什么；通过内部环境分析，企业可以很好地认识自身的优势与劣势，从而决定企业能够做什么。最后通过战略分析确定企业的目标和使命。

②战略制定分为三个部分：一是战略方案的产生，即构想可能的战略方案；

二是战略方案的评价，利用某些方法对战略方案的适应性、可行性进行评价；三是战略的选择，综合判定各方案的优劣，选择满意的战略方案。

③战略实施控制就是将战略方案转化为战略行动，通过编制各种计划将战略方案具体化。这涉及以下几个方面：一是资源配置，这是实施战略的重要手段；二是组织结构设置，这是战略实施的保证；三是战略实施的控制。

（二）外部环境分析

环境是机会与风险的统一体。企业战略的制定、实施与考核的过程，是对环境分析、利用的过程，是发现、利用机会，回避风险的过程环境分析是战略制定的起点。外部环境分析主要是认识外部环境对企业的机遇与威胁，以及企业在产业中的竞争位势——优势是什么、劣势是什么？

企业的外部环境分析，主要包括宏观环境分析、产业环境分析、竞争环境分析。

1. 宏观环境分析

宏观环境分析指那些不直接影响公司短期行为，但对长期决策有影响的一般力量，包括政治和法律力量（P）、经济力量（E）、社会文化力量（S）、技术力量（T），这四项也就是通常所说的 PEST 分析模型的内容。

（1）政治和法律力量

通常影响企业的政治、法律方面的因素有如下几方面：政府政策的稳定性；税率和税法的变化，企业法、雇佣法、反垄断法、广告法、环保法、关税、专利法等的改变；进出口政策、政府预算和货币改革；各地方政府的特殊法律规定、对外国企业的态度等。

（2）经济力量

共有 27 项经济因素的变化可能给企业带来机会或威胁。核心的经济因素有六大部分：①国家宏观经济政策、国民经济发展趋势、三大产业之间的比重和关系、通货膨胀率、利率的水平和价格政策。②国民适应经济变化的行为，即失业水平、居民的平均收入、消费与储蓄的比例关系、地区和消费群体的差距。③金融政策、货币政策、本国货币在国际金融市场上的价值、银行信贷的方便程度、股票市场的动向。④外经贸政策，即进出口情况、劳动力和资本输出的变化。⑤

财政政策,即政府的赤字预算、税收政策和外债的承受能力。⑥国际经济的影响,即欧共体、北美贸易自由区政策以及亚洲经济的高速发展、石油输出国组织的政策等。

(3) 社会文化力量

影响企业战略的主要社会、文化、环境以及人口方面的变量多达34项,但主要的因素可分为四部分:①社会因素:家庭结构的变化、离婚率的高低、单亲家庭的增加、儿童生长和保健的状况、社会责任感。②文化因素:人们的价值观、士气、风俗习惯、文化传统的行为准则、劳动者的教育水平、对工作的态度变化、职业分布的变化。③人口因素:社会老龄化的问题、人口在民族和性别上的比例变化、人口和地区再教育水平和生活方式的差异。④环境因素:对自然环境的保护、废品再利用政策、水及空气污染、生态平衡和土地沙漠化等问题。

(4) 技术力量

随着科学技术的高速发展,当今社会计算机广泛应用、国际互联网高速发展、高效药物、太空通讯、激光技术、卫星通信网络、光导纤维、生物工程和生命工程等革命性的技术变化已经给企业生产过程和技术带来了巨大影响。技术革新可以对企业的产品、服务、市场供应者、供货、竞争者、顾客和市场销售手段产生极大的影响。

2. 产业环境分析

产业就是一群提供类似产品或服务的公司,如金融服务产业或无酒精饮料产业。产业环境的分析主要包括两个方面,一是产业中竞争的性质和该产业中所具有的潜在利润,二是该产业内部企业之间在经营上的差异以及这些差异与它们战略地位的关系,即产业内分析。分析前者工具是美国哈佛大学教授迈克尔·波特(Michael E. Porter)提出的"五种力量模型",即潜在新进入者、现有竞争厂商之间的竞争、替代品的威胁、购买者的谈判能力和供应商的谈判能力,但人们认为该模型忽略了政府、债权人、厂商以及其他群体对企业经营活动的影响,所以把"其他利益相关者"这一力量加入该模型,把该模型发展为"六种力量模型"。分析后者的常用工具是战略集团分析。

竞争战略权威教授迈克尔·波特认为,公司最关心产业内的竞争程度。产业内有五种竞争力量对企业发展至关重要——潜在的新进入者、现有竞争厂商之间的竞争、替代品的威胁、购买者的谈判能力、供应商的谈判能力。"这些力量的合成最终决定了一个产业的盈利潜力。"每一股弱的力量都是机会,每一股强的力量都是使利润降低的威胁。

①竞争厂商之间的竞争角逐。厂商之间的竞争是五种力量中最强大的。为了赢得市场地位和市场份额,竞争厂商通常不惜代价。产业不同,竞争的焦点、核心也不同。在有些产业中,竞争的核心是价格;在有些产业中,价格竞争很弱,竞争的核心在于产品或服务的特色、新产品革新、质量和耐用度、保修、售后服务、品牌形象。

竞争可能是友好的,也可能是势不两立的,这完全取决于产业中公司采取威胁竞争对手盈利水平的行动频率和攻击性。一般而言,产业中的竞争厂商都善于在自己的产品上增加新的特色以提高对客户的吸引力,同时毫不松懈地挖掘其他竞争者的市场弱点。

厂商之间的竞争是一个动态的、不断变化的过程。竞争不但有强弱之分,而且各厂家对价格、质量、性能特色、客户服务、保修、广告、分销网络、新产品革新等因素的相对重视程度也会随时间不同而发生变化。

以下因素可以引起竞争加剧:

一是当一家或几家竞争厂商看到了一个能更好满足客户需求的机会或出于改善产品性能的压力之下时,竞争就会变得更加激烈。

二是当竞争厂商的数目增加时,当竞争厂商在规模和能力方面相抗衡的程度提高时,竞争会加剧。

三是当产品的需求增长缓慢时,竞争的强度通常会加剧。

四是当行业环境迫使竞争厂商降价或使用其他竞争策略增加产量时,竞争会加剧。

五是当客户转换品牌的成本较低时,竞争会加剧。

六是当一个或几个竞争厂商不满足于现有市场地位从而采取有损其竞争对手的行动加强自己的竞争地位时,竞争就会加剧。

七是当退出某项业务比继续经营下去的成本高时,竞争会加剧。

八是当产业之外的公司购并本产业的弱小公司,并采取积极的、以雄厚资金为后盾的行动试图将其新购并的厂商变成主要的市场竞争者时,竞争一定会加剧。

评估竞争的激烈程度，关键是准确判断公司间的竞争会给盈利能力带来多大的压力。如果竞争行动降低了产业的利润水平，那么可以认为竞争是激烈的；如果绝大多数厂商的利润都达到了可以接受的水平，竞争为一般程度；如果产业中的绝大多数公司都可以获得超过平均水平的投资回报，则竞争是比较弱的，具有一定的吸引力。

②潜在的进入者。一个市场的新进入者往往会带来新的生产能力和资源，希望在市场上占有一席之地，对于特定的市场来说，新进入者所面临的竞争威胁来自进入市场壁垒和现有厂商对其做出的反应。一旦新进入者很难打开这个市场或市场的经济因素处于劣势，进入市场的壁垒就产生了。

进入市场的壁垒有以下几种：规模经济、不能获得的关键技术和专业技能、品牌偏好和客户忠诚度、资源要求、与规模经济无关的成本劣势，分销渠道、政府政策、关税及国际贸易方面的限制。

进入市场的壁垒的高低取决于潜在进入厂商所拥有的资源和能力。除了进入壁垒，新进入者还面临着现有厂商做出什么样的反应。它们是只做出些消极抵抗，还是会通过诸如降价、加大广告力度、改善产品以及其他措施来捍卫其市场地位？如果产业中原有财力强大的厂商发出明显的信号，要捍卫其市场，或者原有厂商通过分销商和客户群创造某种优势来维护其业务，潜在的进入者须慎重从事。

检验潜在的市场进入是不是一个强大的竞争力量的最好方式就是看产业的成长和利润前景是不是有足够的吸引力吸引额外的市场进入者。如果答案是否定的，那么潜在的进入就是一种弱势的竞争力量；相反地，如果答案是肯定的，且存在合格的厂商，他们拥有足够的技能和资源，那么潜在的进入就增加了市场上的竞争压力，现有厂商被迫加强其地位，抵御新进入者。

③替代品的竞争压力。某个产业的竞争厂商常常会因为另外一个产业的厂商能够生产很好的替代品而面临竞争。如玻璃瓶生产商会受到塑料瓶和金属罐厂商的竞争。

来自替代品的竞争压力其强度取决于三个方面：

第一，是否可以获得价格上有吸引力的替代品？容易获得并且价格上有吸引力的替代品往往会产生竞争压力。如果替代品的价格比产业产品的价格低，那么产业中的竞争厂商就会遭遇降价的竞争压力。

第二，在质量、性能和其他一些重要的属性方面的满意度如何？替代品的易获得性不可避免地刺激客户去比较彼此的质量、性能和价格，这种压力迫使产业中的厂商加强攻势，努力说服购买者相信它们的产品有着卓越的品质和有益的性能。

第三，购买者转向替代品的难度和成本。最常见的转换成本有：可能的额外价格、可能的设备成本、测试替代品质量和可靠性的时间和成本、断绝原有供应关系建立新供应关系的成本、转换时获得技术帮助的成本、员工培训成本等。如果转换成本很高，那么替代品的生产商就必须提供某种重要的成本或性能利益，来诱惑原来产业的客户脱离老关系。

因此，一般来说，替代品的价格越低，替代品的质量和性能越高，购买者的转换成本越低，替代品所带来的竞争压力就越大。

3. 竞争环境分析

竞争环境分析是战略外部环境分析中的微观分析，主要是对竞争对手进行分析。正所谓"知己知彼，百战不殆"，分析竞争对手是制定企业战略的关键一环。

根据波特对竞争对手的分析模型，对竞争对手的分析有四种诊断要素：竞争对手的未来目标（长远目标）、现行战略、自我假设、潜在能力。

判断竞争对手行为常用的工具是市场信号，它是指竞争对手任何直接或间接地表明其战略意图、动机、目标、内部资源配置、组织及人事变动、技术及产品开发、销售举措及市场领域变化的活动信息。事前预告、事后宣告、竞争对手对产业的公开讨论、竞争对手对自己行动的讨论和解释、比较竞争对手采用的竞争方式、交叉回避等几种比较重要的市场信号。

市场信号可能反映了竞争对手的真实意图、动机和目标，也有可能是虚张声势、声东击西，因此辨别信号的真伪是非常重要的。可以考察信号与行动是否一致、利用竞争对手的历史资料来判别市场信号真伪。为此，研究竞争者不仅需要长期艰苦细致的工作和适当的资料来源渠道，而且需要建立保障信息效率的组织机构——竞争者信息系统，大多数公司都依赖外部组织提供环境数据，有些公司采用工业间谍或其他情报收集手段，直接获取竞争对手的信息。

(三) 企业内部环境分析

一般地讲，企业内部环境是由企业内部的技术、能力、资源、组织结构、企业文化和企业管理状况等要素组成的统一体。作为企业总体环境的一部分，这些要素制约着企业战略的形成与实施。因此，企业在制定战略之前，必须了解企业内部环境以及由此而形成的企业的优势和劣势，以便有效地控制企业战略发展方向和战略经营活动。企业内部环境分析主要包括资源分析和竞争优势分析两个方面的内容。

1. 资源分析

经营资源可以理解为能够给企业带来竞争优势或劣势的任何要素，是企业从事生产活动或提供服务所需人、财、物、技术与组织管理等方面的能力和条件。它既包括那些看得见、摸得着的有形资源，如企业雇员、厂房、设备、资金等，也包括那些看不见、摸不着的无形资源，如专利权、品牌、企业文化等。经营资源是企业竞争优势的根本源泉，企业制定计划进行战略管理，实际上就是要在竞争市场上为企业寻求一个能够充分利用自身资源的合适地位。

对企业经营资源进行分析的一个常用工具是美国哈佛大学教授迈克尔·波特（Michael E. Porter）提出的价值链分析。

(1) 企业价值链分析

企业价值链是一系列价值创造活动的集合。它从来自供应商的原材料开始，经过产品和服务的生产与营销等增值活动，直至分销售商把最终产品送到最终用户手中。价值链分析的核心是要在价值创造活动的整个链条上来考察公司。

价值链分析的重点在于价值活动分析。价值活动可以分为两大类：基本活动和辅助活动。基本活动是涉及产品的物质创造及其销售、转移给买方和售后服务的各种活动，主要包括进货后勤、生产作业、发货后勤、市场营销、服务；辅助活动是辅助基本活动并通过提供外购投入、技术、人力资源以及各种公司范围的职能以相互支持，主要包括：采购、研究开发、人力资源管理、企业基础设施。从图中可以看出，价值链的各项活动之间是紧密联系的，恰恰是这种联系才形成了企业竞争优势，而各项活动对企业竞争优势的形成所起的作用不同，企业内部条件分析就是要抓住企业价值链中的关键环节仔细进行分析，找到企业竞争的优势及劣势。

竞争优势来源于企业在设计、生产、营销、交货等过程及辅助过程中许多独立的活动。企业的产品最终成为买方价值链的一部分。如果企业所得的价值超过创造产品所花费的成本就有利润。如果企业的成本低于对手，就有竞争优势。企业通过价值链分析缔造核心能力在大多数行业内，很少有哪一个企业能够单独完成全部的价值活动，这就需要进行专业分工，需要进行外包。外包是企业从外部供应商购买活动的战略选择。企业常常需要向外部的专业供应商购买部分价值创造活动，因为外部供应商可以高效地完成这些职能。公司每一类产品都有自己不同的价值链。因为大多数公司都提供几类不同的产品和服务，所以企业内部分析就要涉及一系列不同的价值链。竞争者价值链之间的差异是竞争优势的重要来源。

企业价值链分析步骤如下：①从生产产品或服务的所有活动中分析出每种产品的价值链，并找出哪些活动是优势，哪些活动是劣势。②分析各产品价值链的内部"关联"。关联就是一个价值活动（譬如营销）执行方式与另一个价值活动（譬如质量控制）成本之间的关系。③分析不同产品或事业部价值链之间的融合潜力。

（2）整个行业的价值链体系

当今企业的价值链是镶嵌在更大范围的行业价值系统中的，整个行业价值系统包括提供投入品的供应商、分销渠道和购买者。因此，一个公司的成本竞争力不仅取决于该公司的内部活动，而且还取决于供应商和前向渠道联盟的价值链中的成本。也就是说价值链内在的联系是公司价值活动的重点，但要实现预期的价值目标必须考虑公司外部的价值链。供应商价值链企业价值链分销渠道价值链。

产业价值链一般都可以分为上游和下游两段。上游供应商的价值链有着重要的意义，那是因为供应商在创造和供应公司所购买的用于自己的价值链之中的生产投入时，既要开展一定的活动还要承担成本，这些生产投入的成本和质量影响公司自己的成本或差异化能力。公司为降低供应商的成本或提高供应商的有效性而采取的一切行动都将增加其自己的竞争力——这是公司要同供应商紧密合作或结成伙伴关系的强大理由。下游渠道的价值链之所以重要，是因为：①下游公司的成本和利润是最终用户所支付的价格的一部分。②前向渠道联盟所开展的活动会影响最终用户的满意度。这也说明公司必须同前向渠道联盟进行面前合作，改造或者重新设计它们的价值链，以提高它们的共同竞争力。

在分析一个产品的完整价值链时，即使一个企业在整个产业价值链上经营，它通常也在自己的主要活动上有最大专长。公司的重心就是对公司最重要的那部分价值链，也正是在这部分价值链上，公司拥有最大专长和能力，即核心能力。

2. 竞争优势分析

关于企业战略内部决定的理论存在两个学派——资源学派和能力学派。

(1) 资源学派

企业的资源学派认为，各企业之间的资源具有很大的差异性，而且不能完全自由流动，当一个企业拥有一种竞争对手所不具有的特殊资源时，这种特殊资源就可能会为企业带来潜在的比较优势。因此，企业战略管理的主要任务是如何最大限度培育独特的战略资源，以及优化配置这种资源的独特能力。核心能力的形成需要企业不断积累制定战略所需的各种资源。只有核心能力达到一定水准后，企业才能通过各种整合形成自己独特、不可模仿的战略资源。

美国著名资源学派企业战略家格兰特（Grant）提出一套以资源为基础的五步战略分析方法：①识别企业资源，把他们划为优势和劣势两类。②把公司优势组合成特殊能力，这些核心能力即公司能够做得极好的事情（优于竞争对手的核心能力）。③从潜在持续竞争优势和公司运用这些资源、能力获取利润的能力等各方面评价这些资源和能力的获利潜力。④选择开发与外部机会有关的企业资源和能力的最佳战略。⑤识别资源差距，并且改进劣势投资。

(2) 能力学派

能力学派则认为核心能力是指居于核心地位并能产生竞争优势的要素作用力，具体地说是组织的集体学习能力和集体知识。企业战略的核心不在产品、市场结构，而是行动反应能力。企业要想获得保持竞争优势，必须在核心能力、核心技术、核心产品和最终品牌上取胜。

由上可知，资源学派认为独特的资源是企业战略内部的决定要素，而能力学派则认为是核心能力。虽然两学派在企业战略内部决定要素持不同的观点，但是他们都是围绕构造企业竞争优势而展开的。企业资源或能力要成为产生竞争优势的核心资源或能力必须满足四个条件：①这种资源和能力必须是稀缺的。②这种资源和能力应当成为顾客可感知的价值，如果这种资源和能力并不为顾客所感知，那么它们也不会成为竞争优势。③这种资源或能力在不同公司之间的可转移性差。如果一个企业的竞争对手很容易获得模仿其战略所需要的资源和能力，那么该企业的竞争优势就难以持久。④上述这种资源和能力较多地体现在企业的人才资本上，企业具有优秀的人才，才能不断地创造新的优势。

企业要在较长时期内维持其竞争优势则企业竞争优势必须有可持续性。尽管各公司核心资源或能力的表现形式有所差异，但衡量和评价核心资源或能力能否形成持续竞争优势的标准是相同的——耐久性和可模仿性。耐久性是指公司的资源与能力（核心能力）折旧或过时的速度；可模仿性是指公司的资源与能力（核心能力）被其他公司复制的速度。有三个要素决定着资源或能力的可模仿性，即透明性、可转移性和可复现性。透明性指其他公司理解那些支持企业战略成功的资源与能力之间的关系的速度；可转移性指竞争者集结必要的资源与能力支持竞争性挑战的能力；可复现性指竞争者运用复制的资源与能力模仿其他企业成功的能力。

相对来讲，企业优秀人才、企业文化、企业信誉及知名度、企业组织机构及其他特有资源等，是能够比较长时期内维持其竞争优势的。而优秀人才的使用、企业组织机构及企业文化等又都与企业的具体情况紧密联系，这就是企业要根据自己的实际情况出发来创造适合于自己企业的竞争优势。

格兰特等人的研究进一步认为，任何企业不可能在所有资源类型中都拥有绝对优势，即使同一资源在不同企业中也表现出极强的异质性，这就构成了企业资源互补融合的物质基础。特别是某些异质性资源已经固化在企业组织内部，不可完全流动交易，如独特的生产工艺、R&D能力、营销渠道、市场经验、知名品牌等无形资源，不便通过市场交易直接获取。要获取对方的这些独特的资源必须通过与之建立起合作关系，以实现双方的共享和互补。例如，美国格兰素公司推出新药善胃得时，它在美国市场上缺乏行销能力，通过与罗氏药厂建立合作关系，格兰素很快就拥有了一支1100人的销售团队。

二、企业战略创新

(一) 战略管理工具创新

多数公司同时经营多项业务，其中有"昨日黄花"，也有"明日之星"。为了使公司的发展能够与千变万化的市场机会之间取得切实可行的适应，就必须合理地在各项业务之间分配资源，在此过程中不能仅凭印象，认为哪项业务有前途，就将资源投向哪里，而是应该根据潜在利润分析各项业务在企业中所处的地位来决定。组合分析是很多业务公司制定公司战略时最受欢迎的工具之一。在组合分析中，高层管理人员把所有产品线和事业部视为一系列投资，期望获得利润回报。BCG矩阵、GE业务筛选模型是应用最为广泛的两种业务分析方法。

1. 波士顿矩阵

波士顿咨询集团（BCG）是世界著名的一流管理咨询公司，他们在1970年创立并推广了"市场增长率——相对市场份额矩阵"的投资组合分析方法。

该分析方法中的市场成长率表示该业务的销售量或销售额的年增长率，用数字0%~20%表示，市场成长率超过10%就是高速增长。相对市场份额表示该业务相对于最大竞争对手的市场份额，用于衡量企业在相关市场上的实力。用数字0.1（该企业销售量是最大竞争对手销售量的10%）-10（该企业销售量是最大竞争对手销售量的10倍）表示，并以相对市场份额1.0为分界线。需要注意的是，这些数字范围可能在运用中根据实际情况的不同进行修改。

在该分析方法中，圆圈代表公司的业务单位，它们的位置表明这个业务的市场成长和相对场份额的高低，面积的大小表示各业务的销售额大小。

市场成长率——相对市场份额矩阵分为四个方格分别代表一个公司的业务的四种类型：明星、问题、现金牛和瘦狗。

(1) 问题业务

问题业务是指高市场成长率、低相对市场份额的业务。这往往是一个公司的新业务，为发展问题业务，公司必须建立工厂，增加设备和人员，以便跟上迅速发展的市场，并超过竞争对手，这些意味着大量的资金投入。"问题"非常贴切地描述了公司对待这类业务的态度，因为这时公司必须慎重回答"是否继续投资，发展该业务?"这个问题。只有那些符合企业发展长远目标、企业具有资源优势、能够增强企业核心竞争能力的业务才能得到肯定的回答。当公司有三项问题业务时，不可能全部投资发展，只能选择其中的一项或两项，集中投资发展。

(2) 明星业务

明星业务是指高市场成长率、高相对市场份额的业务，这是由问题业务继续投资发展起来的，可以视为高速成长市场中的领导者，它将成为公司未来的现金牛业务。但这并不意味着明星业务一定可以给企业带来滚滚财源，因为市场还在高速成长，企业必须继续投资，以保持与市场同步增长，并击退竞争对手。企业没有明星业务，就失去了希望，但群星闪烁也可能会耀花了企业高层管理者的眼睛，导致做出错误的决策。这时必须具备识别行星和恒星的能力，将企业有限的资源投入在能够发展成为现金牛的恒星上。

(3) 现金牛业务

现金牛业务指低市场成长率、高相对市场份额的业务，这是成熟市场中的领导者，它是企业现金的来源。由于市场已经成熟，企业不必大量投资来扩展市场规模，同时作为市场中的领导者，该业务具有规模经济和高边际利润的优势，因而可以给企业带来大量财源。企业往往用现金牛业务来支付账款并支持其他三种需要大量现金的业务。当公司只有一个现金牛业务，说明它的财务状况是很脆弱的。因为如果市场环境一旦变化导致这项业务的市场份额下降，公司就不得不从其他业务单位中抽回现金来维持现金牛的领导地位，否则这个强壮的现金牛可能就会变弱，甚至成为瘦狗。

(4) 瘦狗业务

瘦狗业务是指低市场成长率、低相对市场份额的业务。一般情况下，这类业务常常是微利甚至是亏损的。瘦狗业务存在的原因更多是由于感情上的因素，虽然一直微利经营，但像人对养了多年的狗一样恋恋不舍而不忍放弃。其实，瘦狗业务通常要占用很多资源，如资金、管理部门的时间等，很多时候是得不偿失的。当公司有两项瘦狗业务时，可以说，这是沉重的负担。

通过波士顿矩阵，人们可以分析一个公司的投资业务组合是否合理。如果一个公司没有现金牛业务，说明它当前的发展中缺乏现金来源；如果没有明星业务，说明在未来的发展中缺乏希望。一个公司的业务投资组合必须是合理的，否则必须加以调整。

在明确了各项业务单位在公司中的不同地位后，就需要进一步明确其战略目标。通常有四种战略目标分别适用于不同的业务。①发展。继续大量投资，目的是扩大战略业务单位的市场份额。主要针对有发展前途的问题业务和明星中的恒星业务。②维持。投资维持现状，目标是保持业务单位现有的市场份额。主要针对强大稳定的现金牛业务。③收获。实质上是一种榨取，目标是在短期内尽可能地得到最大限度的现金收入。主要针对处境不佳的现金牛业务及没有发展前途的问题业务和瘦狗业务。④放弃。目标在于出售和清理某些业务，将资源转移到更有利的领域。这种目标适用于无利可图的瘦狗业务和问题业务。

应用波士顿矩阵法可以带来许多收益，它提高了管理人员的分析和战略决策能力，帮助他们以前瞻性的眼光看问题，更深刻地理解公司各项业务活动的联系，加强了业务单位和企业管理人员之间的沟通，及时调整公司的业务投资组合，收获或放弃萎缩业务，加强在更有发展前景的业务中的投资。

2. 通用电气公司矩阵

通用电气公司（GE）针对波士顿矩阵所存在的问题，于20世纪70年代开发了吸引力/实力矩阵。该矩阵也提供了产业吸引力和业务实力之间的类似比较，只是波士顿矩阵用市场增长率来衡量吸引力，用相对市场份额来衡量实力，而GE矩阵使用数量更多的因素来衡量这两个变量。也正是由于该矩阵使用多个因素，所以可以通过增减某些因素或改变它们的重点所在，很容易地使矩阵适应经理的具体意向或某产业特殊性的要求。GE矩阵可以根据事业单位在市场上的实力和所在地市场的吸引力对该事业单位进行评估，也可以表述一个公司的事业单位组合，判断其强项和弱点，当需要对产业吸引力和业务实力作广义而灵活的定义时，可以GE矩阵为基础进行战略规划。GE矩阵分析，需要找出内部和外部因素，然后对各因素加权，得出衡量内部因素和市场吸引力外部因素的标准。当然，在开始搜集资料前仔细选择那些有意义的战略事业单位是十分重要的。具体分析步骤如下。

（1）定义各因素

选择要评估业务实力和市场吸引力所需的重要因素，在GE内部，分别称之为内部因素和外部因素。确定这些因素的方法可以采取头脑风暴法、名义小组法等，关键是不能遗漏重要因素，也不能将微不足道的因素纳入分析中。

(2) 估测内部因素和外部因素的影响

从外部因素开始，根据每一因素的吸引力大小对其评分，若一因素对所有竞争对手的影响相似，则对其影响做总体评估，若一因素对不同竞争者有不同影响，可比较它对自己业务的影响和重要竞争者的影响。在这里可以采取五级评分标准（1＝毫无吸引力、2＝没有吸引力、3＝中性影响、4＝有吸引力、5＝极有吸引力）。然后也使用5级标准对内部因素进行类似的评定（1＝极度竞争劣势、2＝竞争劣势、3＝同竞争对手持平、4＝竞争优势、5＝极度竞争优势），在这一部分应该选择一个总体上最强的竞争对手做对比的对象。

(3) 对外部因素和内部因素的重要性进行估测，得出衡量实力和吸引力的简易标准

这里有定性定量两种方法可以选择。①定性方法。审阅并讨论内外部因素，以在第二步中打的分数为基础，按强、中、弱三个等级来评定该战略事业单位的实力和产业吸引力如何。②定量方法。将内外部因素分列，分别对其进行加权，使所有因素的加权系数总和为1，然后用其在第二步中的得分乘以其权重系数，再分别相加，就得到所评估的战略事业单位在实力和吸引力方面的得分（介于1和5之间，1代表产业吸引力低或业务实力弱，而5代表产业吸引力高或业务实力强）。

(4) 将该战略事业单位标在GE矩阵上

矩阵坐标横轴为产业吸引力，纵轴为业务实力。每条轴上用两条线将数轴划为三部分，这样坐标就成为网格图。两坐标轴刻度可以为高中低或1—5。根据经理的战略利益关注，对其他战略事业单位或竞争对手也可做同样分析。另外，在图上标出一组业务组合中位于不同市场或产业的战略事业单位时，可以用圆圈来表示各企业单位，其中直径与相应单位的销售总额成比例，而阴影面积代表其市场份额。这样GE矩阵就可以提供更多的信息。

(5) 对矩阵进行诠释

通过对战略事业单位在矩阵上的位置分析，公司就可以选择相应的战略举措。

GE矩阵还可以用于预测战略事业单位业务组合的产业吸引力和业务实力，

只要在因素评估中考虑了未来某个时间每一因素的重要程度及其影响大小，就可以建立预测矩阵。由此可以看出，GE矩阵比较全面地对战略事业单位的业务组合进行规划分析，而且可以针对企业实际情况进行改进，因此具有广泛的应用价值。

（二）企业竞争战略创新

竞争战略，是在公司战略确定业务组合后，主要解决其中的每一项具体业务应当选择什么样的竞争方略，建立什么样的竞争优势和怎样建立竞争优势，怎样建立与之相应的核心竞争能力，怎样卓有成效地与竞争对手展开竞争活动。选择正确的竞争战略将使企业最有效地分配、组织和利用有限的资源，最快地建立起核心竞争能力和竞争优势，始终把握竞争的主动权，有力地支持发展目标的实现。

1. 迈克尔·波特的三种基本竞争战略

美国哈佛大学教授迈克尔·波特（Michael E. Porter）的企业竞争理论在国内学界和企业界影响深远。波特竞争战略的基础是产业分析，他认为行业的竞争情况由五种基本的竞争力量决定：进入威胁、替代威胁、买方的议价能力、供应方的议价能力和产业内对手的竞争强度。要对抗这些竞争力量，企业就要建立自己的竞争优势。波特提出两种在某个产业超出竞争对手的"通用"竞争战略：低成本和差异化。任何类型和规模的企业、甚至非营利组织都可以采用这两种战略。低成本战略是公司或者事业部比竞争对手更有效率设计、生产和营销同类产品的能力，差异化战略是在产品质量、特殊性能或售后服务方面为购买者提供独特的或超级价值的能力。

另外，波特认为公司在产业中的竞争优势还与其竞争范围有关，即公司或事业部目标市场的宽度。在采用任何一种竞争战略之前，公司或事业部必须选择要生产的产品种类范围、要采用的分销渠道、要服务的消费者类型、产品销售的地理区域以及参与竞争的相关产业的部署。公司或事业部可以选择定位较宽（瞄准大规模市场）或定位较窄（瞄准市场空隙）。

这样，根据企业获取竞争优势的类型和战略目标的范围不同，企业可以采用两种基本竞争战略：成本领先战略、差别化战略。

(1) 成本领先战略

成本领先战略是指企业通过在内部加强成本控制，在研究开发、生产、销售、服务和广告等领域内把成本降低到最低限度，成为行业中的成本领先者的战略；企业凭借其成本优势，可以在激烈的市场竞争中获得有利的竞争优势。要通过低成本战略获得竞争优势，价值链上的累积成本就必须低于竞争对手的累积成本。

低成本公司，其设定行业最低价格同时仍然能够获得利润的能力是其市场地位的保护性壁垒。不管是在什么时候，只要价格竞争形成了主要的市场力量，效率越低的厂商所遭受的伤害就越大。相对于竞争对手来说，处于低成本的厂商拥有一种竞争优势，在对向价格敏感的顾客出售产品或者服务时能够赚取较大的利润。

企业采用成本领先战略可以使企业有效的面对行业中的五种竞争力量，以其低成本的优势，获得高于行业平均水平的利润。

①形成进入障碍，企业的生产经营成本低，便为行业的潜在进入者设置了较高的进入障碍。那些在生产技术尚不成熟，经营上缺乏规模经济的企业都很难进入此行业。

②增强企业讨价还价的能力。企业的成本低，可以使自己应对投入费用的增长，提高企业与供应者讨价还价的能力，降低投入因素变化所产生的影响。同时，企业成本低，可以提高自己对购买者的讨价还价能力，对抗强有力的购买者。

③降低替代品的威胁。企业的成本低，在与竞争者竞争时，仍旧可以凭借其低成本的产品和服务吸引大量的顾客，降低或缓解替代品的威胁，使自己处于有利的竞争地位。

④保持领先的竞争地位。当企业与行业内的竞争对手进行价格战时，由于企业的成本低，可以在竞争对手毫无利润的水平上保持盈利，从而扩大市场份额，保持绝对竞争优势的地位。

企业在考虑实施低成本战略时，一般从两个方面考虑：一是考虑实施战略所需要的资源和技能，如持续投资和增加资本的能力、科研与开发能力、市场营销的手段、内部管理水平。二是组织落实的必要条件，如严格的成本控制、详尽的控制报告、合理的组织结构和责任制以及完善的激励管理机制。在实践中，成本领先战略要想取得好的效果，还要考虑企业所在的市场是否是完全竞争的市场，该行业的产品是否是标准化的产品，大多数购买者是否以同样的方式使用产品，产品是否具有较高的价格弹性，价格竞争是否是市场竞争的主要手段等，如果企业的环境和内部条件不具备这些因素，企业便难以实施成本领先战略。要获得成本优势，公司价值链上的累积成本必须低于竞争对手累积成本达到这个目的有两个途径：一是比竞争对手更有效地开展内部价值链活动，更好地管理推动价值链活动成本的各个因素，即控制成本驱动因素；二是改造公司的价值链，省略或跨越一些高成本的价值链活动。

但是选择成本领先战略也是有风险的，如果竞争对手的竞争能力过强，采用成本领先的战略就有可能处于不利的地位。具体地讲，有以下三方面。

①竞争对手开发出更低成本的生产方法。例如，竞争对手利用新的技术，或更低的人工成本，形成新的低成本优势，使得企业原有的优势成为劣势。

②竞争对手采用模仿的办法。当企业的产品或服务具有竞争优势时，竞争对手往往会采取模仿的办法，形成与企业相似的产品和成本，给企业造成困境。

③顾客需求的改变。如果企业过分地追求低成本，降低了产品和服务质量，会影响顾客的需求，结果会适得其反，企业非但没有获得竞争优势，反而会处于劣势。

（2）差别化战略

差别化战略是提供与众不同的产品和服务，满足顾客特殊的需求，形成竞争优势的战略。企业形成这种战略主要是依靠产品和服务的特色，而不是产品和服务的成本，但是差别化战略并不是说企业可以忽略成本，只是强调这时的战略目标不是成本问题。企业可以从许多的角度寻求差别化：一种独特的口味、一系列的特色、可靠的服务、备用零件、物超所值，工程设计和性能、名望和特性、产品可靠性、高质量的制造、技术领导地位、全系列的服务、完整系列的产品、居于同类产品线之高端的形象和声誉等等。

差别化的核心是取得某种独特性，这种独特性对于购买者有价值，则可以持续下去，容易被复制的差别化不能产生持久的竞争优势，因此最具有吸引力的差别化方式是使那些竞争对手模仿起来难度很大或代价高昂的方式。实际上，资源丰富的公司都能够及时地仿制几乎任何一种产品特色与属性，这就是为什么持久的差别化同独特的内部能力、核心能力和卓越能力紧密相连。如果一家公司拥有竞争对手不易模仿的核心能力和卓越能力，如果它的专有技能能够用来开展价值链中存在差别化的潜在活动，那么它就有了强大的持久的差别化的基础。一般来说，如果差别化的基础是新产品革新、技术的卓越性、产品质量的可靠性以及系统的客户服务，那么，差别化所带来的竞争优势就能够持续更长的时间，就能够变得更强大。

差别化是一个十分有效的竞争战略，但是并不能保证差别化一定能够创造有意义的竞争优势。如果公司所强调的独特特色或者能力在购买者看来并没有多大的价值，那么公司的差别化就只能在市场上获得厌倦的反应。另外，如果竞争对手能够很快地复制所有或者绝大部分公司所提供的有吸引力的产品属性，那么公司为差别化所做出的努力也注定会失败。快速的模仿意味着一个公司实际上没有获得真正的差别化，因为每次公司采取新的行动使公司的产品同竞争对手的产品区别开来的时候，竞争对手的品牌都能够发生类似的变化。因此，通过差别化建立竞争优势，公司必须找出独特的成就源泉，从而使竞争对手克服起来很困难。最后，企业还应该认识到，并不是所有的顾客都愿意支付产品差别化后形成的较高价格，而且如果购买者满足于基本的产品，认为"附加"的属性并不值得支付更高的价格，在这种情况下，低成本生产商战略就可以击败差别化战略。

2. 对波特竞争战略的发展

随着技术的变革和各行业竞争情况的变化，主要是企业经营环境的不确定性的增加，波特竞争战略表现出一定的不足。在逻辑上，当人们在一个更加宽阔的视野内考察时，可以发现，波特理论的中心是"产品"——顾客是因为低价格，或是某种独特之处，才选择这种产品的。在实践上，如果仔细观察当今成功企业的战略，就能够发现有些是波特理论所不能解释的。

最典型的例子就是微软公司。微软可以说是当今最伟大的公司之一。但是，它的成功是源于"最佳产品"吗？微软的产品占据了个人电脑操作系统90%以上的市场份额，是因为它便宜吗？显然不是。一个Windows98的拷贝就能高价卖出，是因为它独具特色吗？也不是。实际上，从MS-DOS到Windows，微软的大多数产品都不是最好的。至今还有不少人宣称，苹果（Apple）公司的产品是最有个性的。尽管如此，微软还是牢牢地占据了行业领导者的地位。它的竞争优势既不是因为低成本，也不是产品差异化，而是源于整个系统的支持，人们可以称之为"系统锁定"。

另外还有一类公司，它们在每个具体产品的市场份额都不是最大的，成本不是最低的，产品也不是最有特色的。但是，这些产品可以很好地集成在一起，给目标顾客提供最完备的解决方案。结果这些企业同样取得了成功。这种战略选择的重点在于顾客，可以叫做"顾客解决方案"战略。

因为波特的理论分析是基于比较成熟的行业进行的。所以，在技术、产品、客户、企业竞争关系变化越来越快的经济环境中，像上面所说的例子会越来越多。因此，很多人对波特理论进行了补充，其中美国麻省理工学院的阿诺德·哈克斯（Arnold Hacks）和他的团队调查了上百家的公司，提出了战略选择的三角模型，代表企业战略选择的三个方向——最佳产品、客户解决方案和系统锁定。

（1）最佳产品战略

最佳产品战略的思路还是基于传统的低成本和产品差别化的策略。企业通过简化生产过程，扩大销售量来获得成本领先地位，或者是通过技术创新、品牌或特殊服务来强化产品的某一方面的特性，以此来增加客户价值。

在追求最佳产品战略定位的过程中，新进入的企业往往具有后发优势，因为它们可以对行业的模式重新定义，而老企业现有的运作系统、流程往往增加了革新的成本。许多后起的企业，像西南航空、戴尔等，往往可以更清晰地定义细分市场。它们不但渗透进入一个成熟的行业，还取得了成本上的领导地位。所有这些企业都有一个模式——相对于现有企业，它们提供的产品和服务的范围更狭窄，它们去掉产品的部分特点，在价值链上去掉一些环节，外包一些环节，在余下的环节实施低成本或产品差别的策略。

客户解决方案战略的出发点是，通过一系列产品和服务的组合，最大程度地满足客户的需求。这种战略的重点是锁定目标顾客。提供最完善的服务；实施手段是学习和定制化。其中学习具有双重效应：企业通过学习可以更好地增强顾客的满意度；客户不断的学习增加了转换成本，提高了忠诚度，实施这种战略往往意味着和供应商、竞争对手和客户的合作和联盟，大家一起来为客户提供最好的方案。

(2) 系统锁定战略

系统锁定战略的视角突破了产品和客户的范围，考虑了整个系统创造价值的所有要素。尤其要强调的是，这些要素中除了竞争对手、供应商、客户、替代品之外，还要包括生产补充品的企业。典型的例子有：手机厂家和电信运营商、计算机硬件和软件、音响设备和 CD 唱片等等。实施系统锁定战略的要义在于，如何联合补充厂商一道锁定客户，并把竞争对手挡在门外，最终达到控制行业标准的最高境界。

处于系统锁定战略定位的公司建立了行业的标准，它们是生产厂商大规模投资的受益者。微软和英特尔是最典型的例子。80%~90%的 PC 软件商都是基于微软的操作系统（比如 Windows98）和英特尔的芯片（比如奔腾），它们之间的联盟被称为 Win-Tel。作为一个客户，如果想使用大部分的应用软件，就得购买微软的产品。作为一家应用软件厂商，如果想让 90%的顾客能够使用本公司的软件，就得把软件设计得与微软的操作系统匹配。

微软和英特尔的成功不是因为最好的产品质量和产品的差别化，也不是因为提供客户解决方案，而是因为它们的系统锁定的地位。很早以前，苹果电脑就以良好的操作系统而著称，摩托罗拉生产的芯片速度也相当快。然而，微软和英特尔还是牢牢地控制了整个行业。

在非高科技行业，黄页（The Yellow Pages）是最常用的地址名录，它也在美国建立起了行业的标准。这项业务的模式很简单，但却有 50%的毛利润。1984年，黄页市场开始向众多竞争对手开放，当时有专家预测，行业内企业的利润率要降低，大黄页的市场份额会急剧下降。然而，一段时间之后，大黄页依旧占据了这个市场的 85%的市场份额，利润率也没有下降。这是怎么回事呢？原因就是黄页处在了系统锁定的战略位置——最好的企业都在大黄页上做广告，顾客也只买有价值的地址名录，当新的公司进入这个市场时，它们难以吸引大客户的广告，因为这些客户撤掉在大黄页上的广告的代价实在太大了，所以消费者并没有去购买新的地址名录。大黄页的盈利循环没有中断，它们的产品依旧处于领导地位。

另外一个正在形成标准的行业是金融服务业。美国运通（American Express）是早期的签账卡（charge card）市场领导者。他的战略就是服务高端客户，尤其是那些经常出国的人。他们有句非常著名的口号:"没有运通卡不要出门!"(Don't leave home without it!)他们在全球各地都有办公室,这使得运通公司处于客户解决方案的战略位置。

相反,Visa和万事达的做法却不一样。它们设计了一个开放的平台,整个运营系统的所有要素——银行、商家和客户都参与到这个平台。它们创造了一个完善的营运循环——消费者喜欢被大多数商家接受的信用卡,商家喜欢大多数消费者使用的信用卡。这个策略产生了很强的系统锁定的效应,Visa和万事达创造并拥有了行业的标准。现在,Visa和万事达占据了流通卡的80%的市场。

(3)客户解决方案定位

客户解决方案定位反映了战略定位的重心从产品向客户转移,它强调给客户带来的价值,以及客户的学习效应。

全球500强企业之一的电子数据系统公司(Electronic Data Systems,EDS)是实行客户解决方案战略的很好的例子。它的定位就是,为客户提供最好的服务,满足客户所有的信息管理方面的需求,它们为每一位顾客提供价位合理的量身定做的解决方案。作为客户解决方案的供应商,EDS的绩效评价指标是:在多大程度上提升了客户的能力,帮助客户节省了多少经费?为了实现这些目标,EDS把它的服务扩展到那些原来是由客户自己来完成的活动,通过对IT技术的专注和运作经验的积累,它们能不断地降低成本、提高服务质量。

在金融服务市场,美林银行首先引入了客户管理账户,这个账户是根据用户的情况定制的,客户可以选择不同的账单支付方式,不同的经纪人、共同基金、IRA账户、信用卡和查询账户等等。这项业务的推出使得美林银行迅速地走向成功。

对于上述三种策略,并不能简单地下结论,这三种战略哪个好,哪个不好。每种策略的执行者都是既有赢家,又有失败者,尤其是系统锁定战略,最后的成功者可能就只有一个。所以说,战略的选择最终还是要视具体环境而定。

3. 不同产业的竞争战略

许多产业都随时间演变,经历着从成长到成熟直至衰落的演变历程。产业竞争力量也会随产业演变而变化。因此处于不同的产业阶段的企业应该采用不同的竞争战略。

（1）新兴产业的竞争战略

新兴行业是随着技术创新，消费者新需求的出现以及促进新产品和潜在经营机会产生的经济和社会的变化而产生的行业。简单地讲，新兴行业是由先驱性企业创造出来的行业。新兴行业具有以下特点。

①技术与战略的不确定性。在新兴行业中，企业的生产技术还不成熟，还有待于继续创新与完善。同时，企业的生产经营也还没有形成一套完整的方法和规程，哪种产品结构最佳，哪种生产技术最有效率等都还没有明确的结论。此外，不同的新兴行业在市场环境的结构上也存在着不同的差别。

企业技术的不确定性，导致了战略的不确定性。在新兴行业中，各企业在技术和战略上都处于一种探索阶段，表现为新兴行业技术的多变性，从而战略的选择也是多种多样的，各企业的产品的市场定位、营销、服务方式都表现出这一点。

从具体的经营活动来看，新兴行业生产规模小，但生产成本高。随着生产规模的扩大，经验的不断积累，生产组织趋于合理及规模经济的形成，成本才会下降。同时，企业缺乏制订战略所必需的信息，不了解竞争对手的数目、分布状况、优势和劣势状态，购买者的需求规模和偏好，以及市场成长的速度和将要实现的规模等。在相当长的一段时间内，新兴行业的参与者只能在探索中寻求适当的战略与成功机会。

②行业发展的风险性。在新兴行业中，许多顾客都是第一次购买者。在这种情况下，市场营销活动的中心应该是诱导初始的购买行为，避免顾客在产品技术和功能等方面与竞争对手发生混淆。同时，还有许多顾客对新兴行业持观望等待的态度，认为第二代或第三代技术将迅速取代现有的产品，他们等待产品的成熟与技术和设计方面的标准化。因此，新兴行业的发展具有一定的风险性。

在新兴行业中，企业的战略选择必须与技术的不确定性和行业发展的风险性相适应。由于在该行业中，不存在公认的竞争对策原则，尚未形成稳定的竞争结构，竞争对手难以确定等因素，都使行业发展的新兴阶段成为战略自由度最大、战略影响程度最高的阶段。企业利用这一点，在行业初期的多变环境中做出正确的战略选择，就会在一定程度上决定企业今后在行业中的经营状况和地位。为此，企业在战略选择上应该考虑以下问题。

①促进行业结构的形成。在新兴行业的战略问题上,压倒其他战略的选择是,首先考虑企业是否有能力促进行业结构趋于稳定而且成形。这种战略选择使企业能够在产品决策、营销方法以及价格策略上建立一套有利于自身发展的竞争规则,从而有利于企业建立长远的行业地位。

②改变供应商和销售渠道。随着行业规模的成长,新兴行业重点企业必须在战略上准备应对供应商和销售渠道可能出现的方向性转移。例如,供应商可能越来越趋向于满足行业的特殊要求,而销售渠道可能对一体化感兴趣等。这些方向性的转移,会在很大程度上使企业改变战略。

③正确对待行业发展的外差因素。所谓外差因素,是指企业效率与社会效率之间的不一致。在新兴行业中,关键问题是企业必须在行业所倡导的事物与企业追求自身利益之间寻找平衡。行业的整体形象、信誉、与其他行业的关系、行业吸引力、行业与政府及金融界的关系等都和企业的生产经营状况等密切相关。行业内企业的发展,离不开与其他同类企业的协调和整个行业的发展。企业为了行业的整体利益以及企业自身的长远利益,又必须放弃企业暂时的自身利益。

(2) 快速发展产业的竞争战略

快速发展产业的特征是:技术变革很快,产品生命周期很短,一些重要的新竞争对手进入了该行业,竞争对手经常采取新的竞争行动(其中包括为建立一个更加强大的地位而进行的兼并和购并)。

快速发展的市场环境存在重大的战略挑战。由于每天都有这种或那种重要的竞争发展态势方面的消息,所以仅仅对所发生的事件进行检测、评价和做出反应就成了一项艰巨的任务。在快速变化的市场中取得成功往往取决于在公司的战略中建立下列一些因素。

①积极投资于研究与开发,使公司处于技术的前沿。拥有技术诀窍并将这些在技术诀窍上取得的进步转化成创造性的新产品(并且紧跟所有竞争对手所开创的进步和特色)的技能和能力是高技术市场的先决条件。将公司的研究与开发集中于一些关键的领域是非常有用的,因为这样做不仅可以避免公司资源的过度分散,也可以加深公司的专有技能,完善掌握技术,完全实现经验曲线效应,在某一项特定的技术或产品上占据统治地位。

②开发组织能力,对于重大的新事件做出快速的反应。快速反应具有很大的

重要性，因为对将要发生的变化几乎不可能进行预测。而且，竞争厂商必须敏捷而快速地调动公司的资源对竞争对手的行动或者新的技术发展态势或变化的顾客需求或攻击反应慢的竞争对手做出反应，资源灵活性一般是一个关键的成功因素，因为它是一种调节现有能力的能力，是一种创造新能力的能力，它是一种能够在任何竞争对手能够成功地开拓出来的技术途径和产品特色方面与竞争对手匹敌的能力。如果一家公司没有这样的组织能力，如速度、灵活性以及能够发现满足顾客的新途径，那么，它就会很快失去其竞争力。

③依赖于同外部的供应商和那些生产关联产品的公司建立战略联盟，让他们开展整个价值链体系中他们有着专业化专门技能和能力的活动，在很多高速的行业中，技术的扩展很宽，往往会产生很多新的路径和产品种类，没有哪一家公司拥有足够的资源和能力来追求所有的路径和产品。专业化（以便促使必要的技术深度）和聚焦战略（以便保存组织的灵活性，充分利用公司的技能）是必要的。公司加强其竞争地位的方式不仅可以通过加强自己的资源，也可以同制造最先进的零配件的供应商建立伙伴关系以及同关联产品的主要生产商进行合作。

如果快速变化的市场环境使很多的技术领域和产品种类成为必需，竞争厂商也就没有别的选择了，只能实施某种聚焦战略，集中精力，成为某一特定领域的领导者。现代技术诀窍和"首先出现在市场上"的能力是非常有价值的竞争资产。而且，竞争的速度要求公司做出快速的反应，拥有灵活的可调整的资源——组织敏捷性是组织的一项巨大的资产。同供应商进行合作的能力也是如此，公司必须有效地将供应商和公司自己的资源有效地综合匹配起来，一方面公司必须建立丰富的内部资源，以免公司受其供应商的摆布；另一方面，公司又要通过外部的资源和技能来维持一定的组织灵活性。公司必须在这两方面维持一定的平衡。

(3) 分散产业中的竞争战略

分散产业是指由大量中小型企业组成的行业，快餐业、洗衣业、照相业等都属于这类行业。分散行业中，企业的市场占有率没有明显的优势，企业也不存在规模经济，没有一个企业能够对行业的运行发生影响。

一个行业成为分散产业的原因很多，既有历史的原因，也有经济的原因。

①进入障碍低。行业的进入障碍低，企业就比较容易进入这种行业。结果，大量的中小企业成为该行业中的竞争主导力量。

②缺乏规模经济。有的行业生产过程比较简单，难以实行有效的机械化和规范化。这类企业，尽管生产规模会不断扩大，其成本并不会下降，或者下降幅度很小。同时，企业的储存成本高，而且销售额的变化无规律可循，使企业难以发挥规模经济的作用。因此，在一定程度上，专业化程度较低的企业要比专业化程度高的资本密集型大企业更具有竞争性。

③产品的差别化程度高。产品的差别化程度高，可以有效地限制规模，使效率不同的企业得以发展。

④讨价还价的能力不足。在分散的行业里，供应方与购买方的结构决定了行业中的企业在与相邻的企业或单位进行交易时不具备讨价还价的能力，同时，供应方与购买方也有意识地鼓励新企业进入该行业，使行业保持分散状态，并使企业维持小规模。

⑤运输成本高。高额的运输费用，往往限制企业的有效生产规模，以及生产布局，使行业不能形成整体规模效应。

⑥市场需求的多元化。在某些行业中，由于地域的差异，顾客的需求是分散的，而且形式多样。结果，导致行业分散化。

⑦行业初期阶段。在行业发展的初期阶段，所有的企业都处于发展状态，没有能力扩大生产，或进行兼并。因此，这时的行业处于一种分散状态。

针对行业的分散状态，理论界和实业界都在探讨整合行业的战略与方法，试图改变分散的行业结构，运用基本竞争战略获得竞争优势。企业常用的战略有三种形式。

①连锁经营。企业运用这种方法主要是为了获得成本领先的战略优势。连锁经营改变了以往零售店的分散布局状态，建立联络网络，形成规模经济，拥有大量的购买力同时，连锁经营可以建立区域性的配货中心，克服高运输成本的现象，减少库存成本，快速反应商店和顾客的需求，以及分享共同的管理经验。这些都可以大幅度降低企业的成本，形成竞争优势。

②特许经营。在分散产业里，企业要形成差别化，可以多采取特许经营的方式，获得竞争优势。在特许经营中，一个地方性的企业由一个人同时拥有和管理，这个人既是所有者又是经营者，有很强的事业心管理该企业，保持产品和服务质量，满足顾客的需求，形成差别化。企业通过特许经营还可以减轻迅速增加

的财务开支，并获得大规模广告、分销与管理的经济效益，使企业迅速成长。

③横向合并。为了求得发展，企业在经营层次上合并一些产业中的中小企业，以形成大企业。例如，将一些地方性的企业合并成全国性的企业，使之形成规模经济效益或形成全国市场，从而，企业可以采用成本领先战略，或差别化战略。

分散产业可以为企业的选择带来战略机会，也可以给企业带来失误。在战略的使用过程中，企业应该注意以下几点。

①避免全面出击。在分散产业中，企业要面对所有的顾客，生产经营各种产品和提供各种服务是很难获得成功的，反而会削弱企业的竞争力。

②避免随机性。企业在战略实施过程中，不要总是调整以往的资源配置。在短期内，频繁的调整可能会产生效果，但在长期的发展中，战略执行过于随机，会破坏自身的资源，削弱自身的竞争力。

③避免过于集权化。在分散的行业中，企业竞争的关键是在生产经营上对需求的变化做出反应。因此，在组织结构上，企业应当做出适当的选择，集权性组织结构对市场反映较差，经营单位的管理人员主动性小，难以适应分散的行业竞争。

④避免对新产品做出过度的反应。在分散产业中，新产品会不断出现，企业如果不考虑自身的实力，做出过度的反应，结果会削弱自身的竞争力。

（4）成熟产业中的竞争战略

正如产品存在寿命周期的规律那样，行业也存在一个由迅速成长时期转变为增长缓慢的成熟时期的过程。行业成熟所引起的竞争环境的变化，要求企业战略做出迅速反应；同时，也深刻地影响着企业的组织结构，要求及时加以调整，以适应战略的转变。成熟行业具有以下特点。

①低速增长导致竞争加剧。由于行业不能保持过去的增长速度，市场需求有限，企业一方面保持自身原有的市场份额，同时将注意力转向争夺其他企业的市场份额，这样，在向成熟转变的过程中，行业内部形成两方面的竞争：一是众多企业对缓慢增长的新需求的竞争，二是企业相互之间对现有市场份额的竞争。企业将根据自身的实力，对市场份额进行重新分配。

②注重成本和服务上的竞争。由于行业增长缓慢，技术更加成熟，购买者对

企业产品的选择越来越取决于企业所提供的产品的价格与服务组合。此外，在成本竞争的压力下，企业要增加投资，购买更加先进的设备。

③裁减过剩的生产能力。行业低速增长，企业的生产能力缓慢增加，有可能产生过剩的生产能力，企业需要在行业成熟期中裁减一定的设备和人力。

④研究开发、生产、营销发生变化。在成熟行业中，企业面对所出现的更为激烈的市场竞争、更为成熟的技术、更为复杂的购买者，必然要在供、产、销等方面进行调整，将原来适应高速增长的经营方式转变为与缓慢增长相协调的经营方式。

⑤行业竞争趋向于国际化。技术成熟、产品标准化以及寻求低成本战略等需求使企业竞相投资于具有经营资源优势的国家和地区，从事全球性的生产经营活动。同时，在成熟行业中，企业所面临的国内需求增长缓慢而且趋于饱和。在竞争压力下，企业转向经济发展不平衡、行业演变尚未进入成熟期的国家。在这种情况下，竞争的国际化便不可避免。

（5）企业间的兼并和收购增多

在成熟的行业中，一些企业利用自身的优势，兼并与收购，产生行业集团。同时，这种行业也迫使一些企业退出该经营领域。伴随着行业的发展不断成熟，即使是最强有力的竞争企业也常常因战略与环境不相适应而遭到淘汰。所有这些变化都迫使企业重新审视其经营战略，进行战略转移或调整。

在行业的成熟期，企业一般可供选择的战略有以下几种形式。

①缩减产品系列。在以价格为主要竞争手段、以市场份额为目标的成熟行业里，原有的产品结构必须调整，企业要缩减利润低的产品，将生产和经营能力集中到利润高或者有竞争优势的产品上。

②创新。随着行业的发展成熟，企业要注重以生产为中心的技术创新。通过创新，企业推出低成本的产品设计、更为经济的生产方法和营销方式，力争在买方价格意识日益增强的市场中具有独特的竞争优势。

③降低成本。价格竞争激烈是成熟行业的基本特征。通过从供应商处获得更优惠的供应价格、使用更低廉的零部件、采用更经济的产品设计、提高生产和销售的效率以及削减管理费用等方法，企业可以获得低成本优势，从而在竞争中获得价格优势。

④提高现有顾客的购买量。在成熟行业中，企业很难通过争取竞争对手的顾客的方式，扩大自身的销售量。在这种情况下，企业应采取更好的促销手段，提高自己现有顾客的购买数量。同时，企业也应该开拓新的细分市场，以扩大顾客的购买规模。

⑤发展国际化经营。在国内行业已经成熟时，企业也应该谋求国际化经营。其原因是：同一行业在各国的发展是不平衡的。在一国处于成熟期的行业，可能在其他国家处于迅速成长期。企业进行国际化经营，可以充分利用各国的经营资源，使自己的生产经营更为经济。企业进行国际化经营，可以避免饱和市场上的竞争。不过，企业应该认识到，随着国际化经营，行业内的国内竞争也会形成国际化的竞争。行业内的企业开始争夺海外市场，同时开展与该市场所在国企业的竞争。

总之，企业应该根据行业具体情况和企业自身的优劣势，选择上述其中一种或几种战略形式。同时，企业也要注意战略运用的难点。企业不要为短期利益而牺牲长期利益，不要为了一时的销售额增长而做出过分的投资，要对削减价格做出积极的反映，要在需求出现停滞趋势时减少生产能力。

(6) 衰退产业的竞争战略

行业发展到停滞和衰退阶段的时候，市场总体需求低于经济增长，增长停滞或者开始缩小，利润可能会开始下滑。

一般来说，那些在停滞或衰退行业中取得成功的公司所采取的战略主题有下面三个。

①确认、创造和充分利用以及挖掘行业中成长的细分市场。停滞或衰退的市场和其他的市场一样，也包括众多的细分市场或小的市场点。竞争会出现这种情况，虽然整个行业处于停滞或衰退的状态，但是其中的一个或多个细分市场却会快速地增长。敏锐的竞争厂商往往能够首先集中于有吸引力的成长细分市场上，从而能够逃避销售和利润的停滞，同时还可能在目标市场上获得竞争优势。

②强调以质量改善和产品革新为基础的差别化。不管是改善的质量还是革新都可以通过创造新的重要成长细分市场或者诱惑购买者购买更高价格的东西来使需求恢复活力。成功的产品革新除了满足与竞争对手在价格方面的竞争外又开辟了一条新的道路。这种差别化可能会形成一种额外的优势，因为竞争对手模仿起

来很困难或者代价很高。

③不懈努力，降低成本。如果不指望增加销售量来增加收益，那么公司可以不断提高生产率和降低成本，从而提高利润和投资回报率。可能的成本降低行动包括：对那些外部公司能够更低价的开展的活动和功能采取外部寻源的策略；完全对内部的流程进行重新设计；利用那些没有被充分利用的生产能力；增加更多的销售渠道，保证低成本生产所需要的单位产量；关闭低销量和高成本的分销点；抛弃价值链中盈利很少的活动。

以上这三个战略主题并不相互矛盾。推出新的革新性的产品型号可能会创造一个快速增长的细分市场。同样地，不懈的追求提高经营和运作效率可以降低成本，从而唤回那些对价格很敏感的顾客。所有这三个战略主题都是一般战略的剥离（或改造形式），为适应艰难的行业环境而进行了调整。

最具有吸引力的衰退行业是这样一些行业，在这些行业中销量的蚀失很慢，内在需求很大，仍然存在一些能够盈利的细分市场或小市场。

第六章 企业经济与信息管理创新

第一节 现代企业经济管理的创新

一、企业经济管理发展与创新

在市场经济体制下,尤其是随着中国社会主义市场经济体制的日益完善,企业依照创新特别是制度创新来赢得更大市场份额、获取更大市场竞争力的要求越来越迫切。所谓的经济管理,主要是指企业依托自己的长远规划和战略目标,采用系统理论发现企业管理中的不足,并提出有针对性的解决措施,以期能够提高企业的核心竞争力、增加企业的经营利润,并获可持续发展能力。

(一)当前企业发展的环境概况

知识经济已经成了当前企业发展环境的典型特点。在知识经济时代,各种信息化手段的运用是不可或缺的,唯有紧紧抓住信息化变革的脉搏,重视各种先进信息技术的运用,尤其是现代化决策系统的构建,才能够在实质意义上变革企业的作业流程、精简企业的管理层次,实现信息传递、消息反馈和管理效率的三重提升。收集整理是适应知识经济时代的关键因素,企业变革经济管理制度,必须要高度重视企业管理人员思维模式、管理理念的现代化和时代化,及时主动更新自身的知识结构,为企业的经济管理创新提供必要的智力支持。

1. 企业进行经济管理创新的必要性

(1)经济全球化是新形势下更新企业管理理念的外在动力

世界经济的联系日益密切已经成了不争的事实,其他国家的经济波动便会直接反映在国际市场当中,并有可能对本国的经济发展产生不利影响。面对日益激烈的国际市场竞争环境,中国企业单纯依赖低成本优势占领国际市场的美好时光正在渐渐远去。通过实现企业经济管理的创新，提高产品质量、突出企业特色、增强企业创新能力，已经成了企业实现可持续发展的必要条件，通过对最近几年国外企业发展战略调整的观察，可以清晰地看出，国外企业都在不约而同地进行自我变革，努力突出自己的特色优势，这应该能够给中国的企业发展提供充分的启示。

（2）制度发展是新形势下更新企业管理理念的内部原因

与国外企业相比，中国企业在自身制度建设方面，不论是在制度现状方面还是在重视程度方面，均存在着较大的差距面对日益激烈的市场竞争，企业为了获得更大的生存空间，必须要进行自我变革，必须要推进企业经济管理变革。有很多企业经营实践表明，由于缺乏先进的管理制度致使企业管理制度的先进性无法得到体现，内部控制一直难以有效落实。目前，不少企业的内部控制目标定位偏低或者脱离实际，而且由于这些目标往往过于形式化，没有办法保证企业内部控制运作的高效性和规范性，使得企业的协调机制无法统一化，最终导致企业经营效益的下降。

2. 在新的历史形势下企业进行经济管理创新的途径和方法

（1）以先进理念作为指导思想

探索新的历史形势下企业进行经济管理创新的途径和方法，必须要有先进的理念作为指导。只有在先进理念的指导下，才能够确保经济管理制度创新方向和原则的正确性，才能够保证企业的创新规划符合企业的根本发展战略，才能够保证企业制定出科学的、合理的管理策略和执行方法，具体而言，在企业进行经济管理创新中贯彻先进理念，必须要做好以下两点：第一，坚持上下结合的理念贯彻路径。企业的管理层和领导人需要自觉地掌握先进理念，作为企业发展的领头人，他们的经营理念是否先进将会直接决定企业的发展状况；同时，企业职工作为企业数量最多的集体，他们是执行先进理念的一线人员，他们的理念是否先进，将会直接影响企业各种管理制度、经营方针的执行效果。因此，贯彻和落实先进理念需要企业高层和企业基层共同努力，让企业的全体人员均能够以先进的理念创新经济管理，并高效执行各种相关政策。第二，要勇于破除旧理念。破除旧理念需要极大的勇气和卓越的见识。企业领导层在逐步纠正旧理念的过程中，需要循序渐进，严禁急功近利；坚持步步为营，让企业组织在彻底消化一部分新理念的基础上来逐步推动新理念的完全落实，避免因为行动的过激和过急导致企业无所适从。

（2）实现经济制度的创新与完善

制度的完善与创新能够使经济管理的改革持久发挥作用，这是在探索企业经济管理创新过程中总结出的重要经验。企业经济管理的创新成果需要通过制度的建立来进行巩固。完善和创新相关制度，企业必须要学会通过建立约束性条款的方式来让企业自身和全体员工依照相关规定自觉运行，并密切企业和全体人员之间的联系，为了激发企业潜在的创新能力，需要构建起全面、有效的激励体系，让员工的各种有益创新行为能够得到奖励，形成示范效益，进而增强整个企业的创新氛围和创新活力。另外，与制度创新相匹配的组织建设和组织创新也应该同步进行，让组织成为制度得以落实的有力载体，推动企业的全面可持续发展。

（3）强化企业的内部控制管理

第一，加强对企业各部门的调控。企业的内部控制是经济管理中重要的组成部分，一些以财务为依靠的企业不能适应市场经济发展的要求，所以，相应地，需要对财务部门做出改变，使财务管理向着全面化的发展趋势发展下去。第二，完善企业监督体系。随着市场经济的发展，完善一定的财务内部监控工作，对于竞争激烈的市场经济体制有着不可估量的作用，建立对财会控制为核心，实行内控机制，提高财务等各部门的认真、负责的态度，避免各种不合规章制度的行为发生

在新的历史形势下，企业的经济管理制度必须要与时俱进，不断适应变化的客观环境，满足企业新环境下的发展需求因此，创新企业经济管理制度，必须要高度契合企业的发展宗旨，有清晰明确的经营目标和管理措施，能够保证获取完成企业发展目标的各种必需资源。

（二）企业经济管理创新应把握的重点环节

企业经济管理作为企业一项核心工作，其创新的价值对企业发展具有重要作用，因此要抓住重要的环节，以点带面促进企业经济管理质量的跃升。

1. 经济管理的观念创新是基础

经济管理必须要紧密结合市场的发展变化和企业现实的特点，而不能一味地

沿袭传统的模式，因此首先要在观念上树立与时俱进的意识。一是管理层要树立创新是核心的意识，就是要求企业管理层要将创新作为企业管理的重点，将创新作为考评员工工作质量的重要依据，为其提供良好的外部环境。二是工作人员树立创新是职责的意识，就是要培养其创新的内在动力，使其随时改进管理模式、创新工作方法作为工作的重要职责，加以贯彻落实。三是员工要树立创新是义务的意识，就是要积极鼓励普通员工加入企业经济管理创新的活动中，集思广益，实现企业经济管理质量的提升。

2. 经济管理的技术创新是保障

要发挥当前科技进步的优势，将电脑、网络、自动化平台等先进的设备加入经济管理活动中。一是建立完善的管理数据库。企业经济管理涉及企业的方方面面，因此建立完善的数据库能够有效地提高管理的质量和效益，为管理人员提供精确的数据，提高管理质量。二是建立亲民的管理平台。要建立科学的互动平台，能够让员工有通畅的渠道反映问题、提出建议，为经济管理工作的改进提供支持，如建立企业论坛、聊天群等模式。

3. 经济管理的组织创新是关键

组织模式代表了一种对资源的配置方式，包括对人、财、物资源及其结构的稳定性安排。特别是在当前信息量大、市场变化剧烈的环境下，如何建立适应市场要求，满足企业发展需要的管理组织模式就成了企业经济管理创新的关键。因此，一是建立精干的管理组织，就是要通过职能分工细化等方法，结合先进的科技手段建立精干的管理组织体系，摆脱传统的机构臃肿、人浮于事的问题。二是培养核心的团队精神，就是要通过企业文化的影响、管理结构的改变，提高企业管理人员的凝聚力、向心力，形成企业经济管理的合力，为创新的落实提供可靠保证。三是树立高效的组织形式，就是通过分工合作、责任追究等方法，促进企业管理模式的改变，建立高效、务实的管理特点。

（三）网络经济下企业财务管理的创新

进入 21 世纪以来，随着网络通信和多媒体技术的迅速发展，网上企业、虚拟企业等新的企业系统应运而生，网络经济逐渐形成。网络经济改变了人们的传统的资本、财富和价值观念,使财务管理的环境发生了变化,给企业参与市场竞争带来了新的机遇与挑战,对企业经营管理全面创新将发挥重要的推动作用。财务管理作为企业经营管理的重要组成部分,面临着自身能否快速跟上新技术、适应网络经济的挑战。

1. 财务管理目标的创新

网络经济的重要标志之一是人类生产经营活动和社会活动网络化。财务管理必须顺应潮流,充分利用互联网资源,从管理目标、管理内容和管理模式进行创新。传统财务管理目标以"利润最大化""股东财富最大化"或"企业价值最大化"为主,它是基于物质资本占主导地位的工业经济时代物质资源的稀缺性和使用上的排他性等原因产生的,体现股东至上的原则,然而,在网络经济下,人力资源、知识资源在企业资源中占主导地位,企业相关利益主体发生了改变,若财务管理的目标仅归结为股东的目标,而忽视其他相关主体,必然导致企业相关主体的冲突,最终损害企业的利益和财务管理内容的创新。

①融资、投资创新。在传统经济形式下,企业的融资是指以低成本、低风险筹措企业所需的各种金融资本;投资资金的运用,主要指固定资产投资和项目投资。而在网络经济下,人力资本、知识资本的管理是企业财务管理的重心。因此,企业的融资、投资重心将转向人力资本和知识资本。目前,在网络经济下企业的竞争是人力资本和知识资本的竞争,谁拥有了人力资本和知识资本,便拥有了发展、生产的主动权。因此,筹集知识资本和储备人力资本将成为网络经济下财务管理的重要环节。

②资本结构优化创新。资本结构是企业财务状况和发展战略的基础。而网络财务中资本结构优化创新包括以下几个层面:一是确立传统金融资本与知识资本的比例关系;二是确立传统金融资本内部的比例关系、形式和层次;三是确立知识资产证券化的种类、期限,非证券化知识资产的权益形式、债务形式以及知识资本中人力资本的产权形式等。通常情况下,企业资本结构的优化创新是通过投资与融资管理而实现的。只有优化资本结构,使企业各类资本形式动态组合达到收益与风险的相互配比,才能实现企业知识占有与使用量的最大化。

③收益分配模式创新。在网络经济下,企业资源的重心转向人力资源和知识资源,有知识的劳动者成为企业的拥有者。企业的资本可分为物质资本和知识资

本。企业的拥有者发生了变化，收益分配模式必然发生变革。收益分配模式由传统的按资分配变为在企业的物质资本和知识资本的各所有者之间分配，按照各所有者为企业作出贡献大小及所承担风险大小进行分配。

财务管理模式的创新在互联网环境下，任何物理距离都将变成鼠标的距离，财务管理的能力必须延伸到全球任何一个结点。财务管理模式只有从过去的局部、分散管理向远程处理和集中式管理转变，才能实时监控财务状况以回避高速度运营产生的巨大风险。企业集团利用互联网，可以对所有的分支机构实行数据的远程处理、远程报账、远程审计等远距离财务监控，也可以掌握如监控远程库存、销售点经营等业务情况。这种管理模式的创新，使得企业集团在互联网上通过网页登录，即可轻松地实现集中式管理，对所有分支机构进行集中记账，集中资金调配，从而提高企业竞争力。

2. 网络经济下财务管理创新的实施构想

网络经济的兴起，使创造企业财富的核心要素由物质资本转向人力资本和知识资本。因此，企业理财必须转变观念，不能只盯住物质资本和金融资本。首先，企业财务只有坚持以人为本的管理，充分调动员工的积极性、主动性和创造性，才能从根本上提升企业财务管理的水平。其次，企业财务人员必须树立正确的风险观，善于观察和面对复杂的竞争环境，能够科学准确地预测市场环境下的不确定因素。最后，要重视和利用知识资本。企业既要为知识创造及其商品化提供相应的经营资产，又要充分利用知识资本，使企业保持持续的利润增长。

加强财务人员的网络技术培训。在以数字化技术为先导的网络经济下，财务管理创新的关键是对于网络技术的普及与应用，而对财务人员进行网络技术培训，可提高财务人员的适应能力和创新能力。因为，对于已拥有经济和财会理论基础的财务人员学习现代网络技术，就可将经济、财会、网络有机地结合起来，从多角度分析新经济环境的需要，制定合适的财务策略。同时，通过技术培训可使财务人员不断汲取新的知识，开发企业信息，并根据变化的理财环境，对企业的运行状况和不断扩大的业务范围进行评估和风险分析。只有这样财务管理人员才能适应网络经济发展的要求，实现财务管理的创新。

二、现代企业经济管理的创新策略

一个企业的精髓所在就是该企业的经济效益，这不但是判断某个企业运行是否良好的关键标准，而且是企业之间相互竞争的依据，而提高资金使用效率正是提高经济收益的前提条件。因此，加强企业经济管理提高资金使用效率在企业经营的过程中占据着核心地位，是每个现代企业不可忽视的一个重要问题。

随着经济全球化与一体化进程的不断加快，市场竞争日益激烈，在此时代背景下，企业要想在竞争中脱颖而出，必须不断更新设备设施，提高经济管理水平，不断创新，让企业的经济管理更好地服务于生产经营，认识到经济管理的创新对企业发展的重要性。

（一）企业经济管理创新的重要性

随着现代企业的不断涌现，在企业管理方面的经验也在不断得到积累和丰富，对于企业所面临的种种问题也在各个企业精英的思考和探索中得到解决。当下，对于如何加强企业经济管理提高资金使用效率也正是众多企业亟待解决的一个重大问题。

1. 经济改革的要求

企业经济管理作为优化和整合企业资源的重要手段，从一定程度上来讲，可以将其看成是一种生产力的表现形式。当今市场经济处于高速发展的时期，科学技术的更新也日新月异，知识经济和互联网经济在当今社会中的作用也不断凸显，企业在新经济时代下，如果不加强对经济管理创新，就会落后于其他企业，不能适应时代发展和市场经济的发展，在竞争中也会处于不利地位。

2. 企业发展的需求

对于不同的企业而言，其经营的环境和管理体系上也是不同的，但是影响企业经营环境和管理体系的因素是基本相同的。首先，企业经营环境和管理体系都受到了全球经济化趋势日益加强的影响；其次，受到了以知识经济为主体的新经济发展形势的引线；最后，还受到了互联网技术发展的影响，在外部环境影响下，企业面临外部环境的逐渐开放，企业在国际市场中的竞争压力也越来越大。就当前来说，新经济环境和新经济形势对企业来说，既是挑战，也是一种机遇，企业要加强竞争实力,必然要创新经济管理,才能不断地发展和进步。

(二)企业经济管理的职能

随着企业的各项制度的不断完善,组织结构的不断建立健全,作为企业管理核心内容之一的经济管理,其具体的管理和职能的内容也在发生着变化。就企业的经济管理职能的含义而言,其实就是企业的经济管理通过企业的再生产环节而体现出来的所具备的功能。具体一点说,经济管理的职能由两方面的内容决定,一方面,是指财务工作的本质的影响;另一方面,是指来自管理的理论和实践发展的影响。由于现代社会的经济利益体制及关系的逐渐丰富,企业给经济管理划定的范围逐渐扩大。同时,也给经济管理的职能赋予更多的可能和更大的权限。经济管理的主要职能体现在这样几个方面:首先,财务计划职能,主要体现在规划和安排未来某一个时间段的财务活动。其次,财务组织职能,主要体现在科学地对财务系统中相关的各种因素、各个部分等按照一定的顺序和关系进行合理地组织整理。再者,财务控制职能,这一职能的设立是十分有必要的,这是为了实现对财务工作中的失误和偏差的及时发现和改正。最后,财务协调职能,这是为了避免一些不必要的财务纠纷,从而利用各种合理的财务协调手段和途径等来维护企业良好的配合关系,以及舒适的财务环境。经济管理自从被企业管理独立划分出来并得到广泛使用以来,其职能得到了相当快速的发展。

(三)现代企业经济管理中的创新策略

1. 企业经济管理理念创新

思想观念的转变、思想理念的创新都是企业经济管理理念创新的先导,要正确理解企业经济管理理念创新的概念,切实贯彻理念创新。所以,企业要大力倡导理念创新,把理念创新视为经济管理创新的根基,日后的其他管理创新机制都要以理念创新为指导。企业经济管理理念创新不仅纠正了陈旧的、过时的思维模式,还通过独特的视角、思维方法、管理机制为企业经济管理创新提供指导,在企业里树立创新管理与科学管理的理念,真正做到创新管理,让企业的生产经营在理念创新的道路上越走越远。

2. 加强对企业经济管理制度的创新

企业要实现管理,离不开企业制度的支持,企业在经济管理创新中,也受到了企业管理制度的制约。因此，企业要实现经济管理的创新，就要加强对企业经济管理制度的创新。首先，应该坚持以人为本的人性化管理机制，为企业员工创造良好的发展条件，加强对人力资源管理的重视，完善人力资源管理制度，建立健全的监督机制和决策机制，并让企业所有员工都积极参与进来，调动员工工作的积极性。

3. 加强对企业经济管理组织模式的创新

在企业经营发展的过程中，经济管理组织在其中也发挥着巨大的作用，实施有效的经济管理组织可以提高企业经济管理效益。因此，企业要认识到企业经济管理组织模式的重要性，加强对经济管理组织模式的创新。首先，在管理组织的建设上，要实施柔性化的管理方式，促进管理组织的多样化。其次，要实现企业经济管理模式的扁平化，简化企业组织层次，提高企业经济管理效益。最后，要促进虚拟化管理机制的建立，借助先进的计算机技术对经济管理组织进行合理的规划，实现对经济管理信息的整合，从而建立起一种无形的经济管理机制，促进企业经济的发展。

随着经济全球化进程的加快和市场经济改革的完善，企业也面临着巨大的竞争压力。创新作为企业发展的基本动力，在当前经济发展的时代下，也是企业提高竞争实力的基本途径。企业要想在当下获得更好的发展，提高企业在市场中的竞争实力，就必须对经济管理引起重视，针对企业当前存在的问题，制定出有效的经济管理创新对策，不断提高企业经济管理水平。

第二节　企业信息管理创新

一、企业信息管理概述

（一）信息与企业信息管理

在企业信息管理中，信息和信息活动是主要对象。企业所有活动的情况都要转变成信息，以"信息流"的形式在企业信息系统中运行，以便实现信息传播、存储、共享、创新和利用。管理中企业的物质流、资金流、价值流等，也要转变成各种"信息流"并入信息管理中。企业信息管理的原则必须遵循信息活动的固有规律，并建立相应的管理方法和管理制度，只有这样，企业才能完成它的各项管理职能。

1. 信息与信息管理

（1）信息

信息是事物的存在状态和运动属性的表现形式。"事物"泛指人类社会、思维活动和自然界一切可能的对象。"存在状态"指事物的内部结构和外部联系。"运动"泛指一切意义上的变化，包括机械的、物理的、化学的、生物的、思维的和社会的运动。"属性"是指事物在时间和空间上变化所展示的特征、态势和规律。信息一般经由两种方式从信息产生者向信息利用者传递：一种是由信息产生者直接流向信息利用者，常称为非正规信息流；另一种是信息在信息系统的控制下流向信息利用者，常称为正规信息流。

（2）信息管理

信息管理是指应用电子计算机、网络技术和现代通信技术，对信息资料的搜集、加工、处理、传输、使用、储存和维护等一系列活动的总称。它是人类为了有效地开发和利用信息资源，综合采用技术的、经济的、政策的、法律的和人文的方法和手段，对信息进行控制，以提高信息利用效率，最大限度地实现信息的效用和价值。

（3）信息管理的特征

信息管理既具有管理的一般职能，又具有明显的时代特征。信息管理作为管理的一种类型，它具有管理的一般性职能，如计划、组织、领导、控制等。同时，信息管理作为一个专门的管理类型，管理职能的发挥又有自己独有的表现形式，由于其管理的对象是信息资源和信息活动，所以信息管理贯穿于整个管理过程之中，既有其自身的管理，同时又支持着其他管理活动。

信息管理的时代特征体现在四个方面：一是随着经济全球化，世界各国和地区之间的政治、经济、文化交往日益频繁，组织与组织之间的联系越来越广泛，组织内部各部门之间的联系越来越多，以至于信息大量产生，信息量迅速增长。二是信息组织与存储技术迅速发展，使得信息储存积累可靠便捷，信息处理和传播速度更快。三是信息的处理方法日益复杂。随着管理工作对信息需求的提高，信息的处理方法也越来越复杂。早期的信息加工，多为一种经验性加工或简单的计算，当今的信息加工处理方法不仅需要一般的数学方法，还要运用数理统计、运筹学和人工智能等方法。四是信息管理所涉及的研究领域不断扩大。从科学角度看，信息管理涉及管理学、社会科学、行为科学、经济学、心理学、计算机科学等。从技术上看，信息管理涉及计算机技术、通信技术、办公自动化技术、测试技术、缩微技术等。

2. 企业信息管理

(1) 企业信息管理的基本含义

企业信息管理是指为企业的经营、战略、管理、生产等服务而进行的有关信息的收集、加工、处理、传递、储存、交换、检索、利用、反馈等活动的总称。它是企业以先进的信息技术为手段，对信息进行采集、整理、加工、传播、存储和利用的过程，对企业的信息活动过程进行战略规划，对信息活动中的要素进行计划、组织、领导、控制的决策过程，力求资源有效配置、共享管理、协调运行，以最少的耗费创造最大的效益。企业信息管理是信息管理的一种形式，把信息作为待开发的资源，把信息和信息的活动作为企业的财富和核心。

企业信息管理过程又是一个信息采集、整理、传播、存储、共享、创新和利用的过程。通过不断产生和挖掘管理信息或产品信息来反映企业活动的变化，信息活动的管理过程和管理意图力求创新，不断满足信息管理者依靠信息进行学习、创新和决策的需要。

(2) 企业信息管理的基本内容

企业信息管理的基本内容包括企业信息化建设、企业信息开放与保护、企业信息开发与利用。

企业信息化建设，是企业实现信息管理的必要条件，大致任务包括计算机网络基础设施建设（企业计算机设备的普及、企业内部网 Intranet/企业外部网 Extranet 的建立与因特网的连接等）；生产制造管理系统的信息化（计算机辅助设计 CAD、计算机辅助制造 CAM 等的运用）；企业内部管理业务的信息化（管理信息系统 MIS、决策支持系统 DSS、企业资源计划管理 ERP、客户关系管理 CRM、供应链管理 SCM、知识管理 KM 等）；企业信息化资源的开发与利用（企业内外信息资源的利用、企业信息化人才队伍培训、企业信息化标准/规范及规章制度的建立）；企业信息资源建设（包括信息技术资源的开发、信息内容资源的开发等）。

企业信息开放与保护中，信息开放有两层含义，即信息公开和信息共享。信息公开包括向上级主管公开信息、向监督部门公开信息、向社会公开信息、向上下游企业公开信息和向消费者公开信息、向投资者公开信息等。企业信息按照一定的使用权限在企业内部部门之间、员工之间和与之合作的伙伴之间进行资源共享。企业信息保护的手段很多，如专利保护、商标保护、知识产权保护、合同保护、公平竞争保护等。

企业信息的开发与利用。从信息资源类型出发，企业信息资源有记录型信息资源、实物型信息资源和智力型信息资源之分。智力型信息资源是一类存储在人脑中的信息、知识和经验，这类信息需要人们不断开发加以利用。企业信息开发与利用的内容，包括市场信息、科技信息、生产信息、销售信息、政策信息、金融信息和法律信息等等。

（二）企业信息管理系统

1. 企业信息管理系统的基本含义

企业信息管理系统（EIMS）就是运用现代化的管理思想和方法，采用电子计算机、软件及网络通信技术，对企业管理决策过程中的信息进行收集、存储、加工、分析，以辅助企业日常的业务处理直到决策方案的制定和优选等工作，以及跟踪、监督、控制、调节整个管理过程的人机系统。

信息是企业发展的一个非常重要的资源，信息作为资源，除了一般的可利用、有价值等特性外，还具备共享性、积累性、时效性和多次再生性的特性。而系统则是由若干相互联系、相互制约的独立成分组成的一个有机整体，如管理人员、生产工人、工艺、技术、管理、方法和组织机构、生产设备等，为了一个共同的目标即获取利润生产出社会需要的产品，而组成的一个生产企业就是一个系统。要系统地利用信息这个资源，企业建立信息管理系统是一个非常重要的前提。

随着现代信息技术的飞速发展，不少企业都建立了高效能的信息管理系统，为提升企业管理效率和经济效益创造了有利的条件。提到企业信息管理系统，人们自然就会想到企业资源计划（ERP）、客户关系管理（CRM）、供应链管理（SCM）、产品寿命周期管理（PLM）、制造执行系统（MES）、产品数据管理（PDM）等管理概念、理论和方法，以及各种各样品牌的应用解决方案与信息管理系统，如用友 ERP、海艾迪 C-EMS 和 M-EMS 及 SAP 信息管理系统等等。应用这些信息系统可减少库存占用，降低成本，加快新品上市时间获得更多收益，整合企业业务流程，提高企业运营效率等。

2. 企业信息管理系统的特性

从目前已经大量应用的各种企业信息管理系统来看，普遍具有以下特性。

①行业专家特性和实际应用特性。除了通用的管理软件和 MRP（物料资源计划）、OA（办公自动化）、WFS（工作流系统）外，大多软件都需要做大量的需求分析，咨询顾问（多数都是行业内的专家）和企业各级员工在认真总结以往经验和企业发展要求的基础上，根据企业实际量身定做或在标准版本的基础上根据企业实际做大量的修改，所以具有行业专家特性及实际应用特性。

②积累性和共享性。企业的信息管理系统能够将各部门和各员工的日常工作的关键数据存储在数据库中，并能根据权限方便查阅和调用，具有历史知识的积累性和共享性。

③决策支持性。所有的各种数据可以经过计算机的处理从不同的角度得到各种分析结果，并通过报警提醒的方式，使决策者在第一时间得到相关信息，具有决策支持性。

④动态性。由于信息的时效性和关联性，当系统中某一信息要素发生变化时，与之相关联的其他信息均发生变化。同时，由于企业的外部环境和内部要素均在动态发生变化，系统也要求能够适应这种变化。

3. 企业信息管理系统的作用

从以上企业信息管理系统的含义及特性可以看出，企业信息管理系统对于企业管理水平的提高具有很大的支持和保障作用。

①发布信息，确保组织内的每个成员都能共享。在没有计算机、软件和网络通信技术的背景下，企业发布信息通常采用开会、发文件及书籍等手段，除了发

布成本高之外，信息的传播速度、传播量、更新、查阅及查阅权限等也受到极大的制约。而企业信息管理系统则有效地解决了这些问题，使信息交易成本大大降低，交易质量和效率大大提高，有力地发挥了信息在企业中的生产力作用。

②确保信息获得的及时性。信息管理系统解决了跨地区、跨时间、跨单位、跨部门、跨员工之间的查阅障碍，在有权限的前提下，信息需求者可以迅速通过系统找到自己需要的各种信息。例如，目前的企业信息门户（EIP）可以解决企业之间的信息交流问题，另外企业信息系统可以与相关的网络连接，并自动按照组织内部成员对信息的需求进行筛选、分类和收集，并按照成员对信息的需求及时传送给需要的人，以解决信息时效性的问题。

③提升组织或个人的隐性信息为显性信息，并保证两者之间的有效转换。在企业没有信息系统之前，员工的知识、经验信息等仅存在于自己的脑子里，部门的信息也在这个部门里，信息呈现孤岛状态。遗忘、人员流失和成员之间交流不畅导致企业的信息大多是隐性信息，而不能转变为显性信息，企业的信息难以积累。

企业随着人员的流动、时间的推移不断地交学费，不能形成经验曲线，生产效率和竞争力也就难以提高。信息管理系统使个人信息得以沉淀，成员之间的信息得到共享和交融，企业对员工的过分依赖性降低，从而避免企业因某些关键岗位人员流失出现不可收拾的局面。

4. 企业信息管理系统的类型

企业信息管理系统分为不同的类型：①按企业信息处理所应用的技术划分，可分为人工操作系统、机械操作系统和计算机操作系统。②按照企业管理信息系统的功能来划分，可分为单一功能的企业信息系统和综合功能的企业信息系统。③按系统对外界环境变化的适应度、灵敏度划分，可分为开放型和封闭型信息系统。④按企业内部设置形式划分，可分为职能型、综合型和系统型信息系统。

5. 如何建立有效的企业信息管理系统

首先，要抓好企业的信息管理。信息管理着重于显性知识和隐性知识的相互转化，因为企业只有把国内外和自己企业积累的知识和经验即显性知识，通过归类、整理、提炼迅速传递给需要它的员工，即转化为员工个人的隐性知识，并运用到每项工作中去，才能对企业目标发生作用。企业信息管理主要集中在对书面化的、电子信息等显性知识的管理，在信息增值链上，将数据提升为信息，并对其进行采集与选择、压缩与提炼、归类与导航以及对信息外部特征进行加工和组织。在企业信息管理基础上，根据企业和员工需求，对信息内容进行提炼、比较、挖掘、分析、概括、判断和推论等操作进而进行知识管理。

其次，要建立信息共享系统。信息管理以共享和创新为主要目的，重点解决信息超载而知识匮乏的问题，重视人与人产生知识过程的管理。信息如果不拿出来与他人共享，就会导致核心信息掌握在具体实施人员中，管理失控；企业人员外流导致知识资产流失，大量核心技术被带走；信息孤岛造成协调困难，效率下降。所以，在企业信息系统建设中，要坚持以获取企业内部和外部信息资源为核心，以产品的生产流程为核心，以个人知识与团队知识的相互交流和转化为核心，以正式交流与非正式交流的相互接轨为核心，以解决实际问题为核心。

最后，要把信息化建设作为信息管理的平台。传统的金字塔式组织结构和人际交流模式在很大程度上不适合现代社会对信息的快速组织、整合和共享需要，计算机网络则为信息的获取、组织和共享创造了一个全新的平台。企业在网络平台下，形成一种柔性的与变化的组织和扁平化的信息传递渠道。从信息管理的角度，建立企业信息管理系统，使人与信息资源有机结合，它将人、信息与现实工作任务整合起来，必将为企业管理带来实效。

二、企业信息管理的创新

现代信息技术的快速发展，对企业的信息化过程已经产生着重要影响，不仅使企业信息管理的内容得到丰富，而且对企业的信息管理流程、信息组织、信息制度、信息文化、信息人、信息资源、信息处理技术、信息管理模式和信息系统等方面提出了全新的要求。

（一）企业信息管理创新的基本原则

信息管理创新是在统一的目标下，依据管理创新和信息资源管理的相关理论和思想，对企业现有的信息管理流程进行再造、信息组织结构进行调整或重组、信息制度进行创新、信息文化进行重塑、信息人才进行培养、信息管理模式进行变革、信息系统进行重构和信息技术进行革新。

1. 提高信息管理效率，优化信息管理过程

提高信息管理效率，优化信息管理过程和信息资源配置，这不仅是企业信息管理创新的主要目标，而且也是企业管理追求的目标。因此，在企业实施信息化过程中的管理创新，必须要围绕着提升信息管理效率的目标来进行。同时，企业信息管理创新必须要注重绩效的评价，并且要把是否提高了信息管理效率作为信息管理创新绩效评价最重要的依据。从信息过程来看，必须要有利于企业信息资源的收集、分析加工、存储和快速传递，具有较好的信息反馈机制，有利于企业网络化信息管理，有利于企业管理信息价值的及时实现。

2. 最大限度满足企业信息需求

企业信息管理创新是为了最大限度地满足各个管理层次、各个部门的信息需求，尤其是企业战略决策和创新的信息需求。因此，信息管理创新必须要把满足企业的信息需求作为出发点和最终归宿。一方面，信息管理创新方案的设计要以企业的信息需求为基础；另一方面，信息管理创新方案优劣最基本的评价标准就是能否满足企业的信息需求。

3. 充分利用现代信息技术

企业信息管理创新和现代信息技术之间也应当是一种互动的关系：一方面现代信息技术的发展，为企业信息管理创新提供了良好的环境和条件，促进了企业信息管理创新；另一方面信息管理创新的实施，又进一步推进信息技术，尤其是企业信息技术（如企业 TGPMS、OA 系统等）的发展和优化。现代信息技术是企业信息管理创新最重要的支撑工具，信息组织调整或重组、信息管理流程再造、信息管理模式变革、信息系统重构等信息管理创新过程，都离不开先进的现代信息技术。因此，在企业信息管理创新过程中，必须要充分地利用现代信息技术，同时又要构建先进合理的支撑企业信息管理的信息化平台。

（二）企业信息市场管理创新

1. 信息市场管理及其内容

信息市场管理是指信息市场管理主体运用经济、法律、行政和教育、说服等

手段，对信息市场管理客体及信息市场交易活动进行计划、组织、监督、协调和控制。

信息市场管理的内容：①信息市场战略管理。具体包括：确定一个国家或地区信息市场发展方向与目标，制定信息市场发展的长远规划；制定信息市场管理政策与法规，并组织信息市场管理政策与法规的实施；组织和引导有关机构和人员开展信息市场理论研究，加强对信息市场理论研究的管理；制定信息市场人才培养与教育规划和方案，加强对信息市场人才培养机构的管理；确定信息市场管理体制，协调各种信息市场管理机构之间的关系。②信息商品管理。具体包括：信息商品交易内容和范围的控制，信息商品质量管理，信息商品所有权、转让权和使用权的管理。③信息商品生产经营机构管理。具体包括：对生产和经营信息商品的机构的审查与批准，对信息商品生产经营机构的登记管理，对信息商品生产经营机构的日常监督管理。④信息市场价格管理。具体包括：信息商品价格的拟定和宏观调控，一是国家通过信息商品价格的指导、调整和监督，对部分信息商品的价格实行直接管理；二是国家把信息商品的价格开放，实行市场调节，并通过经济和法律手段对信息商品的市场调节价实施宏观控制以及对信息商品价格进行监督和检查。

2. 信息市场管理的手段

信息市场管理手段主要有经济手段、法律手段、行政手段和教育手段。

（1）经济手段

从广义概念理解，经济手段是指按照客观经济规律，运用经济政策、经济法规、经济计划、经济组织、经济杠杆、经济责任和其他经济方法对经济活动进行管理和监督。信息市场管理中的经济手段，主要是指运用各种经济杠杆并采取经济措施对信息市场进行管理。其中，经济杠杆包括价格、税收和信贷等，经济措施包括奖励、惩罚和赔偿等。

（2）法律手段

法律手段是通过信息经济和信息市场相关方面的立法、执法和司法来调节信息市场上各方面的经济关系，控制信息商品的所有权、使用权和转让权，保证合法的信息市场交易，处理信息市场上的各种矛盾，打击信息市场上的犯罪活动，维护信息市场秩序和良好的信息市场环境。

(3) 行政手段

行政手段是指国家按照行政系统和行政层次，通过有关政策、命令、条例、制度、规定、计划和干预措施，对信息市场进行指导、监督和调控。行政手段具有很强的控制性、组织服从性和强制约束性等特点，是一种刚性的、快速的管理手段。

(4) 教育手段

教育手段是以党政机构、公安司法部门和新闻宣传机构等为依托，并借助于社会力量，通过政治思想工作、普法教育、新闻舆论导向、社会监督等对信息市场主体进行教育疏导，从而实现信息市场管理的方法。

(三) 企业技术信息管理创新

1. 技术信息

技术信息是指经权利人采取了保密措施，不为公众所知晓（未取得工业产权保护），具有经济价值的技术知识（包括制造某种产品或者应用某项工艺以及产品设计、工艺流程、配方、质量控制和管理等方面的技术知识）。技术秘密持有人一般是出于独占的考虑而不申请专利。技术秘密通常包括制造技术、设计方法、生产方案、产品配方、研究手段、工艺流程、技术规范、操作技巧、测试方法等。技术秘密的载体，可以是文件、设计图纸等，也可以是实物性载体，如样品、动植物新品种等。

2. 技术信息源

(1) 技术信息源的类型

技术信息源主要有三种类型：技术开发者和拥有者、技术信息收集者、技术信息的载体。其中，技术开发者和拥有者是最初的信息源，是"源头"，而其他两种则是延伸性信息源。①技术的开发者和拥有者。大学、科研院所、同行企业、企业内的开发机构等从事科学研究、技术开发所获得的科学发现、技术发明及技术改进等是技术源的最集中的体现。这些机构和研究开发人员是控制信息源的主体，一般也是知识产权的拥有者。②技术信息的收集者。以公共服务为目的的公共图书馆、不以营利为目的的信息中心和技术中介、经营性的技术中介组织等收集、储存着大量技术信息，成为技术信息的重要供给源。③技术信息的载体。技术信息常用一定的载体表现出来，主要有媒体和有形物等形式。媒体包括报纸、书刊、广播、电视、因特网及技术信息的专门出版物等登载了大量技术信息，成为易于接近的重要的技术信息源。有形物包括产品、设备等，它们将产品技术、工艺等固化在有形物上，又被称为"体现型"技术，是不可忽视的技术源。

(2) 技术信息源的开发和利用

①从公共信息源获取信息。从公共信息源获取信息是最便捷、最廉价的方式，但通常也是企业利用不充分的方式。要充分利用公共信息源，必须建立相应的渠道，配备专门人员，培养信息收集、检索、分析能力。一些成功的大企业在这方面投入了很大的力量，例如，IBM公司跟踪的各种报刊数量高达2000多种，有人认为，如果IBM取消了对各种语言刊物的订阅，一些有关的专业出版社就会受到严重打击。该公司收集的信息内容十分广泛，除计算机外，政治、经济、技术、企业经营管理等方面的信息都收集，用以进行多角度、多层面的分析。

②采用反求工程技术获取信息。对现有的产品、设备进行测绘，可以获得有关结构、材料等方面的信息。不少企业就是采用这种方法实现仿制产品和设备的。采用这种方式要注意两点：第一，要避免侵权，对已申请专利保护的产品和设备，在未获准之前不能仿制；第二，要进行进一步的研究和开发，以获取更深入的技术信息，因为测绘仅能得到外在的技术参数，对于隐藏在内部的材料成分、部件之间的匹配参数等不易得到，更不容易了解原理和技术诀窍。

③从技术拥有者获取信息。从技术拥有者获取信息是最直接的方式，相对而言，容易得到较完整的信息。通常采用的具体方式有：一是技术转让。由技术拥有者向技术需求方有偿转让技术，主要以图纸、说明书、设备等形式提供协议转让的技术。为了使受让方掌握转让的技术，转让方一般需要对受让方进行技术培训，以便受让方获得操作、维护等不易用文字表达的技术。二是技术合作。技术拥有者与技术采用方以合资、合作的方式结成共同体。在中国，常见的具体方式有中外合资、中外合作、产学研合作等。虽然从理论上说从拥有者直接获得技术信息可以得到完整的信息，但由于受技术信息的缄默性等因素的影响，技术受让方常常要花相当长的时间才能消化吸收引入的技术。因此，技术受让方要采取有

效的措施使转让方的技术信息及时、完整地传送。

3. 技术信息扩散机制

激励创新的要素很多，经济利益的激励是其中很重要的一个。对于技术创新应当理解为是一个从产生新产品或新工艺的设想到市场应用的完整过程，它包括新设想的产生、研究、开发、商业化生产到扩散这样一系列活动，本质上是一个科技、经济一体化过程，它包括技术开发和技术利用两大环节。

创新环境需要两个因素：一是资源因素，二是激励因素。没有物质资源，创新就没有试验的可能；没有市场资源，创新就不会得到认可；没有知识吸收和技术积累，创新无从谈起。因此，物质条件、市场需求、知识共享就是创新不可或缺的资源。创新是人的活动，是人的创造性智力活动，人需要激励，包括精神和经济的激励。

创新的基础是创新者可以自由地接近其所需的物质和知识资源。从历史上看，资源尤其是知识资源的开放性是创新的重要环境因素。增加人们使用各种资源的机会，使更多的资源向更多的人开放，可以增加人类整体创新成功的机会，使个人的天赋和环境资源能够自由地结合，从而发挥人的创造能力。

英国经济学家哈耶克（Hayek）认为在知识的创造中，不断出现的那些新知识并非出于设计而达成，它是各种资源的组合加上偶然的天才头脑创造的。因为大多数科学家都承认：人们无力计划或者规划知识的发展，在通向未知王国的探究过程中，人们很大程度上依赖于个人天才的奇思异想和变幻莫测的情况。科学的发展既是系统努力的结果，同样也是幸运偶然的产物。所以，知识应当向所有人开放。

技术信息的扩散是促进技术创新的更为基础的要素，对于技术利益的分配和控制不能以危害技术信息的扩散为代价。各国的专利法在建立技术审查、登记、公示制度的同时，必然建立专利文献制度和专利费用制度。专利文献是包含已经申请或被授予专利权的发明的研究、设计、开发和试验成果的有关资料，这些资料必须包含权利要求、技术方案完整的说明书、摘要（以该发明所在技术领域内的人能够实施为说明书公开的标准）以及专利权的权利人有关资料的已出版或未出版的文件（或其摘要）的总称。专利文献按一般理解主要是指各国专利局的正式出版物。专利文献制度要求申请专利的发明创造必须清楚、完整地公开其申请专利的全部细节,否则该申请将因公开不充分而被驳回。在专利文献制度建立之前,也要求公开发明的技术信息。公开欲申请专利的技术信息,已经成为各国专利申请人的义务。

通过专利文献制度形成专利制度的技术信息扩散机制。人类的知识是一个不断累积、创造的过程,所有的知识创新都是在前人的肩膀上实现的。思想自由是最为基础的,也是最不可剥夺的自由和天赋的能力。技术是一种知识,是一种信息,它的一个显著特点就是可以共享,技术的共享是人类进步的推动力量。知识创造的过程包括学习阶段和创造阶段,而且两者具有因果关系。

即使不从哲学或者认识论的角度,仅仅从经济的角度,公开技术信息、加快技术信息扩散也是有益于社会的。任何从事技术开发的人员在开发某个技术项目之前,可以通过专利文献了解到全世界范围在该技术领域的最新动向,从而使技术开发工作可以从一个较高的立足点审时度势,从而提出更为先进的设计方案,至少也可以避免重复开发。而且通过不断的相互学习和竞争,能够不断推动产品升级。

专利的公开性不仅表现在技术信息的公开,还表现在专利权利内容的公开。各国专利法在要求申请人公开其申请专利的技术细节的同时,还要求申请人明确划定其请求保护的范围。事实上,全面、清楚地公开其技术细节的同时,也就明确划定了其权利的范围。但在法律程序上,公开技术细节往往是通过专利说明书实现的,而明确权利范围则是通过权利要求书来实现的。因此,在法律上经审查得到批准的权利要求书即是确定专利权范围的法定文件,而专利说明书在确定权利范围时的主要作用则是用于解释权利要求中描述不清楚的地方。专利权利要求书作为公开权利范围的文件,不仅对专利权人自身有意义,对于公众而言则有更为重要的意义。它可以告诉公众哪些领域已属于他人的专有领域,从而避免误入"雷区"。

4. 信息在技术创新管理中的作用

(1) 信息在企业管理中的地位

客观世界可以抽象为三大要素:物质、能量和信息。在这三大要素中,人类最早认识的是物质,到工业化时期才真正认识能量,在科技进步急剧加速的现代才真正认识信息。信息虽然被认识得最晚,但在经济和社会发展中的作用却显得越来越重要。

从企业管理的角度看，管理系统可以概括为由人、财、物、事、时间、信息六个要素构成。其中，信息既是管理的要素，又是管理的工具和介质。在一定意义上说，现代管理就是获取信息、处理信息和利用信息的过程。

(2) 信息在技术创新管理中的决定性作用

有效地获取、处理和利用信息对于技术创新的成功和效率有决定性的作用，主要体现在以下方面。

①感知需求。需求是技术创新的基本原动力，又是创新产品的归宿，只有准确把握需求信息，才能保证创新的成功。因此，如何获取用户显在和潜在的需求信息就成了企业开展技术创新的首要任务。

②产生新思想。新产品、新工艺的设想不是凭空产生的，而是建立在对已有技术信息的掌握、他人技术设想信息的借鉴和对众多信息的联想基础上的。产生创新思想的过程就是技术信息和其他信息获取、加工和创造的过程。

③提高研究开发效率。缩短开发周期、节约开发经费是研究开发管理的重要任务。要做到这一点，必须尽可能充分了解有关技术信息，少走弯路，还必须及时掌握开发过程中的信息，以便调整资源配置，修正技术路线，确保开发顺利进行。

第七章　企业生产运营与市场营销管理创新

第一节　创新中的企业生产运营管理

企业的竞争优势，虽然是企业综合实力和整体素质的集中体现，但是这些优势一旦失去高效的生产运营系统和先进的生产运营管理作支持，也只能是一种瞬间或者非常脆弱的"优势"，其结果必然使企业很快跌入竞争的劣势。因此，生产运营管理是现代企业发展的一个重要基石。

一、企业生产系统概述

生产系统是企业大系统中的一个子系统。企业生产系统的主要功能是制造产品，制造什么样的产品，决定了需要什么样的生产系统。研究企业生产系统应该具有什么样的功能和结构，可从分析市场与用户对产品的要求等方面入手。

（一）用户对产品的要求

用户对产品的要求，归纳起来主要可分为七个方面，即品种款式、质量、数量、价格、服务、交货期、环保与安全。但实际上用户对产品的要求是多种多样的，虽然上述七个方面较全面地概括了用户对产品的基本要求，但是不同的用户对同一种产品的要求往往有很大的差异。如：有的用户追求款式新颖；有的希望产品经久耐用，并有良好的售后服务；有的用户注重价格是否便宜；有的则不惜高价要求迅速交货等。

（二）企业经营战略对构造生产系统的影响

在现实的经济生活中，企业为了生存与发展，常常采用市场细分的经营战略。此时，企业要求自己的产品不仅能满足用户对上述七个方面的基本要求，而且还要求它具有一定的特色，能满足目标市场中用户提出的特殊需求。如：高速开发某种款式的新产品，按用户提出的期限快速供货；与其他企业的同类产品相比，要求达到更低的成本水平等。这就要求企业的生产系统在创新、产品投放到市场的周期（或交货期）以及产品成本等方面都具有更强的竞争能力。因此，一个有效的生产系统的功能目标是：它制造的产品不仅能满足用户对产品七项要求的基准水平，而且还要适应企业经营战略的要求，使企业能够在价格竞争、质量竞争、时间竞争以及其他方面的竞争中取得并保持竞争优势。

用户的需求和企业的竞争战略对产品的要求，都是依靠生产系统制造出相应的产品来实现的。产品把用户的要求和企业竞争战略的要求，转化为对生产系统的要求，产品是这种转换的媒体。用户对产品要求和产品对生产系统的要求，两者之间有很强的相关关系。对应于用户对产品提出的七个方面的要求，产品对生产系统提出了创新、质量、弹性（应变能力）、成本、继承性、按期交货和环保与安全等七项要求。用户对产品的要求，在转换为生产系统的要求的过程中受到企业竞争战略的影响，使上述七项要求中的某些要求得到强化，并产生了优先顺序。

（三）生产系统各项功能间的相互影响

从系统的目标来分析，生产系统的七项功能可分为两组。一组功能，指创新、弹性（市场应变能力）、继承性和环保安全，它是由外部环境提出的，是使系统适应环境要求的功能；另一组功能，指质量、成本和按期交货，是按照生产过程中的运行规律，合理组织生产过程所体现的与生产效率相关的功能。这里，第一组功能是决定生产系统的服务方向的。如果系统生产的产品不符合社会的需要，那么第二组功能就失去意义，甚至生产的越多，产品积压的越多，其后果也越严重。同样，如果系统拥有良好的第一功能，但是得不到第二组功能的支持和保证，产品仍然不具有强大的市场竞争能力，不能为企业带来竞争优势。所以一个设计合理和有效的生产系统，这两组功能应该相辅相成，共同为实现企业的经营战略服务。

(四) 生产系统的构成要素

生产系统的功能，决定于生产系统的结构形式。生产系统的构成要素，是指构成生产系统主体框架的要素，主要包含生产技术（即生产工艺特征、生产设备构成、生产技术水平等）；生产设施（即生产设施的规模、设施的布局、工作地的装备和布置等）；生产能力（即生产能力的特性、生产能力的大小、生产能力的弹性等）；生产系统的集成度（即系统的集成范围、系统集成的方向、系统与外部的协作关系等）等。

二、企业生产系统设计

企业在进行生产作业之前，需要建立必要的生产系统。生产系统的设计涉及企业、车间和设备生产能力的合理确定、设施和设备合理布置以及生产过程的合理组织等。

(一) 生产能力的计算

生产能力是指一个作业单元满负荷生产所能达到的最大限度。这里的作业单元可以是一个工厂、部门、机器或单个工人。在计算生产能力时，要把握以下内容。

1. 确定生产能力的计算单位

由于企业种类的广泛性，不同企业的产品和生产过程差别很大，计算生产能力以前，必须确定本企业生产能力的计量单位。

①以投入量和产出量为计量单位。生产能力同投入量和产出量密切相关，不同的企业可以根据自身的性质和其他情况，选择投入量或产出量作为生产能力的计量单位。

当企业以产出量作为计量单位时，则需考虑企业生产的产品种类有多少。如果只有一种主要产品，则可以以该产品作为计量单位；如果生产多种产品，则很难以其中某一种产品的产出量作为整体的计量单位，这时可采用代表产品计量法。选择出代表企业专业方向、产量与工时定额乘积最大的产品作为代表产品，其他产品可利用换算系数换算为代表产品的数量。

如果企业用产出量计算生产能力的准确度不高，不能很好地反映生产能力，可以用投入量作为计量单位，如设备总数、装机总容量等。

②以原材料处理量为计量单位。当企业使用单一且固定的原材料生产多种产品，可以原材料的年处理量作为生产能力的计量单位。

2. 影响生产能力的因素

①产品因素。产品设计对生产能力有重要的影响。如果生产相似产品，作业系统生产这类产品的能力要比生产不同产品的生产能力大。一般来说，产出越相近，其生产方式和材料就越有可能实现标准化，从而能达到更大的生产能力。此外，设计的特定产品组合也必须加以考虑，因为不同的产品组合有不同的产量。

②人员因素。组成一项工作的任务，涉及活动的各类人员，以及履行一项任务需要的技能、经验以及培训情况，对潜在和实际产出有重要的影响。另外，相关人员的动机、出勤与流动情况都和生产能力有着直接的联系。

③设施因素。生产设施的设计也是一个关键性的影响因素，它包括厂房的大小以及为扩大规模留有的空间。其他如运输成本、与市场的距离、劳务与能源供应等，以及工作区的布局也都决定着生产作业能否平稳进行。

3. 成批加工企业生产能力的计算

批量生产类型的企业，生产单位的组织采用工艺专业化原则，产品的投料有较长的间隔期，且产出具有明显的周期性。它们生产能力的计算，与划分车间和班组所采用的工艺专业化原则有着密切的关系。

①单台设备生产能力的计算。由于所加工的零件不是单一品种，不仅数量多，而且加工零件的形状大小不同，加工的工艺步骤不同，加工的时间长短也不一。这时不能用产出量计算，只能采用设备能提供的有效加工时间来计算，称为机时。

②班组生产能力的计算。车间班组是最小的生产单位，每个班组配备一定数量加工工艺相同的设备，但它们的性能与能力不一定相同。所以，班组生产能力是从单台设备开始计算，再将这些设备的生产能力进行整合计算。

③车间生产能力的确定。由于班组的加工对象是零件，它们的生产能力应以机时计量。对于车间而言，它的生产对象往往是产品或零部件配套数，它的生产

能力应以产量来计量。

④企业生产能力的确定。企业生产能力可以根据主要生产车间的生产能力来确定，能力不足的车间，可采用调整措施来解决。

4. 流水线企业生产能力的计算

①流水线生产能力的计算。流水线的生产能力，取决于每道工序设备的生产能力，所以应从单台设备开始计算。

②车间生产能力的确定。如果是制造车间，它既有零件加工流水线，又有部件装配流水线，这时它的生产能力应该由装配流水线的生产能力来决定。即使有个别的零件加工能力低于装配流水线生产能力，也应该按照这个原则确定。如果是零件加工车间，每个零件有一条专用生产线，而所有零件又都是为本企业的产品配套，则车间的生产能力应该取决于生产能力最小的那条生产线的能力。

③企业生产能力的确定。由于各车间之间加工对象和加工工艺差别较大，选用的设备性能也有较大的差别，生产能力是不一致的。因此，基本生产车间的生产能力通常按主导生产环节来确定。但是，当基本生产车间和辅助生产部门的生产能力不一致时，企业生产能力应由基本生产车间的生产能力来决定。

（二）生产能力规划方案的制定

在确定了企业的生产能力后，下一步就应着手制定生产能力规划方案。生产能力规划可分为长、中、短期规划，长期生产能力规划一般为 3~5 年，中期生产能力规划一般为 1~2 年，而短期规划一般为 1 年以下。

生产能力规划方案的制定，一般可按以下步骤进行。

1. 预测生产能力需求

在制定生产能力规划方案时，首先要进行产能需求预测，对需求所作的预测必须转变为一种可以与能力直接进行比较的度量。制造企业的生产能力经常是以可利用的设备数来表示的，在这种情况下，必须把需求（通常是产品产量）转变为所需的设备数。

2. 计算需求与现有生产能力的差额

当预测需求与现有产能之间的差为正数时，就需要扩大生产能力。特别是当一个生产运作系统包括多个环节或多个工序时，产能的计划和选择需格外谨慎。在制造企业中，扩大生产能力必须考虑到各工序能力的平衡。当企业的生产环节很多，设备种类较多时，各个环节所拥有的生产能力往往不一致，既有过剩环节，又有瓶颈环节，而过剩环节和瓶颈环节又随着产品品种和制造工艺的改变而变化，而企业的整体生产能力是由瓶颈环节的能力所决定的。这是制定生产能力计划时必须注意的一个关键问题。

3. 产能规划备选方案的制定

处理生产能力与需求差异的方法可有多种，最简单的一种是：不考虑能力扩大，任由这部分客户或订单失去。其他方法包括扩大规模和延长作业时间等多种方案，可以选择积极策略、消极策略或中间策略，还包括考虑使用加班、外包等临时性措施，这些都是制定生产能力规划方案所要考虑的内容。企业所考虑的重点不同，就会形成不同的备选方案。一般来说，至少应给出3~5个备选方案。

（三）进行设施选址

设施是指生产运作过程得以进行的硬件手段，通常是由办公场所、车间、设备等物质实体所构成。设施选址，是指运用科学的方法决定设施的地理位置，使其与企业的整体经营运作系统有机结合，以便有效、经济地达到企业的经营目的。

①影响设施选址的因素主要有：与原材料供应地的接近程度；与市场的接近程度；劳动力资源的数量和质量；基础设施条件；可扩展性；地区优惠政策等。

②单一设施选址。单一设施选址，是指独立地选择一个新的设施地点，其运营不受企业现有设施网络的影响。有些情况下，所要选择位置的新设施是现有设施网络中的一部分，也可视为单一设施选址。

单一设施选址通常包括以下几个主要步骤：第一步，明确目标。即首先要明确，在一个新地点设置一个新设施是符合企业发展目标和生产运作战略，能为企业带来收益的。只有在此前提下，才能开始进行选址工作。目标一旦明确，就应该指定相应的负责人或工作团队，并开始进行工作。第二步，收集有关数据，分析各种影响因素，对各种因素进行主次排列，权衡取舍，拟定出初步的候选方案。这一步要收集的资料数据应包括：政府职能部门的有关规定，地区规划信息，工商管理部门的有关规定，土地、电力、水资源等有关情况，以及与企业经营相关的该地区物料资源、劳动力资源、交通运输条件等信息。在有些情况下，还需征询一些专家的意见。第三步，对初步拟定的备选方案进行详细的分析。所采用的分析方法取决于各种所要考虑的因素是定性的还是定量的。例如运输成本、建筑成本、劳动力成本、水资源等因素，可以明确用数字度量，就可通过计算进行分析比较。也可以把这些因素都用金额来表示，综合成一个财务因素，用现金流等方法来分析。另外一类因素，如生活环境、当地的文化氛围、扩展余地等，难以用明确的数值来表示，则需要进行定性分析，或采用分级加权法，人为地加以量化，进行分析与比较。最后，在对每一个备选方案都进行上述的详细分析之后，将会得出各个方案的优劣程度的结论，或找到一个明显优于其他方案的方案，这样就可选定最终方案，并准备详细的论证材料，以提交企业最高决策层批准。

③设施网络选址。企业拥有一个设施网络，网络中的不同设施之间互相有影响，在企业增加一个新的设施地址时要考虑到对其他设施的影响。设施网络中的新址选择，往往不仅要决定新设施的地点位置，还必须同时考虑添加新设施后整个网络的工作任务重新分配的问题，以达到整体运营效果最优的目的。

总之，企业在进行设施选址时要充分了解选址的目的，明确影响因素处理的方法，确定最终的设施地址。

三、企业生产系统运行管理

生产系统的运行管理是比较复杂的，它包括新产品开发、生产计划、生产调度、生产技术、产品质量以及生产作业管理等多方面的内容。本节仅讨论生产计划与技术管理的相关内容。

（一）生产周期的确定

确定生产周期是生产计划管理的重要内容，生产周期如果制定得准确、合理，可以使生产作业活动衔接紧密，减少生产时间的无效损耗。

1. 标准生产周期的确定

（1）工艺阶段生产周期的计算

以机械加工为例，一批零件工艺阶段的生产周期的计算公式如下：

$$T = \sum_1^m \frac{n \times t_0}{c \times s \times k_1} \times k_2 + \sum_1^m t_p + m \times t_q + t_t + t_g$$

式中：

T——批零件加工的生产周期；

m——车间内部零件的加工的工序数；

n——批量；

t_0——零件的工序单件工时定额；

c——日有效工作时间；

s——执行定额完成系数；

k_1——预计定额完成系数；

k_2——工序之间的平行系数；

t_p——工序调整设备工具的时间；

t_q——平均每道工序的间断时间；

t_t——跨车间协作工序时间；

t_g——工艺规定的自然时效时间。

(2) 产品生产周期的计算

把各个工艺阶段的生产周期汇总起来，就是产品的生产周期。由于各个零部件的装配程序比较复杂，产品生产周期的确定，一般采用图表法。

根据零部件的工艺加工文件和产品的装配系统图，来确定零部件的工艺周期和各个零部件的组合情况。在绘制产品生产周期图时，要尽可能地使各个零部件的工艺加工阶段平行交叉地进行，以缩短整个产品的生产周期。为了防止生产脱节，在各个工艺阶段之间要留有必要的保险时间。

2. 生产提前期的确定

生产提前期同标准生产周期有着密切的联系，它是在确定了各个生产环节的生产周期的基础上制定的。

(1) 前后车间生产批量相等的情况下，提前期的确定

①投入提前期的计算。产品在最后一个加工车间的投入提前期，等于产品在该车间的标准生产周期。而其他任何一个车间的投入提前期都要比相应车间出产提前期再提早一个相应车间的标准生产周期。因此，计算投入提前期的一般公式

如下：

车间投入提前期=本车间出产提前期+本车间标准生产周期

②计算出产提前期。产品在某车间的出产提前期，除了要考虑后车间的投入提前期以外，还需要加上与后车间之间必要的保险期。这是防备本车间可能发生出产误期情况而预留的时间，以及办理交库、领用、运输等所需要的时间。计算出产提前期的公式如下：

车间出产提前期=后车间投入提前期+保险期

（2）前后车间生产批量不等时，确定提前期

如果前后车间生产批量不等（呈简单倍数关系），计算各车间投入提前期的公式，仍与上述公式相同，即等于本车间出产提前期加上本车间标准生产周期。但是，在计算出产提前期时则有所不同。这是因为前车间批量大，出产一批可供后车间几批投入之用。这时，车间出产提前期的数值就应比上述公式计算的结果要大一些，即要加上前后车间生产间隔期的差。

计算公式为：

车间出产提前期=后车间投入提前期+保险期（本车间生产间隔期−后车间生产间隔期）

由于批量相等，前后车间生产间隔之差等于零。所以，此计算公式在车间之间批量相等的情况下也同样适用。因而，这是计算出产提前期的一般公式。

标准生产周期和出产提前期是生产作业计划的重要计量标准，对于组织各生产环节的紧密衔接，减少在制品占用量、缩短交货期限等方面有着重要的作用。

（二）车间作业计划编制

当企业的生产作业计划编制完成以后，需要将企业的生产任务分配到各个车间，编制车间的作业计划。这项工作可以由企业厂部管理人员编制，也可以由车间负责人编制。

1. 车间作业计划的编制

把企业的生产任务分配到车间、工段以至小组的工作，首先是把企业的生产任务分解到车间，编制分车间的作业计划。然后，进一步把车间任务分解到工段以至小组，编制分工段或分小组作业计划。这两步工作的方法原理是相同的，差

别只是计划编制的详细程度有所不同以及计划编制的责任单位（厂部或车间）有所不同。

①对象专业化的车间。每个车间分别独立完成一定产品的全部（或基本上全部）生产过程，各个车间之间平行地完成相同或不相同的生产任务。在这种情况下，厂部编制车间作业计划的方法比较简单，基本上是按照各个车间既定的产品专业分工来分配生产任务。同时，也要考虑到各车间的生产能力负荷等状况，适当加以调整。

②工艺专业化的车间。各个车间是依次加工半成品的关系。在这种情况下，编制车间作业计划的方法比较复杂。分配各车间任务，既要能够保证企业的成品出产任务按期、按量地完成，又要确保各个车间之间在生产的数量和期限上衔接平衡。实现上述要求，就要从企业的成品出产任务出发，按照工艺过程的相反顺序，逐个地确定各个车间的生产作业计划。

2. 车间作业计划的编制方法

由于企业的生产类型和其他情况不同，编制车间作业计划有下列多种方法。

（1）在制品定额法

用在制品定额与实际在制品结存量进行比较，就可以发现各生产环节之间有无可能发生脱节或过多地占用在制品的情况。按照在制品数量经常保持在定额水平上的要求，来计划各生产环节的投入和出产任务，就可以保证生产过程协调地进行。

①采用在制品定额法，是按照产品的反工艺顺序，从成品出产的最后车间开始，逐个往前推算的。计算各车间投入、出产任务的公式如下：

某车间出产量＝后车间投入量＋该车间外售量＋（库存半成品定额－初期库存半成品预计结存量）

某车间投入量＝该车间出产量＋本车间计划废品量＋（车间在制品定额－初期车间在制品预计结存量）

②最后工序车间的出产量，即企业的成品出产量。它与车间的半成品外售量一样，是根据生产计划任务来规定的。计划初期的库存半成品和车间在制品的结存量，一般采用编制计划时账面结存量加上预计将要发生的变化量来确定，到计划期开始时，再根据实际盘点数加以修正。编制车间作业计划，不仅要规定车间

全月的总生产任务，而且要规定车间在计划期内的生产进度（用出产量表示）。大量流水生产企业，一般可以规定每日的生产进度。每日出产量可以是相等的，也可以是递增的，根据具体需要和可能的情况来决定。

（2）提前期法

提前期法，就是根据预先制定的提前期，转化为提前量，然后计算同一时间产品在各生产环节的提前量，来保证各车间之间在生产数量上的衔接。

①采用提前期法，生产的产品必须实行累计编号，所以又称累计编号法。所谓累计编号，是指从年初或从开始生产这种产品起，依成品出产的先后顺序，为每一件产品编上一个累计号码。由于成品出产号是按反工艺顺序排列编码的，因此，在同一时间上，某种产品的累计编号，越接近完成阶段，其累计编号越小；越是处于生产开始的阶段，其累计编号越大。在同一时间上，产品在某一生产环节上的累计号数，同成品出产累计号数相比，相差的号数叫提前量。提前量的大小同产品的提前期成正比。它们之间的关系可以用以下公式来表示：

提前量＝提前期×平均日产量

②具体计算过程。先计算产品在各车间计划期末应达到的累计出产和投入的号数，其计算公式是：

某车间出产累计号数＝成品出产累计号数+该车间出产提前期定额×成品的平均日产量

某车间投入累计号数＝成品出产累计号数+该车间投入提前期定额×成品的平均日产量

进一步计算各车间在计划内应完成的出产量和投入量。其计算公式为：

计划期车间出产（或投入划期）量＝计末出产（或投入）的累计号−计划期已出产（或投入）的累计号数

最后，如果是严格地按照批量进行生产的话，则计算出的车间出产量和投入量，还应按各种零件的批量进行修正，使车间出产（或投入）的数量和批量相等或是批量的倍数。

提前期法适用于成批轮番生产的企业。在这类企业中，由于各种产品轮番上下场，各个生产环节结存的在制品的品种和数量经常一样，主要产品的生产间隔期、批量、生产周期和提前期都是比较固定的。

(3) 生产周期法

①运用生产周期法规定车间生产任务，首先要为每一批订货编制一份产品生产周期进度表。这个进度表是单件小批生产企业主要的期量标准。有了它，就可以用来规定各车间的生产任务。

②其次，根据合同规定的交货期限以及该产品的生产周期进度表，为每一项订货编制一份订货生产说明书，其中规定该产品（或产品各成套部件）在各车间投入与出产的时间。

③根据订货生产说明书，编制月度作业计划。在编制计划时，将计划月份应该投入和出产的部分摘出来按车间归类，并将各批订货的任务汇总起来，这就是计划月份各车间的投入、出产任务。由于单件小批生产企业的生产不稳定，在发交车间计划任务表中，其进度要求往往比较概略，如按旬或周要求。另外各类设备和工种的负荷经常变化，所以摘出汇总的生产任务必须进行设备能力的负荷核算，经过平衡才能下达车间。

(三) 产品生产交货期的确定

确定产品生产交货期是以订货合同为基础，本着生产均衡、负荷均匀、合理利用生产能力的原则，使生产技术准备工作、原材料、外协件等供应时间与数量同出产进度的安排协调一致，避免供应与生产脱节，影响生产的正常进行。确定生产交货期的重要内容就是编制产品出产进度计划。其具体工作内容包括：

1. 制定大量生产企业产品出产进度计划

大量生产的企业，产品品种少，产量大，而且比较固定。因此，这种类型的企业安排产品出产进度，主要是确定各月以至每日的产量。为了满足市场对各种产品存在的季节性要求，企业可用库存量来调节，考虑库存、生产和销售诸因素，进行安排决策。因此，可有下面几种安排方法。

(1) 平均安排方法

就是根据年生产总量，进行完全均衡的安排。具体计算方法和步骤是：

①按月列出一年的有效工作天数；

②确定日产量，即根据年计划生产总量和年有效工作日数进行计算；

日产量=年计划总产量/年有效工作日数

③根据日产量和各月有效工作日数安排各月的产量；

④列出生产日库存计划表。

（2）配合销售量变化安排法

就是根据各月的计划销售量的变化来安排生产任务。用这种方法安排生产任务，总库存量会很小，但当销售量存在季节性变化比较大时，必然会产生某些月份生产能力不足，因而必须采取加班加点等措施来解决。用这种方法可能会影响产品质量、增加工资支出等，但节约了流动资金。

2. 制定成批生产企业产品出产进度计划

在成批生产情况下，产品品种较多，少数品种产量大，定期或不定期地轮番生产，产品数量、出产期限的要求各不相同。因此，成批生产企业产品出产进度安排，要着重解决不同时期、不同品种的合理搭配和按季、按月分配产品产量。

3. 制定单件小批生产企业产品出产进度计划

单件小批生产企业，产品品种较多，而且是不重复生产或很少重复生产的。因此，在这类企业里，主要是根据用户的要求，按照订货合同来组织生产。

（四）生产进度的控制

生产进度控制是指对产品生产作业计划、车间作业计划和生产进度计划所进行的安排和检查，其目的在于提高效率、降低成本、按期生产出优质产品。

1. 生产进度的静态控制

它是指从某一"时点"（日）通过各生产环节所结存的在制品、半成品的品种和数量的变化情况来掌握和控制生产进度。这是从数量方面（横向）控制进度的一种方法。

（1）控制范围

包括在制品占用量的实物和信息（账目、凭证等）形成的全过程。具体范围有以下几方面：

①原材料投入生产的实物与账目控制；

②在制品加工、检验、运送和储存的实物与账目控制；

③在制品流转交接的实物与账目控制；

④在制品出产期和投入期的控制；

⑤产成品验收入库的控制等。

（2）控制方法

主要取决于生产类型和生产组织形式

①成批和单件生产时，因产品品种和批量经常轮换，生产情况比较复杂。在此条件下，一般可采用工票或加工路线单来控制在制品的流转，并通过在制品账目来掌握在制品占用量的变化情况，检查是否符合原定控制标准。如发现偏差，要及时采取措施，组织调节，使它被控制在允许范围之内。

②大量大批生产时，在制品在各个工序之间的流转，是按一定路线有节奏地移动的，各工序固定衔接，在制品的数量比较稳定。在此条件下，对在制品占用量的控制，通常采用轮班任务报告单，结合生产原始凭证或报账来进行，即以各工作地每一轮班在制品的实际占用量，与规定的定额进行比较，使在制品的流转和储备量经常保持正常占用水平。

2. 生产进度的动态控制

它是从生产的时间、进度方面或从时间序列纵向进行观察、核算和分析比较，用以控制生产进度变化的一种方法，一般包括投入进度控制、出产进度控制和工序进度控制等。

①投入进度控制。指对产品开始投入的日期、数量、品种进行控制，以便符合计划要求。还包括检查各个生产环节，各种原材料、毛坯、零部件是否按提前期标准投入，设备、人力、技术措施等项目的投入生产是否符合计划日期。

②出产进度控制。指对产品（或零部件）的出产日期、出产提前期、出产量、出产均衡性和成套性的控制。出产进度控制，是保证按时按量完成计划，保证生产过程各个环节之间的紧密衔接、各零部件出产成套和均衡生产的有效手段。

③工序进度控制。在成批、单件生产条件下，由于品种多、工序不固定，各品种（零部件）加工进度所需用设备经常发生冲突，即使作业计划安排得很好，能按时投产，往往投产后在生产执行过程中一出现干扰因素，原计划就会被打乱。因此，对成批或单件生产只控制投入进度和出产进度是不够的，还必须加强

工序进度的控制。

在生产作业计划的执行过程中，企业从厂部负责人一直到各段、小组负责人，都要重视生产进度的控制，时时监控生产计划的完成情况，发现问题及时进行调整，避免影响整个生产作业计划的完成。

第二节　创新中的企业市场营销管理

市场营销是企业生产经营的出发点和落脚点，是现代企业管理的重要组成部分。它是企业为了实现其目标而进行的市场营销的计划、组织及控制等活动。

一、企业市场营销管理概述

（一）市场营销相关核心概念

1. 市场营销

美国著名的营销学者菲利浦·科特勒（Philip Kotler）对市场营销的核心定义进行了如下的描述："市场营销是个人或集体通过创造，提供并同他人交换有价值的产品，以满足其需求和欲望的一种社会和管理的过程。"市场营销的核心定义告诉了人们以下几个基本要点：

①市场营销的核心功能是交换。交换，是以提供某物作回报而与他人换取所需要物品的行为。交换活动存在于市场经济条件下的一切社会经济生活中。

②市场交换活动的基本动因是满足交换双方的需求和欲望。用市场营销的视角观察市场交换活动，顾客购买的是对某种需求和欲望的"满足"，企业产出的是能使顾客的这种需求和欲望的"满足"的方法或手段。

③市场营销活动的价值实现手段是创造产品与价值。"市场营销意味着企业应先开市场后开工厂"，整合各种可利用资源，创造出能使顾客的需求和欲望得到"满足"的方法或手段。

④市场营销活动是一个社会和管理过程，而不是某一个阶段。市场营销活动包括决策的过程和贯彻实施该决策的过程，需要全部工作的协调平衡才能达到

目标。

2. 需要、欲望、需求

①需要就是身心没有得到基本满足的一种感受状态。

②欲望是人们欲获取某种能满足自己需要的东西的心愿。

③需求是人们有支付能力作保证的欲望。

需求对市场营销最具现实意义，企业必须高度重视对市场需求的研究，研究需求的种类、规模、人群等现状，尤其是研究需求的发展趋势，准确把握市场需求的方向和水平。

3. 产品

产品是满足人们各种欲望与需要的任何方法或载体。它分为有形产品与无形产品、物质产品与精神产品。对于产品来说，重要的并不是它们的形态、性能和对它们的占有，而是它们所能解决人们因欲望和需要而产生的问题的能力。

4. 价值

价值是产品或服务所具有的、带给消费者并使消费者在消费过程中所感受到的满足程度，价值是人们满足欲望时的主观感受和评价。一般说来，消费者总是购买那些单位支出具有最大价值的产品。

5. 交换

人们有了需要且对产品做出满意的评价，但这些还不足以定义营销。只有当人们决定通过交换来取得产品，满足自己的需要时，营销才会发生。交换是以某些东西从其他人手中换取所需要产品的行为，交换是定义营销的基础，市场交换一般包含五个要素：

①有两个或两个以上的买卖者；

②交换双方都拥有对方认为有价值的东西；

③交换取双方拥有沟通信息和向另一方传送货物或服务的能力；

④交换双方都可以自由接受或拒绝对方的产品；

⑤交换双方都认为值得与对方进行交换。

这五个条件满足以后，交换才可能发生。但是，交换是否真正发生，最终还取决于交换双方是否找到了交换的条件，或者说，交换双方是否能认同交换的价值。如果双方确认通过交换能得到更大的利益和满意，交换就会实际发生。

（二）市场营销系统

1. 商场营销系统的含义

市场营销系统是指介入有组织的交换活动场所的一整套相互影响、相互作用的参加者、市场和流程。任何社会只要存在着社会大生产和商品经济，都必然存在着许多相互联结的市场营销系统。

根据市场营销系统的不同性质，营销系统可以从宏观和微观两个方面来进行考察。宏观即从社会的市场营销系统来组织整个社会的生产和流通，以达到社会生产与社会需要的平衡，满足社会全体成员的多样性需求，实现社会的目标。微观市场营销，即每个现代企业都需要通过市场营销系统来开展市场营销活动，以满足目标顾客的需要，实现企业的目标。

2. 宏观市场营销系统

（1）参与者子系统

①消费者。消费者一般是通过资源市场上出售生产资源，取得货币收入，然后用货币收入去购买自己所需要的产品。

②企业。它包括全国所有的企业。企业在资源市场上购买自己所需要的资源，从事各种货物和劳务的生产，然后在产品市场上出售，以取得货币收入。

③政府。它包括政府行政机构及全部职能机构。政府一方面从制造商及中间商购买产品以维持政府各职能部门的正常活动，另一方面又向企业及消费者征收各种税收，取得财政收入，同时又向企业及消费者提供各种服务。

（2）市场子系统

①要素市场。主要包括：自然资源市场、劳动力市场、资本市场、技术市场等。

②产品市场。主要指消费品市场，它是人们获得物质生活资料的主要场所，消费品市场的繁荣与否，消费品结构是否合理，直接影响消费者的需求。

（3）流程子系统

主要包括资源流程，商品或劳务流程，货币流程及信息流程。流程子系统是关系到宏观市场营销及企业市场营销活动是否顺利地获得生产资源，获得生产经营所需的资金，收集到有关市场营销健康运行的信息以及保证产品顺利达到用户手中的重要部分。影响流程子系统运行的因素中，有两个方面的因素是不容忽视的：其一，先进的科学技术及先进的手段；其二，经济制度、经济管理体制是否合理。

3. 微观市场营销系统

微观市场营销系统是指一个企业从事营销活动中而形成的整套相互作用、相互影响、相互依存的参加者、市场和力量。微观市场营销系统是由企业、市场营销渠道企业、市场、竞争者、公众、宏观环境力量等诸多子系统构成的。

①企业。企业主要指参与市场营销活动的企业中的市场营销部门及各职能部门。在现代企业营销活动中，市场营销部门是把市场顾客需求变为企业盈利目标的核心部门，它在企业微观市场系统运行中起主导作用及起点作用。

②市场营销渠道企业。它主要包括资源供应商、中间商、便利交换和物质分配者。

资源供应商是指为公司供应原材料、部件、能源、劳动力和资金等生产资源的供应者。

中间商是指同特定生产企业发生购销关系的商人、中间商或代理中间商。

便利交换和物资分配者。便利交换机构主要包括金融机构（如银行、保险公司等），广告代理商、市场营销调研公司、市场营销咨询公司等。物资分配者主要是指为工商企业实现产品间接移动的交通运输企业及公共货栈。

③市场。市场一般有五种基本类型即消费者市场、生产者市场、转卖者市场、政府市场和国家市场。现代企业在营销业务中，应根据五种不同类型的市场，研究消费者的需求特点及购买能力，结合企业自身的条件，合理确定经营目标，选择最佳的目标市场。

④竞争者。有市场就避免不了竞争。每一个企业在市场营销过程中面临着不同类型的竞争者，必须在竞争中时刻考虑到自己的顾客市场、渠道和竞争优劣势等。

⑤公众。指对一个组织实现其目标的能力有实际的或潜在的兴趣或影响的任何团体。一个企业的公众，主要有以下几种：金融公众，即那些关心和可能影响

企业取得资金能力的任何集团,包括银行、投资公司、证券经纪行和股东等;媒介公众,如报纸、杂志、广播电台和电视台等大众媒介;政府公众,即负责管理企业的业务经营活动的有关政府机构;市民行为公众,包括消费者利益的组织、环境保护组织、少数民族组织等等;地方公众,如企业附近的居民群众、地方官员、一般群众、企业内部公众。企业在实践中,必须同各种公众搞好关系。

⑥宏观环境力量。包括人口力量、经济力量、生态力量、技术力量、政治力量和文化力量,这些是企业不可控制的因素,企业在营销决策时,必须全面考虑到这些不可控制的因素,善于抓住市场机会。

这里需要说明的是,营销和推销是两个不同的概念。推销(即为产品寻找销路)仅是营销的一个组成部分,且不是最主要的部分。营销以顾客的需求为出发点,注重的是企业的长期利益,体现了"以需定产"的现代经营观念;而推销则以卖方的需要为出发点,考虑如何把产品变成现金,体现的是"以产定销"的传统经营观念。营销工作的重点在于战略规划,推销是实施营销战略的手段和措施。

(三) 市场营销的内容与过程

1. 市场营销的内容

市场营销作为企业旨在满足市场有求,实现自身目标所进行的商务活动过程,它包括:市场调查与预测、营销环境分析、选择目标市场、消费者研究、新产品开发、价格制定、分销渠道抉择、产品储存与运输、产品促销、产品销售、提供服务等一系列与市场有关的企业经营活动。

现代市场营销的根本任务在于解决生产与消费的矛盾,使得生产者方面的各种不同供给与消费者方面各种不同需要相适应,实现生产与消费的统一。现代市场营销已经成为现代企业生产经营管理中不可分割的组成部分。

2. 市场营销的过程

市场营销管理过程包括如下步骤:分析市场机会、选择目标市场、设计市场销售组合和管理市场营销活动。

①分析市场机会。市场营销学认为,寻找和分析、评价市场机会,是市场营

销管理人员的主要任务，也是市场营销管理过程的首要步骤。由于市场环境要素不断变化，市场需求处于动态的变化之中，每一个企业都必须经常寻找、发现新的市场机会。市场营销管理人员不仅要善于寻找、发现有吸引力的市场机会，而且要善于对所发现的各种市场机会加以评价，决定哪些市场机会能成为本企业有利可图的企业机会。

②选择目标市场。市场营销管理人员在发现和评价市场机会以及选择目标市场的过程中，要广泛地分析研究市场营销环境，进行市场营销研究和信息收集工作、市场测量和市场预测工作，据以决定企业应当生产经营哪些新产品，决定企业应当以哪个或哪些市场为目标市场。

③设计市场营销策略组合。市场营销策略组合是现代市场营销理论的一个重要概念。市场营销策略组合中所包含的主要是以下四个策略的整合应用：产品（Product）、渠道（地点）（Place）、价格（Price）、促销（Promotion）。由于这四个名词的英文字头都是 P，所以市场营销策略组合又称为 4P's 组合。

④管理市场营销活动。企业市场营销管理过程的第四个主要步骤是管理市场营销活动，即执行和控制市场营销计划。这是整个市场营销管理过程的一个带有关键性的、极其重要的步骤。

二、市场营销分析

市场营销分析采用的方法是市场细分。所谓市场细分，是指根据市场需求的多样性和消费者行为的差异性，把企业的一种产品或一系列产品的整体市场，划分为若干个具有相似特征的细分市场，然后对每一细分市场展开营销分析，以便选择企业市场营销活动的目标市场。

（一）市场细分的意义

在一般情况下，一个企业不可能满足所有消费者的需求，尤其在激烈的市场竞争中，企业更应集中力量，有效地选择市场，取得竞争优势。市场细分化对于企业来讲，具有以下作用与意义。

1. 有利于企业发现新的市场营销机会

市场机会，是指市场上客观存在的、尚未被满足的或未能得到充分满足的消费需求。这种纯粹意义上的市场机会是绝对存在的，就看企业如何去发掘它。做营销调查是一种不错的手段。

2. 有利于企业制定及采用最佳的营销方案，更有效地开展营销活动

市场细分化，可以帮助企业明确自己在市场分配中的地位，哪些是企业有把握做的，根据实际情况制定营销方案，更有针对性地开展营销活动。

3. 有利于提高企业的经济效益

由于把目标市场瞄得很准，集中力量发挥企业的长处，避免短处，集中使用有限的资源，有的放矢地针对目标市场，不仅可以降低成本，也可以提高竞争力，因此，可以取得可观的收益。

4. 有利于满足消费者不断变化的各种消费需要

如果企业的产品都能具有相当大的针对性，并在此基础上不断挖掘创新，肯定能更好地满足消费者不断变化的各种需要，也能跟上时代发展与变化的要求。

(二) 市场机会的选择

1. 环境机会与公司机会

环境机会是指环境变化中需求变化带来的机会。环境机会对不同的企业来说，并不一定都是最佳机会，只有环境机会中符合企业目标与能力，能发挥企业优势的市场机会，才是公司机会。

2. 潜在的市场机会与表面的市场机会

对表面的市场机会企业容易寻找和识别。由于市场机会明显，能抓住机会的市场经营者也多，一旦超过了市场容量，这一机会不能为企业创造机会效益。潜在的市场机会由于识别与寻找的难度大，如果一旦抓住了这种机会，机会效益比较高。因此，企业如何去发现、寻找和识别隐藏在某种需求背后的东西，对消费者本质的认识，是辨认这种市场机会的有效方法。

3. 行业市场机会与边缘市场机会

行业市场机会是指出现在本企业所经营领域的市场机会；边缘市场机会是指在不同行业之间的交叉与结合部分出现的市场机会。行业市场机会在行业内部会

遇到同业间的激烈竞争而失去或减弱机会利益；边缘市场机会往往是企业容易忽略的地方。在这些区域消费者的需要往往不能得到充分的满足，甚至还会出现一些新的需求。企业要重视边缘市场机会的开掘。

4. 目前市场机会与未来市场机会

目前市场机会与未来市场机会两者之间并没有严格的界限，区别只在于时间的先后顺序和从可能转变为现实的客观条件是否具备。因此，企业需在取得大量数据资料基础上分析预测，随时注意观察环境变化的趋势，经常修改不合实际的预测，提高未来市场机会转化为现实市场机会的概率。

（三）市场细分的条件与标准

1. 市场细分的条件

①可衡量性。它是指用以细分市场的变数是可以衡量的，或者说为了将购买者分门别类地划分为不同的群体，公司必须能对购买者的特点和需求予以衡量。

②足量性。它是指细分市场的大小和利润值得单独营销的程度，即划分出来的细分市场必须是值得采取单独营销方案的最小单位。

③可接近性。它是指企业对细分出来的市场能进行有效促销和分销的程度，或获得该细分市场有关资料的难易程度。

④独特性。它是指细分出来的市场必须对市场营销计划有独特的反应，即用某种特定方法细分出来的各个细分市场，其成员对市场营销计划的反应必须是不同的。

2. 市场细分的标准

消费品市场的细分标准，因企业不同而各具特色。但是有一些标准是共同的，即地理环境、人口状态、消费心理及行为因素等四个方面，各个方面又包括一系列的细分因素。

①地理环境。以地理环境为标准细分市场，就是按消费者所在的不同地理位置将市场加以划分，是大多数企业采取的主要标准之一。这是因为，这一因素相对其他因素表现得较为稳定，也较容易分析。地理环境主要包括区域、地形、气候、城镇大小、交通条件等。由于不同地理环境、气候条件、社会风俗等因素影

响，同一地区内的消费者需求具有一定的相似性，不同地区的消费需求则具有明显的差异。按照国家、地区、南方北方、城市农村、沿海内地、热带寒带等标准来细分市场是必需的。但是，地理环境是一种静态因素，处在同一地理位置的消费者仍然会存在很大的差异。因此，企业还必须采取其他因素进一步细分市场。

②人口状态。这是市场划分惯用的和最主要的标准，它与消费需求以及许多产品的销售有着密切联系，而且这些因素又往往容易被辨认和衡量。例如，性别、年龄、收入、家庭生命周期、职业、文化程度、民族等。

③消费心理。在地理环境和人口状态相同的条件下，消费者之间存在着截然不同的消费习惯和特点，这往往是消费者的不同消费心理的差异所导致的。尤其是在比较富裕的社会中，顾客购物已不限于满足基本生活需要，因而消费心理对市场需求的影响更大。所以，消费心理也就成为市场细分的又一重要标准。其中包括：

a. 生活方式。生活方式是人们对消费、工作和娱乐的特定习惯。由于人们生活方式不同，消费倾向及需求的商品也不一样。如美国一服装公司把妇女分为"朴素型"（喜欢大方、清淡、素雅的服装）、"时髦型"（追求时尚、新潮、前卫）、"有男子气质型"等三种类型，分别为她们设计制造出不同式样和颜色的服装。

b. 性格。不同性格购买者在消费需求上有不同特点。见表7-1所示。

表7-1　不同性格消费者类型

性格类型	消费需求特点
习惯型	偏爱、信任某些熟悉的品牌，购买时注意力集中，定向性强，反复购买
理智型	不易受广告等外来因素影响，购买时头脑冷静，注重对商品的了解和比较
冲动型	容易受商品外形、包装或促销的刺激而购买，对商品评价以直观为主，购买前并没有明确目标
想象型	感情丰富，善于联想，重视商品造型、包装及命名，以自己的丰富想象去联想产品的意义
时髦型	易受相关群体、流行时尚的影响，以标新立异、赶时髦为荣，购物注重引人注意，或显示身份和个性
节俭型	对商品价格敏感，力求以较少的钱买较多的商品，购物时精打细算、讨价还价

③品牌忠诚程度。消费者对企业和产品品牌的忠诚程度，也可以作为细分市场的依据，企业借这一划分可采取不同的营销对策，见表7-2所示。

表7-2　顾客忠诚程度细分

忠诚程度类型	购买特征	销售对策
专一品牌忠诚者	始终购买同一品牌	用俱乐部制等办法保持老顾客
几种品牌忠诚者	同时喜欢几种品牌交替购买	分析竞争者的分布、竞争者的营销策略
转移忠诚者	不固定忠于某一品牌，一段时间忠于A，一段时间忠于B	了解营销工作的弱点
犹豫不定者	从来不忠于任何品牌	使用有力的营销手段吸引他们

④行为因素。行为因素是细分市场的重要标准，特别是在商品经济发达阶段和广大消费者的收入水平提高的条件下，这一细分标准越来越显示其重要地位。不过，这一标准比其他标准要复杂得多，而且也难掌握。

购买习惯。即使在地理环境、人口状态等条件相同的情况下，由于购买习惯不同，仍可以细分出不同的消费群体。如购买时间习惯标准，就是根据消费者产生需要购买或使用产品的时间来细分市场的。如新学期开学前学习用品热销，春节前副食品销售达到高峰，重阳节前各类保健食品吃紧。又如购买地点习惯，一般日用品人们愿意去超市、便利店购买，高档商品则去大店名店挑选，这就为各类零售企业市场定位提供了依据。

寻找利益。消费者购买商品所要寻找的利益往往是各有侧重的，据此可以对同一市场进行细分。一般地说，运用利益细分法，首先必须了解消费者购买某种产品所寻找的主要利益是什么；其次要了解寻求某种利益的消费者是哪些人；再者要调查市场上的竞争品牌各适合哪些利益，以及哪些利益还没有得到满足。通过上述分析，企业能更明确市场竞争格局，挖掘新的市场机会。

（四）市场细分的步骤

①选择某种产品所形成的市场作为市场细分的对象。将要被细分的市场应该是企业正在生产经营或将要生产经营的产品所形成的市场。

②列举现实和潜在消费者的基本需求。可以通过"头脑风暴法"，列举已选为市场细分对象的某种产品所形成的市场中的现实和潜在消费者的基本需求。

③分析现实和潜在消费者的不同需求。根据人口变数做抽样调查，向不同的现实和潜在消费者了解，哪些需求对他们更为重要？这样就会导致细分市场的出现。

④移去现实和潜在消费者的共同需求。市场细分标准考虑的是个性问题。共同需求固然重要，但不能作为市场细分的基础。

⑤选择市场细分的标准。根据消费者对某种产品的需求差异特点，选择一个或两个以上的变量作为市场细分的标准。

⑥审查市场细分标准。检查各个细分市场符合细分标准的情况，以便对各种细分市场进行必要的合并或分解，形成各具特色的并能产生规模效益的细分市场。

⑦测量各细分市场的市场容量。就是对市场规模和性质、市场变数等综合起来加以分析，明确市场容量的大小因为市场容量过于小的话，市场细分是没有什么实际意义的。

⑧撰写市场细分研究报告或市场营销分析报告。这是对研究结果的总结性环节。一般包括这样一些内容：目录；调研目的；执行摘要；调研方法的简明阐述，结论和建议；详细介绍；详细分析和结果；详细的结论；详细的方法论；局限性；附录。

三、目标市场营销模式

目标市场，是指企业在市场细分的基础上，根据市场增量、竞争对手状况、企业自身特点所选定和进入的市场。作为企业的目标市场应具备这样几个条件：有足够的市场需求，市场上有一定的购买力；企业必须有能力满足目标市场的需求；在被选择的目标市场上，本企业具有竞争优势。

（一）企业目标市场选择

在企业市场营销活动中，企业必须选择和确定目标市场。这是因为，首先，选择和确定目标市场，明确企业的具体服务对象，关系到企业市场营销战略目标的落实，是企业制定市场营销战略的首要内容和基本出发点；其次，对于企业来说，并非所有的细分市场都具有同等吸引力，都有利可图，只有那些和企业资源条件相适应的细分市场对企业才具有较强的吸引力，是企业的最佳细分市场。

1. 确定目标市场

确定目标市场，就是对企业有吸引力的、有可能成为企业目标市场的细分市场进行分析和评估，然后根据企业的市场营销战略目标和资源条件，选择企业最佳的细分市场。确定目标市场，应从下列几个方面分析和评估细分市场。

①细分市场的规模及成长潜力。企业必须考虑的第一个问题是潜在的细分市场是否具有适度规模和成长潜力。"适度规模"是个相对的概念，大企业往往重视销售量大的细分市场，而小企业往往也应避免进入大的细分市场，转而重视销售量小的细分市场。细分市场的规模衡量指标，是细分市场上某一时期内，现实消费者购买某种产品的数量总额；细分市场成长潜力的衡量指标，是细分市场上在某一时期内，全部潜在消费者对某种产品的需求总量。这就要求企业首先要调查细分市场的现实消费者数量及购买力水平，其次要调查细分市场潜在消费者数量及购买力水平。

②细分市场的吸引力。细分市场可能具有适度规模和成长潜力，然而从长期营利的观点来看，细分市场未必具有长期吸引力。细分市场吸引力的衡量指标是成本和利润。美国市场营销学家迈克尔·波特认为有五种群体力量影响整个市场或其中任何细分市场。企业应对这五种群体力量对长期盈利能力的影响做出评价。这五种群体力量是：同行业竞争者、潜在的新参加的竞争者、替代产品、购买者和供应商议价能力。细分市场内激烈竞争、潜在的新参加的竞争者的加入、替代产品的出现、购买者议价能力的提高、供应商议价能力的加强都有可能对细分市场造成威胁，失去吸引力。

③企业的市场营销战略目标和资源。细分市场可能具有适度规模和成长潜力，而且细分市场也具有长期的吸引力，然而，企业必须结合其市场营销战略目标和资源来综合评估。某些细分市场虽然有较大的吸引力，但不符合企业长远的市场营销战略目标，不能推动企业实现市场营销战略目标，甚至会分散企业的精力，阻止企业实现市场营销战略目标，因此，企业不得不放弃。细分市场可能也符合企业长远的市场营销战略目标，企业也必须对企业资源条件进行评估，必须考虑企业是否具备在细分市场所必需的资源条件。如果企业在细分市场缺乏必要的资源，并且缺乏获得必要资源的能力，企业就要放弃这个细分市场。如果企业

确实能在该细分市场取得成功,它也需要发挥其经营优势,以压倒竞争者。如果企业无法在细分市场创造某种形式的优势地位,它就不应贸然进入。

2. 确定目标市场的原则

企业在确定目标市场时,应遵循以下四个原则。

①产品、市场和技术三者密切关联。企业所选择的目标市场,企业的技术特长,生产符合目标市场需求的产品。

②遵循企业既定的发展方向。即目标市场的选择应根据企业市场营销战略目标的发展方向来确定。

③发挥企业的竞争优势。即应当选择能够突出和发挥企业特长的细分市场作为目标市场,这样才能利用企业相对竞争优势,在竞争中处于有利的地位。

④取得相乘效果。即新确定的目标市场不能对企业原有的产品带来消极的影响。新、老产品要能互相促进,实现同时扩大销售量和提高市场占有率的目的,从而使企业所拥有的人才、技术、资金等资源都能有效地加以利用,使企业获得更好的经济效益。

企业通过对不同细分市场的评估,就可确定一个或几个细分市场为其目标市场,即确定企业目标市场策略。

(二) 企业目标市场营销策略

根据各个细分市场的独特性和企业自身的目标,共有三种目标市场策略可供选择。

1. 无差异市场营销策略

无差异市场营销策略,是指公司只推出一种产品,或只用一套市场营销办法招徕顾客。当公司断定各个细分市场之间很少差异时,可考虑采用这种大量市场营销策略。无差异市场营销策略适用于少数消费者需求同质的产品;消费者需求广泛,能够大量生产、大量销售的产品;以探求消费者购买情况的新产品、某些具有特殊专利的产品。采用无差异市场营销策略的企业,一般具有大规模、单一、连续的生产线,拥有广泛或大众化的分销渠道,并能开展强有力的促销活动,投放大量的广告和进行统一的宣传。

无差异市场营销策略的优点是，有利于标准化和大规模生产，有利于降低单位产品的成本费用，获得较好的规模效益。因为只设计一种产品，产品容易标准化，能够大批量地生产和储运，可以节省产品生产、储存、运输、广告宣传等费用；不搞市场细分，也相应减少了市场调研、制定多种市场营销组合策略所要消耗的费用。

2. 差异性市场营销策略

差异性市场营销策略，是指公司根据各个细分市场的特点，相应扩大某些产品的花色、式样和品种，或制定不同的营销计划和办法，以充分适应不同消费者的不同需求，吸引各种不同的购买者，从而扩大各种产品的销售量。差异性市场营销策略适用于大多数异质的产品。采用差异市场营销策略的企业一般是大企业，有一部分企业，尤其是小企业无力采用。因为，采用差异市场营销策略必然受到企业资源和条件的限制。较为雄厚的财力、较强的技术力量和素质较高的管理人员，是实行差异市场营销策略的必要条件。而且随着产品品种的增加，分销渠道的多样化，以及市场调研和广告宣传活动的扩大与复杂化，生产成本和各种费用必然大幅度增加，需大量资源作为依托。

差异性市场营销策略的优点是：在产品设计或宣传推销上能有的放矢，分别满足不同地区消费者的需求；可增加产品的总销售量，减少经营风险，提高市场占有率；同时可使公司在细分小市场上占有优势，从而提高企业的经营效果，在消费者中树立良好的公司形象。

3. 密集性（集中性）市场营销策略

密集性（集中性）市场营销策略，是指公司将一切市场营销努力集中于一个或少数几个有利的细分市场，实行专业化生产和经营。密集性市场营销策略主要适用于资源有限的中小企业或是初次进入新市场的大企业。中小企业由于资源有限，无力在整体市场或多个细分市场上与大企业展开竞争，而在大企业未予注意或不愿顾及而自己又力所能及的某个细分市场上全力以赴，则往往容易取得成功。实行集中市场营销策略是中小企业变劣势为优势的最佳选择。

密集性市场营销策略的优点，是目标市场集中，有助于企业更深入地注意、了解目标市场的消费者需求，使产品适销对路，有助于提高企业和产品在市场上的知名度。集中市场营销策略还有利于企业集中资源，节约生产成本和各种费用，增加盈利，取得良好的经济效益。

上述三种目标市场策略各有优点，企业要采取哪种目标市场营销策略，取决于影响目标市场策略选择的各种因素。

（三）影响企业目标市场策略选择的因素

企业选择目标市场营销策略应考虑这样几个方面的因素：企业实力、商品性质、市场性质、商品市场生命周期、竞争状况等。

①企业实力。如果企业实力较强，可根据产品的不同特性选择采用差异市场营销策略或无差异市场营销策略；如果企业实力较弱，无力顾及整体市场或多个细分市场，则可选择采用集中市场营销策略。

②商品性质。这里的产品性质是指产品是否同质，即产品在性能、特点等方面差异性的大小。如果企业生产同质产品，可选择采用无差异市场营销策略；如果企业生产异质产品，则可选择采用差异市场营销策略或集中市场营销策略。

③市场性质。这里的市场性质是指市场是否同质，即市场上消费者需求差异性的大小。如果市场是同质的，即消费者需求差异性不大，消费者购买行为基本相同，企业则可选择采用无差异市场营销策略；反之，企业则可选择采用差异市场营销策略或集中市场营销策略。

④商品市场生命周期。处在投入期和成长期初期的新产品，由于竞争者少，品种比较单一，市场营销的重点主要是探求市场需求和潜在消费者，企业可选择采用无差异市场营销策略；当产品进入成长期后期和成熟期时，由于市场竞争激烈，消费者需求差异性日益增大，为了开拓新的市场，扩大销售，企业可选择采用差异市场营销策略或集中性市场营销策略或保持原有市场，延长产品市场生命周期。

⑤企业的市场营销战略目标和资源。企业的目标市场策略应当与竞争对手的目标市场策略不同。如果竞争对手强大并采取无差异市场营销策略，则企业应选择差异性市场营销策略或密集性市场营销策略，以提高产品的市场竞争能力；如果竞争对手与自身实力相当或面对实力较弱的竞争对手，企业则可选择采用与之相同的目标市场策略；如果竞争对手都采用差异市场营销策略，企业则应进一步细分市场，实行更有效、更深入的差异市场营销策略或集中市场营销策略。

企业选择目标市场营销策略时，应综合考虑以上影响目标市场策略选择的因素，权衡利弊，综合决策。目标市场营销策略应保持相对稳定，但当市场营销环境发生重大改变时，企业应当及时改变目标市场策略。竞争对手之间没有完全相同的目标市场策略，企业也没有一成不变的目标市场策略。

（四）企业目标市场定位

1. 企业目标市场定位的含义

企业目标市场定位，是指企业根据所选定目标市场的竞争状况和自身条件，确定企业和产品在目标市场上特色、形象和位置的过程。市场定位的意义在于：

①市场定位就是根据所选定目标市场上的竞争者产品所处的位置和企业自身条件，从各方面为企业和产品创造一定的特色，塑造并树立一定的市场形象，以求在目标顾客心目中形成一种特殊的偏爱。这种特色和形象可以通过产品实体方面体现出来，如形状、构造、成分等，也可以从消费者心理上反映出来，如舒服、典雅、豪华、朴素、时髦等，或者由两个方面共同作用而表现出来，如价廉、优质、服务周到、技术先进等。

②市场定位，实际上是在已有市场细分和目标市场选择的基础上深一层次的细分和选择，即从产品特征出发对目标市场进行进一步细分，进而在按消费者需求确定的目标市场内再选择企业的目标市场。

③市场定位主要指本企业产品在目标市场的地位，研究的是以怎样的姿态进入目标市场，所以又叫产品定位。同时，定位就是要设法建立一种竞争优势，所以，市场定位又叫竞争定位。

2. 目标市场定位策略

（1）差异性定位策略

企业一旦选定了目标市场，就要在目标市场上为其产品确定一个适当的市场位置和特殊印象。但在实际营销中，人们经常会发现这样一种情况，即在同一市场上出现许多相同的产品，这些产品往往很难给顾客留下深刻的印象。因此，企业要使产品获得稳定的销路，就应该使其与众不同、创出特色，从而获得一种竞争优势。差异性有以下几个方面的内容。

①产品实体差异化。产品实体差异化包括产品特色、产品质量、产品式样等方面,见表7-3所示。

表7-3 产品实体差异化举例

产品实体差异	内容	举例
产品特色	产品功能、技术含量、包装、服务	牙膏的防蛀、增白,IBM就是服务
产品质量	使用效果、耐用性能、可靠程度	M牌汽车更平稳、操作更容易、速度更快,永不磨损的××手表
产品样式	产品特有的样式、风格,对产品的展示方法	多面剃须刀、平面电视、超平电视

②服务差异化。当实体产品不易与竞争产品相区别时,竞争制胜的关键往往取决于服务。服务差异化包括送货、安装、用户培训、咨询、维修等方面。送货必须准时、安全,这似乎已成为一个常识,但在实际活动中真正坚持做到这一点的企业并不多,而购买者往往选择那些能准时送货的供应商,设备买主常常希望获得良好的安装服务。随着产品本身在技术方面越来越复杂,其销售也越来越依赖于质量和附带的服务,正是由于这样考虑,许多公司对服务的重视程度并不亚于对产品质量的重视。

不同行业的服务有不同的内容,也有不同的重点。因而企业应首先对服务事项进行排列,进而确定重点选择。以零售业为例,典型零售服务事项有以下内容,见表7-4所示。

表7-4 零售业服务项目

售前服务	售后服务	附加服务
承接电话订货	送货	支票付款
广告	常规包装	一般性解答
初创展览	礼品包装	免费停车
内部展览	调试	餐厅
试衣间	退货	修理
营业时间	换货	内部装潢
时装展览	安装	休息室
折价以旧换新	货到付款	代客照顾小孩

在确定了服务事项后，根据顾客的需求、企业自身特点以及竞争对手策略，来确定服务差异性定位。

③形象差异化。即使产品实体和服务都与竞争企业十分相似，顾客依然可能接受一种企业产品形象的差异化。

企业在实施差异性定位过程中，应注意以下几点。

从顾客价值提升角度来定位。产品差异化的基础是消费需求的差异化，顾客也因此为各种产品或服务所吸引。消费需求是产品差异化的前提，没有前者也就没有后者，企业不能为了差异化而差异化，每一个差异化定位首先要考虑消费者是否认可，是否使用本企业产品所获得的价值高于其他产品。

从同类企业特点的差异性来定位。同行企业中每个企业都有它的特殊性，当一个企业特点是其他企业所不具备的，这一差异性即可成为定位的依据。

差异化应该是可以沟通的，是顾客能够感受到的，是有能力购买的。否则，任何差异性都是没有意义的。

差异性不能太多，当某一产品强调特色过多，反而失去特色，也不易引起顾客认同。

（2）重新定位策略

①因产品变化而重新定位。这是因产品进行了改良或产品发现了新用途，为改变顾客心目中原有的产品形象而采取的再次定位。

因产品变化而重新定位。有的产品由于市场竞争等原因，不断地否定自己，又不断地对产品进行改良。当改良产品出现后，其形象、特色等定位也随之改变。

因产品发现新功能而重新定位。许多产品在投入使用过程中会超出发明者当初的设想而发现一些新用途，为了完善产品的形象，扩大市场，产品需要重新定位。

②因市场需求变化而重新定位。由于时代及社会条件的变化以及顾客需求的变化，产品定位也需要重新考虑。如人们生活富裕了，要养生，要保健减肥，因而希望食品中糖分尽量少些。

③因扩展市场而重新定位。市场定位常因竞争双方状态变化、市场扩展等而变化。美国约翰逊公司生产的一种洗发剂，由于不合碱性，不会刺激皮肤和眼

睛，市场定位于"婴幼儿的洗发剂"。后来，随着美国人口出生率的降低，婴幼儿市场日趋缩小，该公司改变定位，强调这种洗发剂能使头发柔软，富有色泽，没有刺激性。

（3）比附定位策略

比附定位是处于市场第二位、第三位产品使用的一种定位方法。当市场竞争对手已稳坐领先者交椅时，与其撞得头破血流，不如把自己产品比附于领先者，以守为攻。

四、企业市场营销组合策略

（一）企业市场营销组合概述

企业市场营销组合，是指企业针对目标市场综合运用各种可能的市场营销策略，优化组合成一个系统化的整体营销策略，以实现企业的经营目标，取得最佳的经济效益。企业市场营销组合大致可分为四组变量：即4P——产品（Product）、价格（Price）、渠道（Place）和促销（Promotion）。4P′s的精华在于4P必须协调与动态调整，并使企业具有较强的动态控制能力，而且不同的企业应当有不同的营销组合方案。

在现代市场经济条件下，传统的企业4P组合策略有了新的变化。首先，由于电子商务等的出现，地域和范围的概念已失去原有的意义；其次，企业的宣传和销售渠道已有了统一到互联网上的趋势；第三，企业在剔除了商业成本后，产品的价格将大幅度降低等；第四，企业的营销活动已不再是单纯的产品供应，而是要满足顾客的欲望和需求；第五，研究顾客的目的不是为了单纯地制定价格策略的需要，而是研究顾客为满足自己的需要所愿意负担的成本；第六，企业考虑营销渠道的目的，不是单纯地考虑渠道本身，而是如何方便顾客的购买；第七，企业不再简单地向顾客促销商品，而是与顾客进行双向沟通。于是，企业市场营销策略就由4P′s策略向4C′s策略转变。如表7-5所示。

表7-5 4P's策略与4C's策略

4P's策略	4C's策略
Product 产品	Customer 顾客
Price 价格	Cost 成本
Place 渠道	Convenience 便利
Promotion 促销	Communication 沟通

（二）市场营销组合的内容

1. 4P's组合策略

4P's组合策略，包括四个基本策略，分别是：产品策略、价格策略、渠道策略和促销策略。

（1）产品组合策略

从市场营销学的意义上讲，产品的本质是一种满足消费者需求的载体，或是一种能使消费者需求得以满足的手段。由于消费者需求满足方式的多样性所决定，产品由实体和服务构成，即产品＝实体＋服务。而且市场营销强调的是产品的整体概念，即消费需求的不断扩展和变化使产品的内涵和外延不断扩大。从内涵看，产品从有形实物产品扩大到服务、人员、地点、组织和观念；从外延上看，产品从实质产品向形式产品、附加产品拓展。为此，人们应以发展的眼光，联系消费者需求和企业间的产品竞争，从整体上对产品进行研究，这就是营销学提出的产品的整体概念。

①实质产品，即向消费者提供产品的基本效用和性能，是指消费者需求核心部分，是产品整体概念中最主要的内容。消费者购买产品，并不是为了获得产品本身，而是为了获得满足自身某种需要的效用和利益。企业的产品生产或营销经营活动，首先考虑能为消费者提供哪些效用和功能，并且着眼于产品的这些基本效用和性能上。

②形式产品。是指产品的本体，是核心产品借以实现的各种具体产品形式，即向市场提供的产品实体的外观。而外观是指产品出现于市场时，可以为消费者识别的面貌，它一般由产品的质量、特色、品牌、商标、包装等有形因素构成。企业在产品设计时，应着眼于消费者所追求的基本利益，同时市场营销人员也要

重视如何以独特的形式将这种利益呈现给消费者。因为形式产品的各种有形因素虽然不全部都直接进入产品的使用过程，但也间接影响消费者对产品的满足程度和评价。

③附加产品。是指消费者购买产品时随同产品所获得的全部附加服务与利益，它包括提供信贷、免费送货、安装调试、保养、包换、售后服务等。附加产品是产品整体概念中的一部分，是因为消费者购买产品就是为了需要得到满足，即希望得到满足其需求的一切东西。在现代市场经济中，特别在同类或同质产品中，附加产品有利于引导、启发、刺激消费者购买、重复购买和增加购买量。正如美国学者西奥多·莱维特（Theodore Levitt）所指出的："新的竞争不是发生在各个公司的工厂生产什么产品，而是发生在其产品能提供何种附加利益，如包装、服务、广告、顾客咨询、融资、送货、仓储以及具有其他价值的形式。"由此可见，企业要增强竞争优势，应着眼于比对手提供更多的附加产品。实质产品、形式产品和附加产品作为产品的三个层次，构成产品整体概念，是不可分割的一个整体。其中，核心产品是实质、是根本，它必须转化为形式产品才能得以实现。在提供产品的同时，还要提供广泛的服务和附加利益，形成附加产品，提高企业的竞争力。产品的整体概念这一原理告诉人们，没有需求就没有产品，通过对产品整体概念三个层次的内容进行不同的组合，可以满足不同消费者对同一产品的差异性的需求。消费者对产品质量的评价是从产品整体概念的角度进行的，因而不同企业产品质量的竞争实质上是产品整体概念的竞争。

产品组合策略（Product Mix Decisions），是指一个企业所能提供给消费者的全部产品大类（产品线）和产品项目的组合，或叫做产品的各种花色品种的配备。产品大类（Product Line），又称产品线，是指密切相关的一组产品，因为这些产品以类似的方式发挥功能，售予同类顾客群，通过同一种的渠道出售，售价在一定的幅度内变动。一个企业的产品组合具有一定的宽度（width）、长度（Length）、深度（Depth）和关联性（Consistency）。宽度是指一个企业有多少产品大类（产品线）；长度是指一个企业的所有产品线中所包含的产品项目的总和；深度指产品线中每种产品所提供的花色品种规格的多少；关联性指一个企业的各个产品线在最终使用、生产条件、分销渠道或其他方面的相关联的程度。

企业可以从四个方面去发展自己的业务：①宽度，增加新的产品线，拓宽产品组合，新的产品线可以利用公司过去的声誉；②长度，延伸现有产品线，使企业产品线更加充实；③深度，增加产品的款式，从而增加公司产品组合的深度；④关联性，加强（或削弱）产品线的关联性，这主要看公司的重点是在一个领域还是多个领域。

（2）价格组合策略

西方经济学认为均衡价格是需求等于供给时的价格，是需求曲线与供应曲线相交点所在的价格。但无论对价格如何定义，在现在激烈的市场竞争中，定价策略是企业争夺市场的一个重要武器，是企业营销组合策略的重要组成部分。在4P中，价格是唯一产生收入的因素，其他3P只表现为成本。现将定价的基本策略（Pricing Strategies）介绍如下。

①新产品的定价策略

市场撇脂定价法，是指在产品生命周期的最初阶段，把产品的价格定得很高，以获取最大利润。这种定价方法适用于市场有足够的购买者，他们的需求缺乏弹性，即使把价格定得很高，市场需求也不会大量减少。其优点在于高价带来的利益可弥补成本，高价经营没有竞争者，会产生产品是高档的印象。

市场渗透定价法，是指把创新产品的价格定得相对较低，以吸引大量顾客，提高市场占有率。渗透策略的优点是可以占有比较大的市场份额，通过提高销售量来获得企业利润，也较容易得到销售渠道成员的支持。同时，低价低利对阻止竞争对手的介入有很大的屏障作用。其不利之处在于定价过低，一旦市场占有率扩展缓慢，收回成本速度也慢。有时低价还容易使消费者怀疑商品的质量保证。

满意定价法，这是一种介于撇脂定价和渗透定价之间的定价策略，其新产品的价格水平适中，同时兼顾生产企业、购买者和中间商的利益，能较好地得到各方面的接受。这种定价策略既能保证企业获得合理的利润，又能兼顾中间商的利益，还能为消费者所接受。这种价格策略的优点在于：满意价格对企业和顾客都是较为合理公平的，由于价格比较稳定，在正常情况下盈利目标可按期实现。其缺点是：价格比较保守，不适于竞争激烈或复杂多变的市场环境。这一策略适用于需求价格弹性较小的商品，包括重要的生产资料和生活必需品。

②产品组合定价策略

产品系列定价：即在产品系列的产品间，设立系列价格差别。

备选产品定价：即为与主体产品一起售出的备选产品和附加产品定价。

附属产品定价：即为必须与主体产品一起使用的产品定价。

副产品定价：为副产品制定低价，以便售出。

成组产品定价：为成组销售的产品定价。

③产品价格调整的策略

企业为产品定出基本价格后，在营销过程中还需要根据市场供求情况、服务对象和交易条件等因素的变动，调整价格，以适应不同消费者和变化着的形势。其策略有：

折扣和折让定价：即对消费者提前付款或响应促销等行为给予回报，降低价格。

现金折扣：这是企业给那些当场付清货款顾客的一种减价措施。

数量折扣：这是企业给那些大量购买某种产品的顾客的一种减价措施。

功能折扣：也叫贸易折扣，是企业给某些批发商或零售商的一种额外折扣。

季节折扣：是公司给那些购买过季商品或服务的顾客的一种减价。

折让：这是另一种类型的价目表的减价（以旧换新折让）。

④心理定价策略

声望定价：是指企业利用消费者仰慕名牌或名店的声望所产生的某种心理来制定商品的价格，故意把价格定成整数或高价。

尾数定价又称奇数定价：即利用消费者对数字认知的某种心理制定尾数价格，使消费者产生价格比较低廉且信任的感觉。

招徕定价：即利用部分顾客求廉的心理特意将某几种商品的价格定得较低以吸引顾客。

参照定价：就是当购买者观察一个产品的时候，脑子里所想的价格。

（3）渠道组合策略

渠道，是指某种货物和劳务从生产者向消费者转移时取得这种货物和劳务的所有权或帮助转移其所有权的所有企业和个人。作为商品的提供者和接收者，生产企业和消费者分别处于分销渠道的两个端点。

确定渠道模式，即决策渠道的长度。首先要根据影响渠道的主要因素，决定采取什么类型的营销渠道，是派销售人员上门推销或自设销售商店的短渠道，还是选择通过中间商的长渠道,以及通过什么规模和类型的中间商,渠道选择模式首先要确定渠道的长度。一般认为,生产者—批发商—零售商—消费者(包含两个中间层次)的模式,是比较典型的市场营销渠道类型。当然,营销渠道的长与短只是相对而言,因为随着营销渠道长短的变化,其产品既定的营销职能不会增加或减少,而只能在参与流通过程的机构之间转移或替代。通常选择中间商的策略有:

①密集分销策略。实施这一策略的企业尽可能多地通过批发商、零售商销售其产品,使渠道尽可能加宽。密集分销策略的主要目标是扩大市场覆盖面,使消费者和用户可以随时随地买到商品。

②独家分销策略。实施此策略的企业在一定区域仅通过一家中间商经销或代销,通常双方协商签订独家经销合同,独家经销公司在享有该产品经销的特权下,其经营具有排他性,制造商规定经销商不得经营竞争产品。独家经销是一种最极端的形式,是最窄的分销渠道,通常是对某些技术强的耐用消费品、名牌商品及专利产品适用。独家经销对生产者的好处是有利于控制中间商,提高中间商的经营水平,加强产品形象,并可获得较高的利润率。

③选择性经销策略。这是介于密集分销和独家分销之间的销售形式,即生产厂家在某一销售区域精选几家最合适的中间商销售公司的产品。这种策略的特点是:比独家经销面宽,有利于开拓市场,展开竞争;比密集分销面窄,有助于厂商对中间商进行控制和管理,同时还可以有效地节省营销费用。这一策略的重点在于着眼稳固企业的市场竞争地位,维护产品在该地区的良好声誉。同时,促使中间商之间彼此了解,相互竞争,能够使被选中的中间商努力提高销售水平。

(4) 促销组合策略

促销,是指公司利用各种有效的方法和手段,使消费者了解和注意企业的产品,激发消费者的购买欲望,并促使其实现最终的购买行为。促销实质上是企业与消费者之间的信息沟通活动,通过这种沟通消费者最终认可了企业的产品,而企业则销售了它们的产品。常用的促销方式有:人员推销、广告、销售促进(营业推广)和公共关系。促销可以分为"推"和"拉"两种策略:

①推式策略,就是企业把产品推销给中间商,中间商再把产品推销给零售商,最后零售商把产品推销给消费者。这种方式中,促销信息流向和产品流向是

同方向的。因而人员推销和营业推广可以认为是"推"的方式。采用"推"的方式的企业，要针对不同的产品、不同的对象，采用不同的方法。

②拉式策略，就是企业不直接向中间商和零售商做广告，而是直接向广大顾客做广告。把顾客的消费欲望刺激到足够的强度，顾客就会主动找零售商购买这些产品。购买这些产品的顾客多了，零售商就会去找中间商。中间商觉得有利可图，就会去找生产企业订货。采用"拉"的方式，促销信息流向和产品流向是反向的。其优点就是能够直接得到顾客的支持，不需要去讨好中间商，在与中间商的关系中占有主动。但采用"拉"的方式，需要注意中间商（主要是零售商）是否有足够的库存能力和良好的信誉及经营能力。

推式策略和拉式策略都包含了企业与消费者双方的能动作用。但前者的重心在推动，着重强调了企业的能动性，表明消费需求是可以通过企业的积极促销而被激发和创造的；而后者的重心在拉引，着重强调了消费者的能动性，表明消费需求是决定生产的基本原因。企业的促销活动，必须顺乎消费需求，符合购买指向，才能取得事半功倍的效果。许多企业在促销实践中，都结合具体情况采取"推""拉"组合的方式，既各有侧重，又相互配合。

2. 4C's 组合策略

1990 年，美国北卡罗莱纳大学教授劳特鹏（Lauterpeng）在《广告时代》杂志上发表的文章中，提出用 4C's 取代传统的 4P's 论的观点，4C's 的含义为：消费者（Customer）需求，是指企业要生产消费者所需要的产品而不是买自己所能制造的产品；消费者愿意付出的成本（Cost），是指企业定价不是根据品牌策略而是要研究消费者的收入状况、消费习惯以及同类产品的市场价位；为消费者所提供的方便（Convenience），是指销售的过程在于如何使消费者快速便捷地买到该产品，由此产生送货上门、电话订货、电视购物等新的销售行为；与消费者的沟通（Communication），是指消费者不只是单纯的受众，其本身也是新的传播者，必须实现企业与消费者的双向沟通，以谋求与消费者建立长久不散的关系。4C's 理论认为：

①产品与顾客是对应的。产品，是营销中"销"的对象，现已开始意识到顾客所要购买的不是产品，而是产品所能带给他的好处。4C's 中第一项是顾客，是 4C's 的核心所在。

②价格与成本是对应的。价格这一因素为成本所代替，是因为大家逐渐认识到价格的最根本因素在于成本。如果降低成本，利润会更多，而营销就是通过做生意，追求利润的最大化。如果对产品定位越准确，其成本会越低。一般应进行：消费群体定位、产品定位、价格定位、市场定位和广告定位。如果这五点定位能做好，产品本身的成本就可以降到较低的一种水平。

③渠道与便利性是对应的。4P′s中的渠道主要还只是简单地想知道消费者得到信息的渠道从而加强广告宣传。4C′s中升级为便利性，主要考虑消费者得到信息和产品的便利性。此信息包括人们所说的广告定位。广告定位的越好，设想中的理想消费群体便可以最快的速度、最便利的方式获得想要得到的信息。

④促销与沟通是对应的。沟通可以说是对4P′s中促销的延续，或是说提升。沟通的要点在于互动性，如果没有很好的互动性，便只是最简单的推销，而且也只是单方面的，而不是双向互动的。现在将沟通列为四因素之一，主要关注的是消费群体的忠诚度和品牌的核心竞争力。所以说从促销到沟通，主要是对买卖双方互动，而互动也将是未来发展的必然方向。

第八章　企业管理创新实践

第一节　现代企业管理创新及体系

一、现代企业管理创新体系

（一）观念创新

观念创新是企业一切创新活动的前提。观念创新，是指形成能够比以前更好地适应环境的变化并更有效地利用资源的新概念或新构想的活动，它是以前所未有的、能充分反映并满足人们某种物质或情感需要的意念或构想，来创造价值的活动。管理者应该自觉进行观念创新，以适应迅速变化的企业内外环境。同时，观念创新是没有止境的，现在的新观念，经过几年之后可能就变成了老观念。因此，只有不断地进行观念创新，不断产生适应并领先时代发展的新思想、新观念，并具体落实在管理活动上，组织才能得到良好发展，否则，就会被无情的市场竞争所淘汰。从这个意义上来说，观念创新，是组织成功的导向，是其他各项创新的前提。

无论是企业家的观念创新还是企业经营观念的创新，都需要一定的前提条件，也都会存在着各种各样的风险。在观念创新的前提条件中，最核心的一条就是不断学习。观念创新要有充分的准备，它是一个充分积累、学习的过程。学习既包括对前人、别人的思想和经验的学习，也包括在主体本身实践中的思考和学习。

当前，"组织的学习"和"学习的组织"已成为热门话题。组织的学习，是指组织为适应环境变化和自身发展的需要，不断地吸收、处理外界信息，调整自己的生存结构、方式和内涵，以最大限度地形成面对环境的应变能力和面向未来的发展能力。组织的学习不是孤立地单指组织成员个体的学习，而是指组织作为整体，包括从体制、机制到群体组合在内的系统活动。个体的学习不是组织学习的全部要求内容，而是实现组织学习的途径和表现。组织的学习不等于单个成员学习的简单相加。学习的组织，是指已经形成有效学习机制的组织。

（二）市场创新

伴随着新技术的出现和新产品的开发，必然带来企业对新的市场的开拓和占领，继而引起市场结构的新变动和市场机制的创新问题。市场创新是指企业从微观的角度促进市场构成的变动和市场机制的创造以及伴随新产品的开发对新市场的开拓、占领，从而满足新需求的行为。

第一，着重于市场开拓。与技术创新不同，市场创新不以追求技术的先进性、产品的精美性为目标，而以开拓新的市场、创造新的需求、提供新的满意为宗旨。能否满足消费者的需求是能否开拓新市场的关键。

第二，市场创新与市场营销不同，不以巩固已有市场份额、提高既有市场占有率为满足，而是把着眼点放在开拓新领域、创造新市场上。

第三，市场创新具有主动进取性。市场创新强调主动进攻，即在企业产品市场形势尚好的情况下，有计划、有系统地革除陈旧的、过时的技术或产品，开发新产品，开辟新市场，而不是等待竞争者来做。

第四，市场创新具有时效性。一次创新能否成功，很大程度上取决于它投入市场的时机。过早地投入市场，由于尚未消除产品的本身缺陷，或其维修备件尚未备足，或是在市场还没有为某次创新做好准备时，过早投入市场会导致惨重的失败。因此，尽早投入新产品，必须有个限度，即拿到市场去的产品必须在质量上基本过关，并具有新颖性能，从而能使之在市场上处于有利的地位。

第五，市场创新无止境。以低价格赢得市场份额，靠营销技巧来增加销售，无论是手段还是前景都是有限的，要受到最低成本、效益以及现有市场空间的局限。而市场创新却具有无限前景，从需求角度看，市场需求的多样性、多层次性和发展性，为市场创新提供了无限可能性；从供给角度看，技术进步是无止境的，任何产品质量、性能、规格都是相对的，质量到顶的产品或服务是不存在的。

二、现代企业的管理创新

(一) 管理创新的动因

由于人的偏好、技术、产品、市场等变动的永恒性质，与这些因素相关的管理方式方法的效率只能在相对意义上理解。换言之，一旦引入时间概念，就不存在一成不变的最佳的、最有效率的管理。这就要求企业不断地追求更加卓越的管理，而这只能通过管理创新才能实现。

管理创新的动因是指企业进行管理创新的动力来源。按照管理创新的来源，可将管理创新的动因划分为两类：其一是管理创新的外在动因；其二是管理创新的内在动因。

1. 外在动因

管理创新的外在动因是指创新主体（企业家）创新行为所面临的外部环境的变动。

①经济体制环境的变动。经济体制环境是指一系列用来建立生产、交换与分配基础的基本的政治、社会和法律基础规则体系，如产权、合约权利等。回顾传统计划经济体制下，企业是政府的附属物，企业的生产经营活动都是由上级主管部门决定的，产品统购包销、财政统收统支、工资统一标准。所谓的管理只是如何更好地执行上级的指令，企业缺乏管理创新的激情。现代企业制度的建立，使企业成为自主经营、自负盈亏的市场经济主体。企业进行管理创新的成本、收益都由企业自己承担，这就从产权角度促使企业积极从事管理创新，获取更大的收益。

②技术的改变。技术的改变对企业的生产经营活动存在普遍的影响。技术变化可能影响企业资源的获取，生产设备和产品的技术水平；技术进步使企业产出在相当大的范围内发生了规模报酬递增，从而使建立更复杂的企业组织形式变得有利可图。技术创新还降低了生产经营管理的成本，特别是计算机、图文传真、移动通信等信息技术的飞速发展，使适应信息化要求的管理创新成为必然。

③社会文化因素的影响。社会文化是一种环境因素，但由于社会文化以其无形的状态深入企业员工及企业的方方面面，故创新主体的主导意识、价值观必然

受到其熏陶。在这样的条件下，创新目标、创新行为必然受到社会文化的影响。比如：文化与价值观念的转变，从而可能改变消费者的消费偏好或劳动者对工作及其报酬的态度；知识积累，教育体制的发展，导致了社会和技术信息的广泛传播。这些都减少了进行管理创新的组织、实施成本，促使企业积极创新。

④市场竞争的压力。市场可以促使企业进行管理创新。市场通过竞争，会给企业很大压力，迫使企业不断创新。这种竞争，不断鞭策企业改进管理方式方法，为管理创新提供动力。由于人的理性是有限的，客观环境是不确定的，管理创新不一定会成功，一旦失败会使企业发展受到影响。许多企业因创新风险而因循守旧，不敢创新。但创新也有巨大的吸引力，管理创新的成功，会使企业获得巨大收益。正是这种对收益的期望，诱使许多人进行创新。

⑤社会生产力发展的要求。表面上看管理创新是为了发展生产力，有效整合资源，似乎只对社会生产力有促进作用，但实际上社会生产力水平状况对管理创新也有促进作用。

2. 内在动因

管理创新的内在动因是创新主体（企业家）创新行为发生和持续的内在动力和原因。管理创新的内在动因并不是单一的，而是多元的。

①创新心理需要。创新心理需求应该是人的需求的最高层次之一。创新心理需求是因创新主体对成就、自我价值、社会的责任、企业的责任等的一种追求而产生。而这些本身也是创新行为的动因。

②自我价值实现。创新主体在创新行为之前或过程中，对自我价值实现的追求往往成为其动因之一，因为一旦成功可以表明创新主体自身价值的高低，也可以从中获得成就感，得到一种自我满足。

③创新主体对收入报酬的追求的需要往往也是创新行为的动因之一。

④责任感。责任感是创新主体的创新动因之一。责任感有两种，一是对社会的责任感，一是对企业的责任感。这两种责任感会使创新主体在思想意识中产生一种使命意识，促使创新主体坚持不懈地努力。

（二）现代企业管理创新的基本要求

①要具有创新意识。实施企业管理的创新，需要有一个创新主体，而且这一

主体应具有创新意识。对一个创新主体而言，创新意识首先反映在其远见卓识上。这种远见卓识就是能够敏锐地判断企业与管理发展的大趋势，能够在现实的问题中找到关键性问题并能看到其背后的深层原因，能够结合本企业的特点提出、引进有价值的创意，作为创新的萌芽。

②要具有创新能力。创新能力直接关系到创意能否实施并最终获得创新成果。因此，创新主体的创新能力就成为企业管理创新的必备条件之一。由于创新主体可以是个人也可以是一个群体，故创新能力在个人方面与某个人的天赋有很大关系，在群体方面则与群体中员工智能结构、员工的关系程度以及组织结构等密切相关。

③要有良好的基础条件。现代企业中的基础管理主要指一般的最基本的管理工作，如基础数据、技术档案、统计记录、工作规则、工序流程安排、会计核算、岗位责任标准等。一个企业基础管理工作好，表明这个企业管理水平较高。管理创新通常是在基本管理较好的基础上实现的。

④要有良好的创新氛围。创新主体能够有创新意识，能有效发挥其创新能力，与拥有一个良好的创新氛围有关。在好的氛围下，人的思想活跃，不好的氛围则可能导致人的思想僵化、思路堵塞。

⑤要考虑本企业特点。管理创新并不是一种抽象的东西，而是十分具体的事件。现代企业之所以要进行管理上的创新，是为了更有效地整合本企业的资源以完成本企业的目标和责任。因此，这样的创新就不可能脱离本企业的特点。事实上，创新的成功正是由于这一创新本身抓住了特点。

⑥要明确创新目标。创新主体要进行创新，就必须有目标，这一目标就是管理创新目标。管理创新目标具体地说，是一次创新活动意欲达到的状态。具体的管理创新目标与具体的管理创新领域相一致。例如，创办连锁店式的商业服务形式与便利顾客、便利企业、争取效益的目标有关。而目标管理方法，则与寻找一个更好的控制与激励员工方法的目标相关。由于创新活动需要明确的创新目标，而创新活动本身固有的不确定性使确认创新目标是一件很困难的事，因此，现代企业对管理创新的目标确认多半带有弹性，以解决这一目标本身难以确认的问题。

第二节　现代企业竞争力的提升与管理创新实践

一、现代企业竞争力的提升

（一）企业竞争力的含义与特点

1. 企业竞争力的含义

企业竞争力是一个复杂的综合概念，根据国内外学者的不同解释，可以归结如下。

第一，企业竞争力的"绩效"说。认为企业竞争力是指企业生产高质量、低成本的产品，竞争者更有效能和效率地满足消费者的需要。

第二，企业竞争力的"层次"说。认为企业竞争力是一个层次系统，可分三个层次：表层是企业竞争力大小的体现，表现为一系列竞争力衡量指标；中层是企业竞争优势的重要来源，决定竞争力衡量指标的分值；深层是企业竞争力深层次土壤和真正的源泉，决定企业竞争力的持久性。

第三，企业竞争力的"持续发展"说。认为企业竞争力是指企业在与其他企业的公开竞争中，使用人力和资金资源以使企业保持持续发展的能力。

第四，企业竞争力的"能力因素"说。认为企业的竞争力是由一系列能力构成的，包括：快速反应能力、产出加快能力和资源效果能力；或人才竞争能力、市场竞争能力、技术竞争能力。

第五，企业竞争力的"企业家能力"说。企业竞争力是企业和企业家设计、生产和销售产品和劳务的能力，其产品和劳务的价格及非价格的质量等比竞争对手具有更大的市场吸引力，是企业和企业家在适应、协调和驾驭外部环境的过程中成功地从事经营活动的能力。这种能力既产生于企业内部效率，又取决于国内、国际和部门的环境。具体说企业竞争力受以下四个层次的影响：一是企业内部效率，即企业以最佳方式配置资源的能力；二是国内环境或经济体制的状况，对企业竞争力具有决定性的影响；三是国际贸易和国际市场的状况影响企业竞争力的发挥；四是部门环境或行业环境竞争力的高低。

综观上述观点，虽然研究者们对企业竞争力的理解是多层次和多角度的，但有一个共同的看法就是认为企业竞争力是一种能力或能力体系，既包括静态能力，也包括动态能力，是一系列能力的综合体现。企业竞争力的大小受到一系列内外因素的影响，如果一个企业不能够对国内、国际和部门环境作出灵活反应，那也就无所谓竞争力；如果一国的经济体制和经济环境不能为企业提供或创造有利的环境，企业竞争力也无从谈起。因此，从本质上说，企业竞争力的高低取决于一国经济体制的设计、改革和经济政策的选择。

2. 企业竞争力的主要特征

根据企业竞争力的含义，其有如下特征。

①企业竞争力是一个能力系统，是企业运作过程中一系列能力的综合体现。

②企业竞争力是静态能力和动态能力的统一，既包括现实的实际能力，也包括不断持续改善和发展的能力。

③企业竞争力是一种比较能力，是在与其他企业的市场竞争中比较而获得的。

④企业竞争力是质与量的统一，是可以通过竞争力指标体系的统计数据来加以衡量比较的。

⑤企业竞争力是企业内部因素和外部因素综合作用的结果。

(二) 企业竞争力提升的战略选择

管理创新是企业提升竞争力的战略选择。从企业竞争力的分析上看，管理创新是企业竞争能力系统结构中的一项能力资源，而且也是企业竞争力提升的关键因素。管理创新与企业竞争力具有非常密切的关系，可以从两个方面进行分析。

1. 管理创新与企业经营、创新

①管理与企业经营活动的关系。管理是企业竞争能力体系中的一种能力资源，它在企业竞争力的产生、提升中具有不可忽视的重要作用。由于这种作用是间接的、深层次的，所以人们往往会忽视它的作用，而更重视的是技术、品牌、市场、资本等这些具有直接作用的资源能力。实质上管理是企业经营活动中的基

础性工作，并且渗透到企业经营的其他活动中。

②管理创新与企业创新的关系。企业创新就是企业经营活动的创新，这是企业经营成功并不断发展、壮大的方法。企业创新的领域包括管理创新等。

企业在进行各种创新活动时，如果没有管理创新与之相适应，产品、技术、营销等创新活动就很难实施。因为，旧有的管理在制度、组织、机制、文化等方面不能与创新活动相适应，成为创新活动中的绊脚石，使创新活动难以顺利进行。企业的创新活动要以管理创新为基础，管理创新要为其他创新活动创造良好的制度环境和机制环境，同时通过其他创新活动的成功实施来体现管理创新的功效。

2. 管理创新对提升企业竞争力的效应

管理创新与企业的竞争力有着密切的关系，能够提升企业的竞争力。具体体现在以下几个方面。

①企业的收益提高效应。管理创新的目标是提高企业有限资源的配置效率。这一效率虽然可以在众多指标上得到反映，例如资金周转速度加快、资源消耗减少、劳动生产效率提高等，但最终还要在经济效益指标上有所体现，即提高了企业的经济效益。一是提高目前的效益，二是提高未来的效益即企业的长远发展。管理中诸多方面的创新，对企业的目前效益和未来效益的提高都会起到极大的促进作用，增强企业的实力。

②企业的成本降低效应。企业管理创新能够推动企业的技术和制度的创新。新技术、新工艺、新流程的采用，加快了产品的生产速度，大大提高了劳动生产效率，降低单位产品的成本。新制度、新管理方法和方式的应用，改变了员工的工作态度和工作方法，降低了产品的废品率，节约了管理的费用以及交易费用。这些从整体上降低了企业的成本，增强了企业的价格竞争力。

③企业的市场开拓效应。管理创新若在市场营销方面进行创新，将帮助企业有力地拓展市场、展开竞争。企业在进行市场竞争和市场拓展时，会遇到众多的竞争对手，哪一个企业能够率先创新营销管理方案，并有效地实施，这个企业便能战胜竞争对手。企业在营销实践中，创新了许多新型的营销方式，如直面营销、顾客营销、连锁营销、关系营销、网络营销、电子商务营销等，这些方法都使企业扩大了市场占有率，增加了企业的资本收益，扩大了企业的资本规模，增

强了企业的盈利竞争力和资本竞争力。

④企业的管理水平提高效应。企业的有序化、规范化是企业稳定与发展的重要力量,也是衡量一个企业管理水平高低的重要标准。实施管理创新就是不断地为企业提供更有效的管理方式、方法和手段,使企业的管理活动有序、规范和高效。当今时代是一个速度时代,不是大吃小,而是快吃慢。信息技术的应用,使管理操作程序规范化,同时加快了信息的收集、处理、传输,节省了时间,加快了速度,提高了企业的管理竞争力。

⑤企业的企业家创新效应。现代企业管理创新的直接成果之一就是形成了一支支新的职业企业家阶层,这一阶层的产生一方面使企业的管理处于专家的手中从而提高了企业资源的配置效率,另一方面使企业的所有权和经营管理权发生分离,推动了企业的健康发展。不仅如此,企业家为了企业能够持续成长必然关注企业的创新,使自己成为管理创新的主体,还会带动企业员工创新,营造创新氛围,增强企业的创新竞争力。

⑥企业的文化渗透效应。企业文化管理是现代企业管理的重要方式,通过管理创新不断地形成先进的企业文化,促进企业员工形成新的价值观和行为方式。通过渗透和影响企业的战略制定、经营管理模式的设计、组织结构和运行制度的完善、人力资源开发与管理的优化等,发挥出企业文化的凝聚力、激励力、约束力、感染力、形象力和辐射力,提高企业竞争中的文化竞争力。

(三) 提升企业竞争力的作用机制

"机制"一词,原指机器、机械、机构的构造和工作原理,后来逐渐地应用于医学等方面,用来表示生命有机体的各个组织和器官如何有机地联系在一起,并通过表示它们各自的相互作用产生特定功能,从而维护生命有机体的正常活动。20世纪50年代,"机制"一词被引用到经济学中,用来研究市场活动与企业的经营管理活动。

企业竞争力的来源是企业的竞争优势,如果一个企业管理得非常有效率,就会获得竞争优势,有可能成功并成为高度竞争领域的领头羊。管理与管理创新的目的就是在成本、质量、速度和创新方面分析、发现、构建、保持和提升企业的竞争优势,其作用是通过管理功能的发挥及创新来实现的,作用机制主要是由战略管理、组织结构管理、人力资源管理、管理控制活动和企业文化来构成的。下面以战略管理和组织结构为例进行阐述。

1. 战略管理

企业要取得市场竞争主动权，赢得竞争优势，就必须根据国家的产业政策、宏观经济发展规划、世界经济技术发展趋势和市场竞争状况、企业内部资源等，制定富有远见、切实可行的发展战略目标，实施战略管理，以便对市场的不确定性作出快速灵敏的反应。

战略是为达到企业组织的目标而采取的行动方式和资源配置。战略管理就是将企业组织的技能和资源与外部环境和机遇匹配，进行决策和实施，达到获取竞争优势的管理。战略管理集中于企业经营活动的方方面面，针对多变的环境，着眼于未来，具有全局性、长远性、创新性和风险性等特点。

对企业的竞争优势实施战略管理，其过程包括六个组成部分。

①确定宗旨、远景、目标。就是确定企业组织基本的经营目的和价值取向，描述企业前进的方向和企业的最终目标，并将企业的宗旨、远景和目标传递到与企业有关的每一个人，实现认同，增强企业的凝聚力。

②外部机遇与威胁的分析。这是对企业的外部环境进行分析，包括宏观经济分析、行业和市场分析、竞争者分析、政府和监管分析、社会分析、人力资源分析、技术分析等。通过对外部环境的分析，发现企业的市场机会和潜在的威胁，确定企业在市场竞争中的战略定位，将威胁转变成机遇。

③内部优势和劣势的分析。这是对企业内部主要职能部门及资源的优势和劣势进行评价。内部分析使战略决策者对企业的技术储备、资源储备和职能储备部门的运营水平有全面的了解。企业内部资源分析，包括研究与开发、财务、人力资源、生产运作、市场营销等。有效的内部分析可以使企业弄清自己的优势和劣势，弄清企业如何通过资源进行竞争。只有在一定条件下，资源才能成为竞争优势的源泉。如果资源成为为客户创造价值的工具，那么，资源就带来了竞争优势；如果资源稀缺且难以模仿，则是竞争优势的源泉；如果资源被有效地组织在一起，就能增强企业的竞争优势。如果资源是有价值的、稀缺的、不可模仿和有组织的，它们就可以被看作企业的核心能力。企业拥有了核心能力，也就拥有了竞争力。

④SWOT分析与战略形成。SWOT分析是指对企业的优势（Strengths）、劣势（Weaknesses）、机遇（Opportunities）和威胁（Threats）的比较。SWOT分析是帮助管理者概括主要的事实，并在企业外部和内部分析的基础上进行预测。在此基础上，管理者认识到企业面临的主要和次要问题，进行最适合的战略选择。可供选择的战略有成本领先战略、差别化战略、目标集聚战略。成本领先的优势在于有利于建立起行业壁垒，有利于企业采取灵活的定价策略，将竞争对手排挤出市场；差别化战略就是利用企业具有的独特性，建立起差别竞争优势，以对抗竞争对手，并利用这种优势所带来的较高的边际利润补偿因追求差别化而增加的成本，保持企业有利的竞争地位；目标集聚战略是主攻某个特殊的细分市场或某一种特殊的产品，其优势就是能够以更高的效率、更好的效果为某一狭窄的战略对象服务，从而在某一方面或某一点上超过那些有较宽业务范围的竞争对手。企业应以核心能力为基础进行最适合的战略选择。

⑤战略实施。企业选择、制定了合适的战略后，最重要的是管理者必须保证战略的实施是有效果，并且是有效率的。这就要求企业各层次的管理者都能够参与战略的制定、识别和实施，还必须得到合理的组织结构、技术、人力资源、信息系统、激励机制、领导风格、企业文化等全方位的支持。

⑥战略控制。战略控制系统是为评估企业战略过程而制定的系统，战略控制的目的是保证战略目标能够顺利实现。当企业行为偏离战略计划时，则采取纠正行动。战略控制系统必须鼓励与计划一致的有效行动，同时还要能够适应变化的情况而采取灵活的行动。控制系统包括绩效指示器、信息系统和具体的监督机制。

通过对战略管理的分析和描述，可以得到：战略管理的核心是在变幻不定的环境中确定企业的发展领域和方向，是在市场调研、分析、预测的基础上，确定企业发展战略，搞好市场定位、新产品开发，做到经营决策快、产品开发快、投放市场快、资金周转快。企业要适应不断变化的环境，制定出适应市场变化的战略目标，就需要富有变革和创新精神的企业家不断运用新产品、新技术、新材料、新设备，开拓新市场，不断革新企业的组织与管理。在世界竞争力评价指标体系中，评价企业战略管理能力的指标有企业家精神与创新精神、企业高级主管从事国际经营的经验等。

2. 企业组织结构

企业竞争力的大小，主要表现在能否对宏观调控和市场信号作出灵敏反应，以便企业能迅速地调整竞争战略，这与企业设计、采取何种类型的组织结构具有密切的关系。

组织结构是表现组织各部分排列顺序、空间位置、聚集状态、联系方式以及各要素之间相互关系的一种模式，是执行管理和经营任务的体制。它的内涵是人们在职、责、权方面的结构体系，主要包括：

第一，职能结构，即完成企业目标所需要的各项业务工作及其比例和关系。

第二，层次结构，即管理层次的构成，是组织的纵向结构。

第三，部门结构，即各管理部门的构成，是组织的横向结构。

第四，职权结构，即各层次、各部门在权力和责任方面的分工及相互关系。

组织结构犹如人体的骨架，在整个管理系统中起着框架和保护的作用，有了它，系统中的人流、物流、信息流才能正常流通，使组织目标的实现成为可能。

组织结构由于集权和分权程度的不同，可划分为相对集权的"机械"组织结构和相对分权的"有机"组织结构。现代企业的组织制度表现为公司制和集团制，其组织结构则表现为事业部门型组织结构和控股公司组织结构。这两种类型的组织结构都实行产权、经营权分离和内部分权机制，但又各有其优势。

①集权的职能制组织结构，简称 U 型结构，其特点是权力集中于企业最高管理层，实行等级化集中控制。企业的生产经营活动，按照职能不同，分成若干垂直的管理部门，每个部门实行职能分工，并直接由最高主管协调控制。

U 型结构的优势在于：分工严密，职责明确，实行专业分工，有较高的工作效率。

②事业部制组织结构，简称 M 型结构，其特点是按计划统一分配资源，市场的特点是按价格机制分配资源。公司的业务按产品、服务、客户或地区划分为事业部门，公司总部授予事业部门很大的经营自主权。事业部门下设自己的职能部门，如生产、销售、开发、财务等，独立核算、自负盈亏。每一个事业部都是一个利润中心，公司的管理方式是"集中决策，分散经营"。

M 型结构的优势在于：既有较高的稳定性，又有较高的适应性；能充分发挥各事业部对经营管理的积极性、主动性，又有利于公司总部摆脱具体事务；有利于培养出全面的管理人才；由于每一个事业部是一个利润中心，便于建立考核部门绩效的标准。

③控股公司型组织结构，简称 H 型结构，是通过母公司对子公司进行控股并管理的一种内部分权组织形式。H 型结构的特点是：以资产关系为纽带联结母公司与子公司的关系；子公司在法律上是具有法人地位的独立企业。

H 型结构的优势在于：由于母公司同子公司在法律上各为独立法人，母公司无须承担子公司的债务责任，相对降低了经营风险；子公司无法依赖母公司，使子公司有较强的责任感和经营积极性。

④反应型组织。上述的 U 型、M 型和 H 型组织结构是正规结构，是组织内部对工作的正式安排。同时，在现代瞬息万变的企业环境中，反应能力快速、灵活和适应变化需求的能力，对企业保持竞争优势和提升竞争力也是至关重要的，因此，企业应建立起反应型组织。

反应型组织主要是对组织规模、环境、技术及战略的变化作出反应，使组织能够迅速得到调整，适应变化。如网络组织、学习型组织、团队组织、战略联盟、柔性制造组织、高参与组织等都属于反应型组织，是非正规组织结构。这类组织结构具有快速反应能力、创新性、潜在的柔性和极强的适应性，为企业创造竞争优势。网络组织具有快速反应能力，并降低成本和风险；团队组织能增强员工的凝聚力，是企业生产力、质量、成本节约、速度、变革和创新的力量；战略联盟组织能更好地开发新技术、进入新市场和降低制造成本；学习型组织使自身比竞争对手学习得更快，更具竞争优势；高参与组织是通过员工和管理者共同工作实现企业目标来激发高度的参与和承诺，完成复杂的创造性的工作，在创新和速度上超越竞争对手。

以上各种组织结构都有自己的特点和优势，企业应能够根据自身的状况以及环境的变化不断地选择、改变、创新最具竞争力的组织结构。反映企业组织结构方面竞争力大小的指标主要有公司董事会作用、公司规模等指标。

二、中国企业的管理创新实践

加强科学管理是提高企业经济效益的根本途径。中国是一个文明古国，在五千年漫长的历史中，中华民族创造了光辉灿烂的物质文明和精神文明。古人在改造自然、治理国家的实践活动中，经过长期艰辛探索，创造了很多管理办法，积累了丰富的管理经验。这些管理经验既有微观的治生之学，也有宏观的治国之道，涉及诸子百家、经史子集、名家文论等各个方面。

这些管理思想内涵十分丰富的经典作品，值得人们深入分析研究，以期从中获得启示。

以海尔集团为例，海尔集团在确立企业发展和经营大局时，培育职工队伍威武不屈、勇敢进取、刚健有为的浩然正气，以及在制定企业竞争谋略方面，都曾吸取了《论语》《老子》《孙子兵法》等优秀思想。

中国企业的管理创新，需要挖掘、研究蕴藏在民族文化遗产中的管理思想和管理经验，批判地继承，吸收其精华，并在现代管理理论研究和实践中加以融合和创新。

（一）博采众长

博采众长，大胆借鉴外国现代管理理论和经验。20世纪40年代以后，西方主要国家进行了两次企业管理革命。第一次管理革命主要是以日本企业为代表的工业化高级阶段的管理创新，着重点在质量，建立了经济增长的质量模式；第二次管理革命主要是以美国企业为代表的探索知识经济条件下企业管理的新途径，着重点在速度，开展了"企业再造"运动。随着信息技术的迅速发展，西方企业在组织规模、产品结构、技术装备、信息处理、人员素质等方面都发生了全面深刻的变化，在亚当·斯密劳动分工原则下建立的一系列生产、经营的管理方式和管理方法不断向科学化、现代化、信息化发展。如美国企业的发展呈现以下五个新趋势：一是从效率、目标导向转向远景导向；二是从专门职能转向跨职能的整合；三是从重视股东利益转变为重视所有的利益相关者；四是从追求规模和范围经济到追求速度经济；五是从追求效率和稳定到追求创新和变革。

随着企业发展趋势的变化，企业管理的新趋势也随之产生：管理中心人本化、管理组织扁平化、管理权力分散化、管理手段信息化；各种管理新方法也应运而生，如重新设计企业流程、及时生产、灵活生产、横向管理、柔性制造、组织修炼、团队建设等。

西方的这些管理理论、管理技术和管理方法都是人类智慧的结晶，要根据国情，弃其糟粕，取其精华，融汇提炼，为"我"所用。

(二) 适应市场

适应市场，增强企业的应变能力。当前，中国企业面对的市场环境发生了很大的变化，中国的市场已由卖方市场转变成为买方市场；与国际市场的联系日趋紧密，经济发展的对外依存度明显增加；市场化程度大大提高，市场细分化逐步加强，市场从不规范到逐步规范，市场竞争日趋公平和更加激烈，信息化和经济全球化也从根本上改变了企业的内外关系。市场环境的这些变化将会带来一系列现代经营管理上的问题，如市场预测、消费者行为的分析、对竞争对手的应战策略等。企业必须就经营目标、内外部环境以及同环境的积极适应等问题进行谋划和决策，制定企业发展的方针和目标，以实现企业环境、企业能力、企业经营目标的动态平衡和统一。企业管理必须在抓好生产管理的同时向两头延伸：向后延伸到产品营销和售后服务，把产品设计开发能力、市场营销能力"两头小"而生产环节"中间大"的橄榄型管理体制，转变为"两头大、中间小"的"哑铃型"管理体制。从市场出发，按市场需求实施生产、销售、服务、信息反馈、科研开发的全过程管理。要把市场机制引入企业内部，运用市场规律优化资源配置，盘活存量资产、加快技术进步、提高运作效率，切实把企业工作的基点落实到以市场为中心的思路上来。企业管理的重心也必须紧紧围绕市场和竞争环境的变化，制定企业的应战策略，提升企业的应变素质。适应市场，增强企业的应变能力，需要注意如下方面。

①要具有国际化经营意识。21世纪是全球经济一体化的新时代。生产的国际化、市场的国际化、消费的国际化，使许多企业的发展都离不开国外市场的开拓和先进技术的引进和利用。可以说，企业经营管理的国际化，跨国公司的发展，对每个企业和世界经济的发展，都起到巨大的作用。

②应当树立危机意识。要认识到，生存危机能激发企业的成长机能。

③要不断地把握市场竞争变化的规律。消费者对产品性能和质量要求的差异化，技术进步的快速化，市场竞争的激烈化，都会为企业成长提供新的机遇和空间。机遇对众多的企业来说是公开的，具有普遍性，但具体到每个企业能否有效地把握它和利用它，却有着特殊性。实践证明，企业为了掌握未来市场变化的规

律，要对市场作出迅速灵敏的反应，特别是对市场可能出现的机遇要进行分析研究。例如，通过对市场竞争者和消费者情况的了解和认识，以分析可能出现的机遇；对可能出现的机遇能够应对的优势和劣势进行预测。企业要正确利用机遇，必须进行寻机管理，提出可能采取的对策和方法；对机遇采取或不采取对策所产生的预期结果要进行分析，以便为利用机遇作出最后决策。只有那些能预见到市场变化规律而超前采取寻机管理的企业，才能引导消费者的消费趋向，取得好的经济效益。

④实施灵活多样的弹性化管理。由于经济结构的变化，消费者需求多样化，过去的企业是围绕着物品和资金流动组织起来的，而现在则变为围绕着信息的流动来组织，这样，管理格外需要富有弹性和适应性。弹性管理是在扎实的基础工作、完善的管理制度和精细管理操作前提下的延伸和发展。它是在现有管理根基上因情景变化的创新。对中国的企业来说，应当在搞好现有管理工作的同时，密切关注管理工作正在发生的这种弹性变革。

（三）以人为本

以人为本，注重人才开发，增强企业整体创新能力。人本管理是20世纪60年代提出的，到了20世纪80年代已受到国内外企业的普遍重视。

企业的管理创新是以人为本，依靠人完成的创新活动，是以企业家为主导的职能性创新，以企业员工为主体的全员性创新。企业管理创新的成效直接取决于创新主体的创新精神和创新能力。

以人为本，注重人才开发，首先需要企业家有创新的激情，发挥主导作用。因而加强企业家素质、知识、才能、风险意识和创新精神的培养刻不容缓。我们需要从制度上使企业经营者职业化，并真正向企业家过渡。同时必须建立完善的考核制度，形成与现代企业制度相适应的激励和约束机制，即建立科学的企业家制度。

当前，人本管理普遍推行，企业员工已成为企业管理活动的主动参与者，没有企业员工的理解、支持与参与，企业管理创新是无法取得成功的。企业家要尊重员工、关心员工、依靠员工、激励员工，发挥员工的主观能动性，激发职工的创造热情。要加强全员职业培训，提高专业技能和文化素质，提倡、鼓励、促进形成企业成员的学习、创新欲望，形成一种集体的创造力和创新能力，积极投身到管理创新中来。

以人为本，注重人才开发，增强企业整体创新能力，需要注意如下方面。

①在人力资源开发过程中，要从传统的人事管理进一步转向人才开发管理。企业人力资源是一个企业全体职工所具备的现实和潜在的生产能力。传统的人事管理视人力为成本，往往以事为中心，注重现有人员的管理；而人力资源开发把人视为一种稀缺的资源，是以人为中心，强调人和事的统一发展，特别注重开发人的潜在才能。人才开发管理除具有人力资源开发的特征外，更加注重人的智慧、技艺和能力的提高与人的全面发展，尤其是人的智力资源开发。未来企业的资本不仅仅是金钱，而是要求人的智能和发挥人才智能资本的作用。如果说传统产品属"集成资源"，而未来的产品则属"集成知识"，智能资本将导致"世界财富的一次大转移"，即企业的成功将从自然资源的拥有者转移到那些拥有思想和智慧的人的手中。也就是说，未来企业的发展，不只是靠设备好、技术强，同时要靠那些具有高智慧的人。

②加强职工培训和继续教育，注重智能资本投资，开发职工的创造力。企业需要具有创造力的能人治理。美国通过开发人的创造力得出结论，受过创造力开发训练的毕业生，发明创造和取得专利的能力要比未经训练的人多三倍。

智能资本是指企业花费在教育、培训等人才综合素质再提高方面的开支所形成的资本，它比一般的人力资本投入会带来更长期的收益。因为智能资本和金融资本、物质资本不同，无法将它与所有者分离，它是人们原本拥有的技术、知识、能力和价值观的继承，它具有人才资本的积累性。

现代企业的发展不仅需要一定素质的劳动者，而且需要超出常人的、高素质的综合智能。用丰富的人才资本优势转化、替代物质资本、自然资源和技术的优势，势在必行。

③培育企业精神，把建设企业文化和塑造企业形象的活动引向深入。企业精神对中国的企业并不陌生，而企业文化和形象建设是20世纪80年代以来企业管理理论丛林中分化出的一种新理论，被人们称为管理科学发展的"第四次革命"或新阶段。

文化与形象建设的深化，主要应在以下方面努力。

第一，致力于企业价值观的塑造。因为企业文化的核心是企业精神，企业精神的核心是企业的价值观，企业形象识别系统的核心是企业的理念识别系统。企业的价值观是企业广大职工对客观事物、对自己从事生产经营活动意义的看法和总评价，是劳动者的价值观念在生产和生活中的沉积，它对构成企业文化、企业形象的诸要素，即企业的经营宗旨、经营战略和职工的行为规范等起着导向和决定作用。

第二，注重突出本企业的气质个性。在未来国内外市场竞争日渐激烈的情况下，企业自己的经营没有特色，产品没有特性，管理没有气质，不能使广大消费者感知到与其他企业的差别，将很难自立于国内外市场。

总之，就中国企业改革而言，必须注重管理创新，坚持"管理创新、制度创新、技术并举"的方针，在深化体制改革中推动管理创新，在坚持技术进步中注重管理创新，只有这样，才能提高企业整体管理水平，从而更快、更好地促进企业生产率、经济效益的提高及企业集约化规模的扩大，实现微观经济的发展，促进宏观经济增长方式的转变，推动整个国民经济快速、持续、健康地发展。

参考文献

[1] 尹泽诚,杨毓. 现代企业管理基础与实务创新研究[M]. 长春:吉林出版集团股份有限公司,2023.

[2] 陈有毅,麦准珍. 现代企业管理运营与实务的创新研究[M]. 长春:吉林出版集团股份有限公司,2023.

[3] 黎兆跂. 现代企业经济管理与财务会计创新[M]. 延吉:延边大学出版社,2023.

[4] 庞婷,靳江燕,朱晶晶. 现代企业战略管理研究[M]. 北京:中国商务出版社,2023.

[5] 秦勇. 现代企业管理[M]. 北京:清华大学出版社,2023.

[6] 马威. 现代企业管理概论[M]. 北京:中国农业大学出版社,2023.

[7] 王新江. 现代企业管理及其信息化发展研究[M]. 长春:吉林出版集团股份有限公司,2023.

[8] 赵文宇,任晓宁. 现代企业财务管理模式研究[M]. 长春:吉林人民出版社,2023.

[9] 张武,康开洁. 现代企业管理与实务[M]. 北京:北京理工大学出版社,2022.

[10] 孙贵丽. 现代企业发展与经济管理创新策略[M]. 长春:吉林科学技术出版社,2022.

[11] 钱玉竺. 现代企业人力资源管理理论与创新发展研究[M]. 广州:广东人民出版社,2022.

[12] 贺怡. 现代企业管理创新与实践[M]. 北京:中国纺织出版社,2022.

[13] 褚吉瑞,邵曦. 企业人才培养与现代人力资源管理[M]. 长春:吉林文史出版社,2022.

[14] 张大龙. 现代企业战略管理及其创新研究[M]. 北京:中国农业出版社,2022.

[15] 王剑华. 企业管理创新与内部控制 [M]. 长春：吉林科学技术出版社，2022.

[16] 郭玉芬. 现代经济管理基础研究 [M]. 北京：线装书局，2022.

[17] 杨帆. 现代企业管理与创新模式研究 [M]. 北京：北京工业大学出版社，2021.

[18] 李健. 现代企业管理 [M]. 哈尔滨：哈尔滨工业大学出版社，2021.

[19] 梅晓丹. 现代企业管理与创新实践研究 [M]. 长春：吉林教育出版社，2021.

[20] 连波，杜林慧. 现代企业管理基础与实务的创新研究 [M]. 北京：中国原子能出版传媒有限公司，2021.

[21] 麦文桢，陈高峰，高文成. 现代企业经济管理及信息化发展路径研究 [M]. 北京：中国财富出版社，2021.

[22] 王静坤，王周凯欣，侯云龙. 现代企业管理与人力资源信息化工作 [M]. 长春：吉林人民出版社，2020.

[23] 康芳，马婧，易善秋. 现代管理创新与企业经济发展 [M]. 长春：吉林出版集团股份有限公司，2021.

[24] 王道平，李春梅，房德山. 企业经济管理与会计实践创新 [M]. 长春：吉林人民出版社，2020.

[25] 田占广，冷思平，王明雪. 现代企业管理与创新 [M]. 南昌：江西科学技术出版社，2020.

[26] 黄燕萍，王玫. 现代企业管理 [M]. 北京：清华大学出版社，2020.

[27] 李旭婧. 现代企业管理与风险控制研究 [M]. 长春：吉林教育出版社，2020.

[28] 刘丽，苏锦坤，赵玉侨. 现代企业经济发展与管理研究 [M]. 北京：中国商务出版社，2020.

[29] 曹登科. 现代企业经济管理创新策略 [M]. 长春：吉林教育出版社，2020.

[30] 刘娜欣. 现代企业人力资源管理的策略研究 [M]. 北京：中国纺织出版社，2020.